天大法学文库

孙佑海 主编

本书系2018国家社科基金青年项目（18CFX026）“政府信息公开诉讼诉的利益认定标准实证研究”研究成果

# 信息公开行政诉讼诉的利益司法审查标准研究

董 妍——著

法律出版社 | LAW PRESS
——北京——

图书在版编目(CIP)数据

信息公开行政诉讼诉的利益司法审查标准研究 / 董妍著. -- 北京 : 法律出版社, 2023

(天大法学文库 / 孙佑海主编)

ISBN 978 - 7 - 5197 - 8599 - 4

Ⅰ. ①信… Ⅱ. ①董… Ⅲ. ①信息管理 - 行政诉讼 - 司法监督 - 标准 - 研究 - 中国 Ⅳ. ①D922.164

中国国家版本馆 CIP 数据核字(2023)第 228542 号

| | | | |
|---|---|---|---|
| 天大法学文库 | 信息公开行政诉讼诉的利益司法审查标准研究<br>XINXI GONGKAI XINGZHENG SUSONG SU DE LIYI SIFA SHENCHA BIAOZHUN YANJIU | 董 妍 著 | 策划编辑 似 玉<br>责任编辑 似 玉<br>装帧设计 鲍龙卉 |

出版发行 法律出版社
编辑统筹 法律应用出版分社
责任校对 朱海波
责任印制 刘晓伟
经　　销 新华书店

开本 710 毫米×1000 毫米 1/16
印张 16.25　　字数 240 千
版本 2023 年 12 月第 1 版
印次 2023 年 12 月第 1 次印刷
印刷 北京新生代彩印制版有限公司

地址:北京市丰台区莲花池西里 7 号(100073)
网址:www.lawpress.com.cn
投稿邮箱:info@lawpress.com.cn
举报盗版邮箱:jbwq@lawpress.com.cn

销售电话:010 - 83938349
客服电话:010 - 83938350
咨询电话:010 - 63939796



书号:ISBN 978 - 7 - 5197 - 8599 - 4　　定价:68.00 元

凡购买本社图书,如有印装错误,我社负责退换。电话:010 - 83938349

# 总　序

作为中国第一所现代化大学,天津大学已经走过了一百二十余载的风雨历程,其前身北洋大学是中国教育史乃至整个近现代史的一座伟大丰碑。如今,当人们谈起这座位于渤海之滨的学术殿堂时,首先想到的或许是其工科特色。的确,天津大学的建筑、精密仪器等学科远近闻名。然而,天津大学不仅有严谨、担当的工科,还有深厚的法科底蕴。在北洋大学创办之初,法科(律例学门)就位列各学科之首,开创了中国现代高等法学教育的先河。作为中国的第一所现代化大学,天津大学颁发出我国第一张大学文凭不足为奇,巧合的是,第一张大学文凭的获得者恰恰是法科学生——王宠惠,这不仅是天大法学人的骄傲,更是值得中国法学界铭记的历史时刻。

北洋法学有着辉煌的历史,曾培养出张太雷、王宠惠、徐谟、王正廷等杰出校友。张太雷同志是杰出的无产阶级革命家,著名的政治活动家、宣传家,中国共产党和人民军队早期重要领导人之一,为中国革命做出卓越贡献。王宠惠先生曾将德文版《德国民法典》译成英文作为英美法系国家的法学教材,并赢得法学界的广泛赞誉,他还代表中国参加《开罗宣言》的起草，代表中国参加《联合国宪章》的签署，为维护中国国家利益进行不懈斗争。徐谟先生学贯中西，国际法功底深厚，担任国际法院大法官。王正廷先生是著名的国际法学家，为废除不平等条约做出重要贡献，还积极推动奥林匹克运动在中国的发展，被誉为“中国奥运之父”。

由于种种原因，天津大学的法科教育一度中断。直到1994年设立经济法专业，1997年成立法学系。2015年是天大法学的重要时刻，在党和国家领导人与学校的大力支持下，天津大学正式复建法学院。自学院复建以来，在全体教师共同努力和社会各界的支持下，天津大学法学在教书育人、高水平论文、科研项目、国际化、新法科建设等方面都取得了重要突破。2019年，在社会各界的大力支持下，天津大学获批法学一级学科博士学位授予权，这既是对天津大学法学的肯定，也是对我们的鞭策。

“天大法学文库”旨在继承和发扬前辈艰苦奋斗、勇于创新的精神，鼓励和促进天津大学法学院教师探索学术前沿、勇攀科学高峰，展示天大法学人的研究成果，加强与学界同人的交流与合作，为中国的法治事业略尽绵薄之力。

孙佑海

2019年12月

# 目录

# 第一章 现状、问题、基础与研究进路

自2007年《政府信息公开条例》[以下简称《政府信息公开条例》(2007年)]创设了信息公开行政诉讼制度以来,该类型诉讼数量快速增长,已经成为行政诉讼的重要类型之一。在实践中,也出现了少量公民利用政府信息公开申请和诉讼制度达到自己其他方面诉求的情况。针对上述情况,自“陆红霞诉南通市发展和改革委员会政府信息公开答复案”①(以下简称“陆红霞案”)以来,法院通过

① 《陆红霞诉南通市发展和改革委员会政府信息公开答复案》,载《最高人民法院公报》2015年第11期。原告陆红霞与被告南通市发展和改革委员会因为政府信息公开纠纷诉至法院,南通市港闸区人民法院向包括南通市人民政府等多个机关进行调查,查明原告陆红霞及其父亲、伯母于2013年到2015年,以生活需要为由,向南通市诸多行政机关至少提出94份政府信息公开申请,申请公开信息的内容也是五花八门、无所不包,部分信息行政机关已经履行了公开义务,但是陆红霞仍然坚持公开,并提起了至少36次信息公开行政诉讼。南通市港闸区人民法院在一审中认为,获取政府信息的权利是公民的合法权益,有利于提升政府透明度和保障公众的知情权,但是该权利必须正当行使,同时应当以发了规定的程序来行使,需要符合法的内在价值。本案中,陆红霞及其利益相关人提出的政府信息公开申请具有申请数量多、家庭成员之间申请信息相似甚至相同、内容包罗万象、部分申请不符合《政府信息公开条例》规定等特征,其真实目的是在拆迁补偿中实现利益最大化,申请政府信息公开只是给行政机关等施压的手段,这构成了对权利的滥用。据此,法院认定,

采取否定原告诉的利益的方式把此类诉讼排除在了司法救济的范围之外。这一裁判方式在实践中起到了一定的积极作用,但是也受到了诸多质疑,究其原因是对于"诉的利益"的概念和要素的解读不甚清晰。因此,研究"诉的利益"对规范司法权行使以及公民权利行使都具有重要意义。

## 第一节　研究的缘起

### 一、"陆红霞案"引发的实践难题

在"陆红霞案"之后,2017年8月31日,最高人民法院发布《关于进一步保护和规范当事人依法行使行政诉权的若干意见》(法发〔2017〕25号)(以下简称〔2017〕25号文件),从诉的利益角度回应了困扰实务界已久的政府信息公开申请人频繁、密集、恶意提起诉讼的问题。通过检索可以发现,司法实践中出现了不少以"不具有诉的利益"为由驳回起诉的信息公开行政诉讼。但无论是立法、司法解释还是裁判文书中,均未明确诉的利益的概念及其所包含的要素,且司法实践中对诉的利益的认定标准也不尽相同。

诉的利益的判断关系到行政相对人是否能够获得司法救济,也关系到司法作为公民权利最后一道防线所起的实质作用。对诉的利益判断标准的不确定不但会对司法统一产生不利影响,而且会使"让人民群众在每一个司法案件中感受到公平正义"的努力大打折扣。因此,确立具有可操作性的信息公开行政诉讼诉的利益认定标准显得尤为迫切。

2019年修订的《政府信息公开条例》于2019年5月15日开始实施,明确对实践中少数申请人频繁、大量申请信息公开、提起信息公开行政诉讼等困扰行政机关和法院的行为,设置了申请阶段的要求说明理由、延期答复、收取信息处理费等方式。同时,《政府信息公开条例》对内部信息、过程性信息、咨询、

---

陆红霞缺乏诉的利益,其起诉不具有正当性,有悖诚市信用原则,背离了权利行使的宗旨。给予有效保护司法资源的考量,对陆红霞案不作实体审理,并对原告今后的政府信息公开申请和起诉,都进行严格审查。据此,一审法院裁定驳回起诉,二审法院驳回上诉,维持原裁定。

查询等性质的行为也明确了行政机关的答复方式,在一定程度上对不当利用信息公开制度的申请人起到了限制作用,减少了不当申请和诉讼,减轻了行政机关和法院的压力。案件数量的减少也使得法院不再"淹没"于大量的诉讼中,因而在审判中适用规范更为准确,这也为实践中进一步思考何为信息公开行政诉讼诉的利益、确立科学的标准提供了制度基础。另外,在阅读裁判文书过程中发现,部分法院对此类案件的处理也从裁定驳回起诉转变为判决驳回诉讼请求,甚至有法院在裁判文书中详细论证了两种裁判方式的区别和意义,[①]这也体现了法院针对规范信息公开行政诉讼频繁、大量起诉行为方面的积极探索。

与之相对应的是,行政法学界对诉的利益对研究成果尚不丰富,难以为审判实践提供充足的理论支撑,在实务中的疑难问题面前更显得捉襟见肘。毋庸讳言,在信息公开行政诉讼乃至整个行政诉讼诉的利益领域,实务界因其面临的问题和压力,已经走在了理论界的前面;于学界而言,通过观察和分析实践中信息公开行政诉讼诉的利益,并在理论上开展更为深入的探讨,从理论视角反思其中存在的问题,这既是学术界对现实问题的积极回应,同时也是加强行政相对人诉权保障的应有之义。

**二、理论回应**

对于诉的利益的认定问题,我国已经有了部分学术研究。

(一)我国研究的概况

本书在考察目前我国信息公开行政诉讼诉的利益问题的研究情况时,将研究对象确定为知网公开发表的中文期刊论文。为了较为准确地反映国内的发展状况,本书将通过下面的方式获取资料:在知网(CNKI)中高级检索,同时选择中文、学术期刊,进行分批次检索,截至2023年5月4日,检索结果如下:(1)以"诉的利益""行政诉讼"为篇关摘(精确),共检索出52条;(2)以"信息公开""诉的利益"为篇关摘(精确),共检索出10条;(3)以"滥诉""诉的利益""行政诉讼"为篇关摘(精确),共检索出5条;(4)以"滥诉""原告资格""行政

---

① 湖南省高级人民法院行政裁定书,(2019)湘行终第2176号。

诉讼”为篇关摘(精确),共检索出27条;(5)以“诉权”“诉的利益”“行政诉讼”为篇关摘(精确),共检索出25条。剔除重复内容,共80条,此即本书的研究对象。

1. 指标分析

依据中国知网的可视化分析,得到表1-1,检索的文献量为80篇,总参考数为106篇,总被引数为1553次,总下载数为60,764次;每篇均参考数为1.33篇,每篇均被引数为19.41次,每篇均下载数为759.55次;下载被引比为0.03。

**表1-1 文献相关指标**

| 文献数(篇) | 总参考数(篇) | 总被引数(次) | 总下载数(次) | 每篇均参考数(篇) | 每篇均被引数(次) | 每篇均下载数(次) | 下载被引比 |
|---|---|---|---|---|---|---|---|
| 80 | 106 | 1553 | 60,764 | 1.33 | 19.41 | 759.55 | 0.03 |

2. 总体趋势分析

通过对文献数量进行分析并绘制趋势图(见图1-1)可以发现,该问题从2002年开始在我国引起学术界关注,2020年和2022年为发表峰值,各发表9篇论文。这与实践中信息公开申请权和起诉权不当行使的实践具有密切关系,特别是与“陆红霞案”密切相关。2015年年底,最高人民法院公报发布该案,随后学术界便展开了研究。到2019年修订的《政府信息公开条例》开始实施,行政程序中出现了新的规则解决该问题,又由于理论研究与实践相比具有一定的滞后性,于是在2020年,关于该问题的研究达到发表数量的最大值,2021年出现回落。2022年发表论文数量出现短暂回升是由于在2018~2019年以信息公开行政诉讼诉的利益为内容的课题基本在2022年发表成果和结项,因而2022年出现了成果发表的又一个峰值,这其实是由于课题申请和结项制度带来的上一波研究高潮的延续。

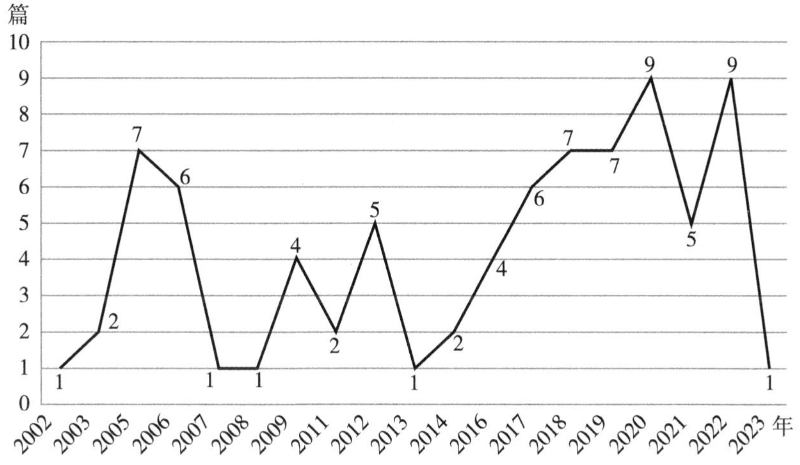


**图 1-1　文献数量趋势**

3. 关系网络

(1)文献互引网络

从文献互引网络中可以看出各文献互引较为密集,对参考文献进行统计并列举其中前六项。张文显主编的《法理学》被引频次为 10,454 次,日本学者谷口安平所著《程序的正义与诉讼》被引频次为 8298 次,我国学者王名扬所著《美国行政法》被引频次为 8101 次,英国学者威廉·韦德所著《行政法》被引频次为 6654 次,我国学者王名扬所著《法国行政法》被引频次为 4752 次,我国学者翁岳生所著《行政法》被引频次为 4344 次。

从上述被引频率较高的文献可以看出,我国学者在对该问题进行研究时大多追溯到了行政法的基本理论,因而对经典行政法文献引用较多。同时,上述文献情况也表明我国对于该问题的研究相对缺乏本土理论资源,同时还缺乏相应的实践基础。因此在分析该问题的时候,我国学者更倾向于从域外借鉴,并从中寻找解决问题的方法。

(2)关键词共现网络

为了对文献进行进一步梳理,将上述文献题录导入可视化文献分析软件,并进行如下分析。

对关键词进行贡献分析，得到图 1－2 所示的情况。

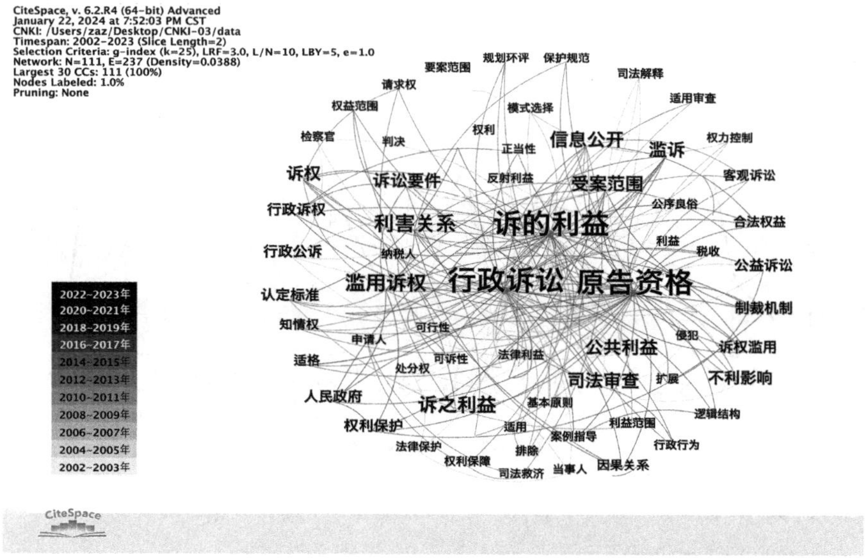


**图 1－2　文献关键词贡献网络图**

从图 1－2 中可以看出，学者在探讨该问题时，除了对诉权滥用等现象讨论较多之外，更多地是从诉的利益、原告资格、受案范围、行政诉讼等方面对该问题进行理论阐释。同时，学者对司法程序中的认定标准也进行了探讨，这表明学者对诉的利益的要素，诉权滥用产生的原因及其规制的问题较为关注，同时，相关学者也从理论和实证两个维度进行了研究。

文献的关键词汇总后聚类共得到了 7 个词组，如图 1－3 所示。

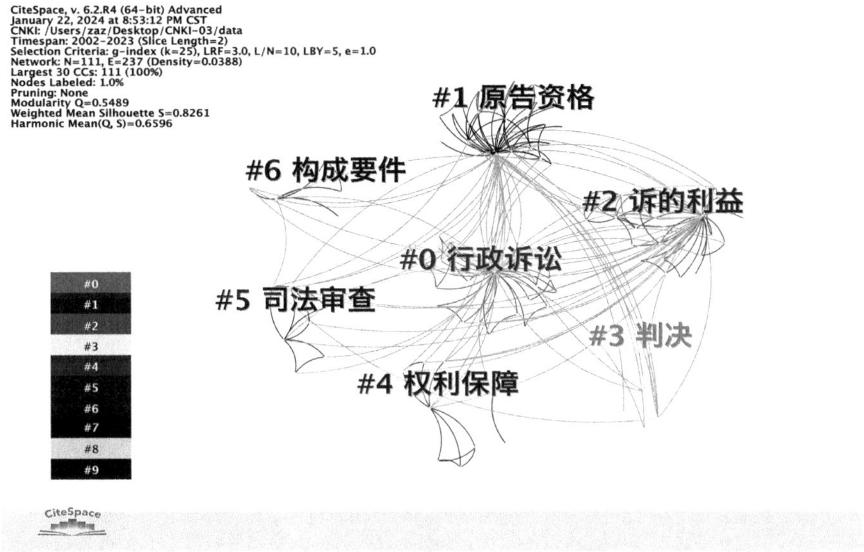


**图 1-3　文献关键词**

通过图 1-4 可以清晰地看出不同年份学者研究重点的转变。对信息公开行政诉讼诉的利益的研究自始至终没有离开对于公共利益的探讨,并且伴随着对于诉讼类型化,特别是撤销之诉的讨论。滥诉问题在 2009 年受到了较多地关注,这与 2008 年开始实施的《政府信息公开条例》有一定关联,与此同时,学者开始对诉讼要件进行探讨。到 2018 年对于滥诉问题的探讨在理论上更有利进一步提升,保护规范理论开始成为学术界研究的一个热点,与此相关的是,对于原告资格的讨论此时也开始增多。同时,通过图 1-4 也可以看出,受案范围这个诉的利益要件之一始终都是学者研究的对象。

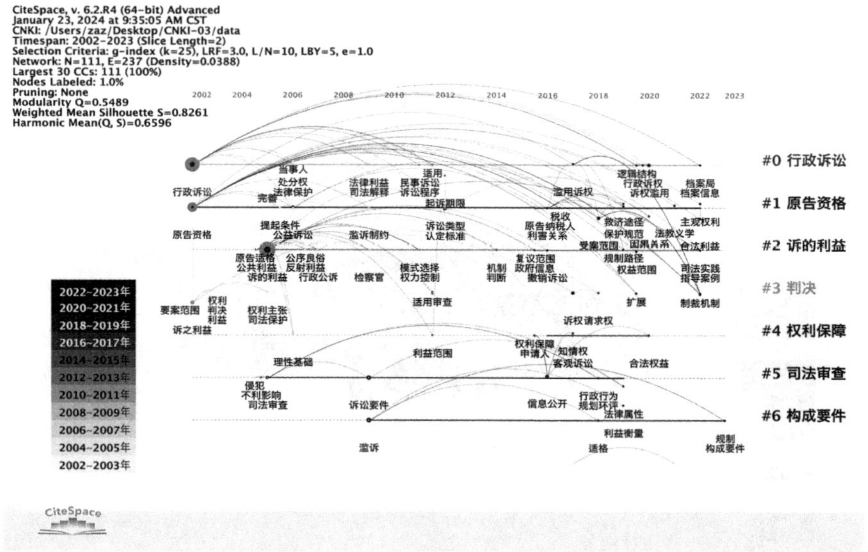


**图 1－4　文献关键词时间线**

4. 分布

(1) 学科

对文献依据知网的学科分布进行统计，诉讼法与司法制度的研究占比90%，这表明学者更多地在诉讼法制度上关注该问题，而从实体层面研究较少。

(2) 来源

对80篇文献的来源进行统计分析可以得出该领域内主要的发文期刊，本次统计结果仅展示发文量前五的期刊名称。其中，《人民司法》《交大法学》《行政法学研究》《广西政法管理干部学院学报》最为关注该问题，其刊出的有关文献各占总文献量的3.75%，即3篇；《中国法律评论》《山东法官培训学院学报》《法律适用》《人民司法》杂志发表紧随其后，其刊出的有关文献各占总文献量的2.5%，即2篇。

(3) 基金

对论文的基金项目统计分析，其中由国家社会科学基金资助的学术成果为9篇，占比11.25%。

(4)机构

对文献产出的机构进行计量分析,其中各期刊编辑部、出版社、杂志社等编辑出版机构共发表文献80篇,学校仍是主要的发文机构。其中,武汉大学位居榜首,共发表8篇,占总发文量的10%;苏州大学紧随其后,共发表6篇,占总发文量的7.5%;中国政法大学共发表5篇,占总发文量的6.25%;天津大学共发文4篇,占总发文量的5%。

(二)我国学者的主要观点

通过对上述文献的分析阅读,大致可以从以下方面总结我国学者对信息公开行政诉讼诉的利益的观点。

1. 大部分学者对法院认定信息公开行政诉讼缺乏诉的利益持谨慎态度

法律中的程序,特别是诉讼中的程序成为法律区别于其他领域的特色之一,诉讼程序有着独立于实体的特殊价值,但是过分追求程序也可能导致公民的实体权利受损。杨建顺教授认为,如果过分追求起诉程序的完备性,有可能造成权利救济走投无路的结果。[①] 章剑生教授认为,诉的利益赋予了法官在个案中的裁量权,基于保护"正当利益"的必要性、实效性,诉的利益应当在具体的环境中适当微调,否则在行政诉讼制度内部容易产生紧张关系。[②] 沈岿教授认为,"陆红霞案"中对诉的利益的认定是审判权应有的职能,然而本案的裁判进路存在一定的问题,有进一步完善的空间。[③] 梁艺老师则认为,在"陆红霞案"中,法院有滥用审判权的嫌疑。[④] 王锡锌教授认为,最高人民法院发布的〔2017〕25号文件对实践中少数不当行使诉权的行为进行了规制,在一定程度上而言,是对我国现行规范的补充,其明确了对诉权滥用的界定,但是要防止

① 参见杨建顺:《行政诉讼的类型与我国行政诉讼制度改革的视角》,载《河南省政法管理干部学院学报》2005年第4期。

② 参见章剑生:《行政诉讼中滥用诉权的判定——陆红霞诉南通市发展和改革委员会政府信息公开答复案评释》,载《交大法学》2017年第2期。

③ 参见沈岿:《信息公开申请和诉讼滥用的司法应对——评"陆红霞诉南通市发改委案"》,载《法制与社会发展》2016年第5期。

④ 参见梁艺:《"滥诉"之辩:信息公开的制度异化及其矫正》,载《华东政法大学学报》2016年第1期。

“滥用诉权”这个概念本身被滥用。[①] 王贵松教授认为，信息公开行政诉讼具有客观诉讼的性质，认定信息公开行政诉讼不具有诉的利益与宪法保障的知情权、诉权的理念和要求相悖。[②] 王珂瑾老师认为，在实践中应更加注重发挥诉的利益促进权利生成方面的积极功能。[③]

2. 大部分法官和个别学者对法院通过否定诉的利益规制滥用行政诉权表现出积极态度

李广宇法官认为法院应当在一定程度上支持行政机关不予公开信息的决定，并扩大和完善简易程序审理信息公开案件，提高效率、减少资源浪费。[④] 侯丹华法官认为在起诉阶段要进行严格审查，当主观和客观都存在不当行使权利的证据时，应当裁定驳回起诉。[⑤] 刘平法官认为鉴于目前社会多元化纠纷解决机制并不完善，因而一部分本应由政府所承受的公共管理危机会以诉讼的形式转嫁到法院；若对程序空转置之不理，则法官会陷入无诉的利益这种无效率的审判中。[⑥] 高鸿法官认为“陆红霞案”的裁判针对的是不当行使权利的行为，目的在于将政府信息公开制度拉回到正常轨道中，使相对人树立正当行使权利的意识。[⑦] 耿宝建与周觅法官认为应当审慎运用“诉的利益”理论，“诉权”的重要性不言而喻，但“权利（利益）”受到侵犯的当事人并不意味着必然能够提起诉讼。[⑧] 孔繁华教授认为应当对不当行使权利的行为进行规制，并对缺乏诉的利益的案件应当裁定驳回起诉，且由过错方承担诉讼成本。[⑨]

---

① 参见王锡锌：《滥用知情权的逻辑及展开》，载《法学研究》2017 年第 6 期。

② 参见王贵松：《信息公开行政诉讼的诉的利益》，载《比较法研究》2017 年第 2 期。

③ 参见王珂瑾：《行政诉讼中“诉的利益”》，载《法学论坛》2012 年第 3 期。

④ 参见李广宇、耿宝建、周觅：《政府信息公开非正常申请案件的现状与对策》，载《人民司法》2015 年第 15 期。

⑤ 参见侯丹华：《政府信息公开行政诉讼有关问题研究》，载《行政法学研究》2010 年第 4 期。

⑥ 参见刘平：《谨慎地拒绝：政府信息公开之诉权滥用及立法规制——以“诉的利益”为内核破局》，载贺荣主编：《尊重司法规律与刑事法律适用研究（上）——全国法院第 27 届学术讨论会获奖论文集》，人民法院出版社 2016 年版。

⑦ 参见高鸿：《滥诉之殇引发的再思考》，载《中国法律评论》2016 年第 4 期。

⑧ 参见耿宝建、周觅：《新条例制度环境下政府信息公开诉讼的变化探析》，载《中国行政管理》2020 年第 2 期。

⑨ 参见孔繁华：《滥用行政诉权之法律规制》，载《政法论坛》2017 年第 4 期。

3. 学者对信息公开行政诉讼诉的利益认定标准和方法持不同观点

"诉的利益"的重要性不言而喻,但是应当如何认定信息公开行政诉讼诉的利益以及认定的标准如何,学术界尚未达成统一共识。余凌云教授认为用不确定法律概念在举证责任上做适度限制,是最机敏、有效的。[①] 沈岿教授提出,在诉讼中应当充分展示司法对事实相关因素的可信认定,驳回诉讼请求并宣告未来严格审查"适当目的"。[②] 王锡锌教授认为在信息公开行政诉讼中认定没有诉的利益时要严格把握标准,将判定放置在一个得到良好指引的分析框架之下。[③] 闫映全博士认为认定信息公开行政诉讼缺乏诉的利益或缺滥用诉权,需以拥有诉权为前提要件,且主观上要求当事人存在恶意,客观上要求有浪费司法资源的行为,结果上要求对法院和对方当事人造成极大的损害。[④] 王贵松教授认为在无益、低效、不适时、放弃权利保护、滥用诉权等情形下,一般会认为缺乏权利保护的必要性;但因为权利保护必要性的判断可能涉及当事人的诉权这一较为重大的问题,因而法院应当开庭进行审理,并遵守一定的限制。[⑤] 梁君瑜老师认为应以多个标准为限制,对信息公开行政诉讼诉的利益进行判断,[⑥]这一点与王贵松教授的观点是一致的。江悦老师认为〔2017〕25号文件对于政府信息公开领域的滥诉问题进行了规制,但所确立的认定标准仍是笼统的,对"诉讼明显没有值得保护的与其自身合法权益相关的实际利益"等问题的内涵和外延都不明确,应进一步细化对申请权滥用的认定标准,缩小司法自由裁量权的空间。[⑦] 程琥法官认为在行政诉讼中,对合法权益、利害关系及权利义务的讨论归根结底可以归结为原告是否存在诉之利益。政府

---

① 参见余凌云:《政府信息公开的若干问题基于315起案件的分析》,载《中外法学》2014年第4期。

② 参见沈岿:《信息公开申请和诉讼滥用的司法应对——评"陆红霞诉南通市发改委案"》,载《法制与社会发展》2016年第5期。

③ 参见王锡锌:《滥用知情权的逻辑及展开》,载《法学研究》2017年第6期。

④ 参见闫映全:《行政滥诉的构成及规制》,载《行政法学研究》2017年第4期

⑤ 参见王贵松:《论行政诉讼的权利保护必要性》,载《法制与社会发展》2018年第1期。

⑥ 参见梁君瑜:《祛魅与返魅:行政诉讼中权利保护必要性之理论解读及其适用》,载《南大法学》2020年第2期。

⑦ 参见江悦:《论我国政府信息公开申请权滥用的司法规制之路》,载《河北法学》2018年第10期。

信息公开实践中,应综合考虑请求内容是否适合成为审判对象、请求是否存在正当利益及是否有权利保护的必要性。① 也有学者认为,用行政、立法而非司法的方式解决这一问题更为合适。后向东博士认为不当行使权利现象的出现是多方原因造成的,应该努力在行政阶段化解这一问题。② 应当说,《政府信息公开条例》正是遵循了这一基本思路。程洁教授认为这种情况是由于申请信息公开的成本过低造成的,应当采用经济手段进行规制。③《政府信息公开条例》第 42 条也采纳了此观点。李畅老师则认为应当探索对滥诉的行政相对人的惩戒之措施,从立法、行政和司法三个维度探索对政府信息公开诉权滥用进行更有力的规制,并做到立法上统一,进一步完善政府信息公开制度。④

由此可见,一方面,学者普遍承认实践中政府信息公开申请人反复、恶意、密集诉讼的行为应当得到规制,并且应和公民行政诉权保障之间形成平衡;另一方面,学术界对于信息公开行政诉讼诉的利益及其认定标准并未达成共识。而且,在该问题上,理论研究一定程度上已落后于司法实务,亟待研究跟进。可以预见,由于〔2017〕25 号文件的施行以及司法实务的需要,学术界对于信息公开行政诉讼诉的利益认定标准必将有更为深入和持续的研究。

《政府信息公开条例》第 35 条设置了对于个别申请人大量占用公众资源的规制方式,行政机关可以要求申请人说明理由或者延期处理。⑤ 同时,第 42

---

① 参见程琥:《新条例实施后政府信息公开行政诉讼若干问题探讨》,载《行政法学研究》2019 年第 4 期。

② 参见后向东:《信息公开申请权滥用:成因、研判与规制——基于国际经验与中国实际的视角》,载《人民司法》2015 年第 15 期。

③ 参见程洁:《资格限制还是经济约束:政府信息公开申请主体的制度考量》,载《清华法学》2017 年第 2 期。

④ 参见李畅:《政府信息公开诉权滥用的司法规制》,载《山东法官培训学院学报》2020 年第 2 期。

⑤ 《政府信息公开条例》第 35 条规定:“申请人申请公开政府信息的数量、频次明显超过合理范围,行政机关可以要求申请人说明理由。行政机关认为申请理由不合理的,告知申请人不予处理;行政机关认为申请理由合理,但是无法在本条例第三十三条规定的期限内答复申请人的,可以确定延迟答复的合理期限并告知申请人。”

条规定了信息处理费制度。[①] 2020 年 11 月 17 日，国务院办公厅发布《政府信息公开信息处理费管理办法》(以下简称《信息处理费管理办法》)，将公众关心的信息处理费的标准和数额予以明确。至此，政府信息公开实体法中对极少数人占用大量公共资源的行为的规制形成了一系列的规则。新制度对政府信息公开申请人不当行使权利的规制由诉讼阶段提前至行政程序中，有效减少了诉权滥用的情况，诉讼案件数量有所下降[②]，厘清了司法权与行政权的边界。

新的制度环境将法院更严格地定位为中立的裁判者，因而对司法裁判提出了更高的要求。在这一背景下，研究如何在实践中准确认定信息公开行政诉讼诉的利益，同样具有重要的理论和实践意义。

## 三、域外经验

政府信息公开制度肇始于美国，其后很多国家都建立了相应的制度，申请人大量申请、提起行政诉讼的现象并非中国所独有。因此，其他国家具备一定我国可以借鉴的经验。

总体而言，基于公法中对行政机关有效监督和诉讼是公民权利最后一道防线的理念，国外学者对信息公开行政诉讼诉的利益问题进行探讨的学术研究并不多。不仅如此，部分法官对由法院认定当事人无信息公开行政诉讼诉的利益的做法也持保守态度，因而相关的司法裁判并不多见，具体情形可以做如下概括。

### (一)诉的利益认定标准呈现出“从权利到利益”的发展过程

在日本和德国，对于诉的利益的认定标准呈现出“从权利到利益”的发展变化。在初始阶段，法院和学者都认为诉的利益的认定标准需要强调必要性，如果任何因素导致该该案件的审理变得没有意义，则该案件不具备诉的利益。日本学者原田尚彦很直接地，当事人的诉求是否有必要利用审判资源进行判断，决定了一个案件能否进行审理。[③] 吕太郎在观察德、日两国的裁判后，总结

---

① 《政府信息公开条例》第 42 条第 1 款规定：“行政机关依申请提供政府信息，不收取费用。但是，申请人申请公开政府信息的数量、频次明显超过合理范围的，行政机关可以收取信息处理费。”

② 具体案件数量参见本书第三章。

③ [日]原田尚彦：《诉的利益》，石龙潭译，中国政法大学出版社 2014 年版，第 7 页。

出德、日两国法院对于缺乏权利保护必要性的案件均会以判决的方式驳回诉讼请求。① 对于如何确定案件是否有必要进行审理，木川统一郎认为，法院可以依职权调查案件是否有权利保护的必要性。②

但是，这一观点随之着时代的发展和理念的更新被日本法院否定，诉的利益的认定标准开始由必要性的认定转变为了一种利益的认定，即无论是否有必要进行审理，只要原告具有相应的利益，该案件就应当被认为具有诉的利益。日本法院在判决中指出，原告对政府信息公开享有法律上的利益，即使该公共文书已作为书证提出，信息公开行政诉讼诉的利益也不因原告获得所申请公开的信息消灭。盐野宏认为，这恰恰体现了行政诉讼法诉的利益“从权利到利益”的变迁。也有日本法院曾指出要综合考虑多种因素来判断诉的利益。

上述变化表明诉的利益的认定标准从更多地考虑司法资源的充分利用转变为更多地考虑相对人权利的保护。

（二）法院对否定信息公开行政诉讼诉的利益持谨慎态度

以美国为代表的一些国家的政府信息公开制度关心的核心问题是争讼信息是否公开，而申请人的动机并不是对诉的利益的主要判断标准，也不是判断其行为适当性的因素。基于这一考量，联邦法院在判决中对诉的利益的判断以及当事人滥用诉权的问题并未作出准确界定。部分州法院对信息公开制度中不当行使权利进行规制，认为此类案件缺乏诉的利益，有法院对代理滥用诉权案件的律师处以罚款，③还有法院裁定对于纠缠申请，行政机关可以拒绝答复。韩国也有与美国处理方式类似的判例。

相比之下，英国法院对政府信息公开诉的利益的认定标准给予了更多关注。英国高等裁判所给出了判断滥诉需要综合考虑的因素：申请人动机、申请价值或目的、申请对行政机关及工作人员造成的负担和困扰。④ 英国上诉法院

---

① 吕太郎：《民事诉讼之基本理论（一）》，台北，元照出版公司2009年版，第214页。

② 木川統一郎：「権利保護の必要—Das Rechtsschutzbedürfnis, von Pr. Adolf Schönke—」、『法学新報』60巻1号（1953年1月）55頁参照。转引自王贵松：《论行政诉讼的权利保护必要性》，载《法制与社会发展》2018年第1期。

③ Philips v. Valley Communications, Inc., 159 Wash. App. 1008 (2010).

④ Information Commissioner vs. Devon County Council & Dransfield, 2012 UKUT 440 AAC.

提出了更为严格的标准,认为判断该问题应当采取客观标准,考虑申请人的行为是否有让人信服的理由证明自己的申请具有价值,同时法院也强调需要对所有因素进行综合考虑。[①] 同时,2014 年 8 月 16 日,英国地方政府协会(local government association)在自己的网站上公布了信息公开行政诉讼中不当行使权利的典型案例。

(三)立法中的实体规则是法院判断信息公开诉讼诉的利益的重要标准

大多数国家通过立法在实体上对纠缠式申请作出规定,而这些规定是法院判断信息公开行政诉讼是否具有诉的利益的重要参考标准。如美国伊利诺伊州通过立法从申请人申请信息公开的数量、频率角度对"反复申请人"进行了界定。澳大利亚 1982 年制定的《信息自由法》89K 到 89N 都是关于如何限制纠缠申请者的行为。英国 2000 年制定的《信息自由法》第 14 条也指向纠缠申请或反复申请(vexatious or repeated requests)的问题,并为解决该问题发布了官方指南;2014 年 11 月还发布了更为详细的不当行使申请权的判断标准。日本在 2011 年提交国会的《信息公开法修正案》中,在原有法律第 5 条的基础上增加但书,以明文的形式规定,当公开申请属于权利滥用等时,行政机关不负有公开义务。[②] 苏格兰的指导性大纲将纠缠式申请界定为:申请是不合理或者不成比例的、给公共机构带来巨大负担、没有严肃的目的或价值、目的仅在于给公共机构制造麻烦。南非《信息公开促进法》、泰国《官方信息法》、韩国《公共机关信息公开法》、新西兰《政府信息法》都有对于不当行使权利的申请,行政机关可以拒绝答复的规定。

从上述国外的立法和司法实践中可以看出,大多数国家在规制申请人不当行使权利方面采用"立法 + 司法"共同规制的方法。司法机关在认定原告权利滥用时态度较为谨慎,特别是层级较高的法院更是如此。

---

① Dransfield v. Information Commissioner and Devon County Council, 2015 EWCA Civ. 454.

② 追加了但书条款:但当该申请相当于权利滥用、有违公共秩序或者良好风俗等时,不在此限。

## 第二节 我国信息公开行政诉讼适用"诉的利益"概况

### 一、"滥用权利"与"拒绝公开"之间的张力

政府信息公开制度自产生以来,在提升政府透明度、促进行政机关依法行政、增强政府公信力等方面起到了十分重要的作用。不仅如此,《政府信息公开条例》将行政诉讼作为针对行政机关政府信息公开行为的救济途径之一,是基于《行政诉讼法》第12条对行政诉讼受案范围的扩展。[①] 在相当长一段时间内,信息公开行政诉讼起着促使政府信息公开的积极作用,[②]是提升政府透明度、推动良好社会治理的重要工具之一。然而,信息公开行政诉讼又是行政机关主要的法律风险来源之一。有关数据显示,2012年信息公开行政诉讼中行政机关的败诉率达到24.5%。[③] 随着各项制度的完善以及行政机关依法行政工作的推进,虽然该数值大幅下降,但是仍不可忽视的是,现实中信息公开行政诉讼依旧呈现矛盾的状态:一方面因部分申请人纠缠式申请、频繁诉讼而给行政机关和法院带来了沉重的工作负担和压力;另一方面则是行政机关适用模糊不清的例外规则来拒绝公开信息。我们暂且不讨论上述观点是否正确,但不容否认的是,在以"陆红霞案"为代表的一系列案件中,法院对原告"滥用诉权""缺乏诉的利益"的司法判断也将这种矛盾推向了顶峰。在此之前,学术界对信息公开诉讼制度的关注焦点更多集中在其促使行政机关履行信息公开职能的作用上,而对信息公开行政诉讼本身关注较少。"陆红霞案"的裁判使得信息公开行政诉讼中的司法审查标准,特别是对诉的利益的判断成为学术

---

① 《行政诉讼法》第12条以列举的方式规定了十二项受案范围,第2款明确了法律、法规可以扩展行政诉讼的受案范围。《政府信息公开条例》是通过行政法规的形式明确了其对依法获取政府信息的权利可以行政诉讼的方式寻求救济。

② 参见宋广玉:《诉讼案例有望倒逼政府信息公开》,载《南京日报》2016年8月1日,第11版。

③ 参见《北京一中院发布〈政府信息公开行政审判十年白皮书〉》,载央广网2017年12月7日,https://baijiahao.baidu.com/s?id=1586115478932630748&wfr=spider&for=pc。

界关注的重点问题。有学者从既有裁判中亦发现了司法审查标准不一、对申请人动机缺乏论证等问题。①

## 二、"诉的利益"裁判概览

通过"北大法宝"数据库检索法院在审判中讨论"诉的利益"的信息公开行政诉讼共有1077起，剔除无关案件后，有效案件1056起，案件的基本情况如下。

从审理法院的级别上看，由最高人民法院、高级人民法院、中级人民法院和基层人民法院审理的案件数量分别为42起、180起、595起和239起（见图1－5）。其中，中级人民法院审理的案件数量最多。

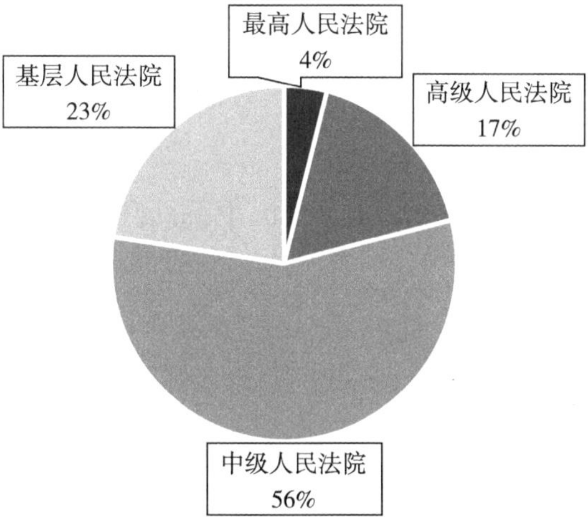


**图1－5　案件审级分布**

从审理程序上看，一审案件464起，其中适用简易程序的有62起；二审案件430起；再审案件162起（见图1－6）。再结合审理法院级别的数据来看，该类型案件经历二审程序的较多，实践中争议较大。

① 参见于文豪、吕富生：《何为滥用政府信息公开申请权——以既有裁判文书为对象的分析》，载《行政法学研究》2018年第5期。

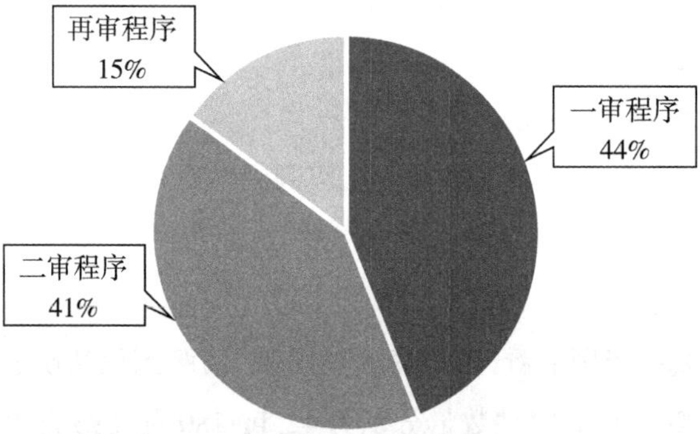


**图 1－6　案件审理程序分布**

从裁判形式上看，裁定书 992 份、判决书 54 份、其他文书 10 份（见图 1－7）。可见，法院在处理此类案件时多从程序上进行判断，本书第四章第三节对该问题进行了专门探讨。

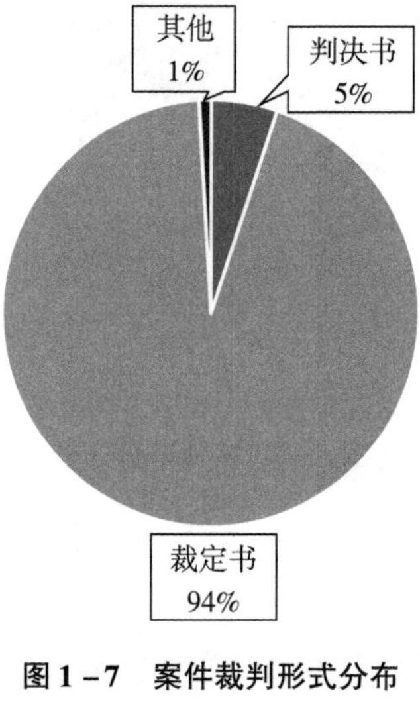


**图 1－7　案件裁判形式分布**

从审结年份上来看，2015 年有 30 起、2016 年有 47 起、2017 年有 231 起、2018 年有 304 起、2019 年有 292 起、2020 年有 149 起、2021 年有 3 起（见图 1－8）。

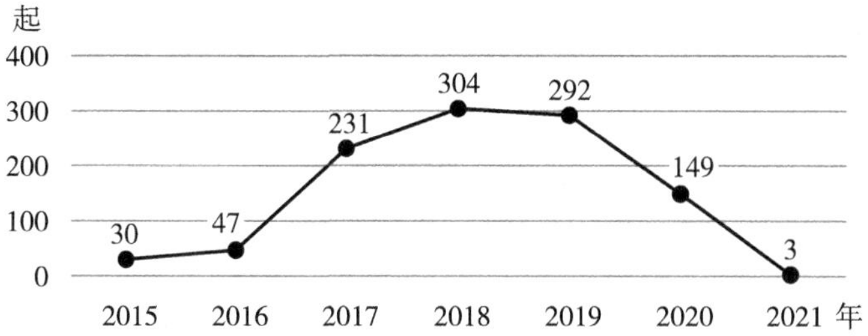


**图 1－8 案件历年审结数量趋势**

目前,基于“陆红霞案”裁判对信息公开实践的影响以及《政府信息公开条例》的制度安排,政府信息公开复议和诉讼数量出现了下降的趋势,依据“北大法宝”显示,2015 年信息公开行政诉讼有 12,324 起、2016 年有 14,831 起、2017 年有 16,900 起、2018 年有 15,644 起、2019 年有 13,573 起、2020 年有 9081 起、2021 年有 72 起。

分析上述数据,从法院探讨诉的利益的案件占整个信息公开行政诉讼的比例上来说,如表 1－2 所示。

**表 1－2 法院适用诉的利益的案件占整个信息公开行政诉讼的比例**

| 年份 | 信息公开行政诉讼数量(起) | 适用“诉的利益”案件数量(起) | “诉的利益”案件占比(%) |
|---|---|---|---|
| 2015 | 12,324 | 30 | 0.24 |
| 2016 | 14,831 | 47 | 0.32 |
| 2017 | 16,900 | 231 | 1.37 |
| 2018 | 15,644 | 304 | 1.9 |
| 2019 | 13,573 | 292 | 2.2 |
| 2020 | 9081 | 149 | 1.64 |
| 2021 | 72 | 3 | 4.2 |

从之前的年份看,除 2020 年“诉的利益”案件所占比有所回落以外,该比例在其他年份一直处于上升趋势,至于 2020 年是真正回落,还是疫情原因造成的数据与往年不同,还应综合未来几年数据才能作出准确判断。其实,通过检

索可以发现,法院适用“诉的利益”理由进行裁判的行政案件最初并非出现在信息公开行政诉讼领域,而是在传统的行政处罚领域;但后来在信息公开诉讼中适用的比例在逐年增大,这或许是由于“陆红霞案”的示范作用。2017 年该类案件所占比例开始明显上升,2018 年、2019 年更是出现较大幅度增长,这也是必须对权利保护必要性予以明确的重要原因。

## 第三节 理论基础:行政诉讼诉的利益的基本范畴

信息公开行政诉讼是行政诉讼的一个类型,因而对信息公开行政诉讼诉的利益的探讨不能脱离行政诉讼诉的利益的基本框架。本节将对我国行政诉讼诉的利益及相关概念进行分析解读,以此作为后续研究的理论基础。

“诉的利益”这一概念最早在 19 世纪民事诉讼中确立起来,其产生的最初目的在于对诉权滥用的规制。[①] 域外关于诉的利益问题的关注最早起源于德国的利益法学。利益法学的创始人菲利普·黑克在其撰写的《利益法学》中主张,立法者必须对社会上存在的相互矛盾的利益关系进行界定。其他一些法学专家在诉的利益方面也进行了较为深入的探讨,德国的诉讼理论认为,当事人只有具备诉的利益才能起诉;也有学者进一步指出,仅存在法律关系不能作为判定诉的利益的标准,还应当具备利益。[②] 日本关于诉的利益的学说较为丰富,除前文提及的原田尚彦之外,兼子一认为可以从性质和原告的诉讼请求上判断是否具有诉的利益,前者要求原告具有权利保护资格,后者强调原告的诉讼要求保护的现实性和必要性。[③] 新堂幸司则更多地认为诉的利益是法院对该案进行裁决的必要性以及实效性。[④] 山木户则将诉的利益称为追行利益。高桥宏志认为诉的利益是原告的诉求是否具有法院保护的必要性,如果缺乏

---

① 参见陈荣宗、林庆苗:《民事诉讼法》,台北,三民书局 1996 年版,第 339 页。

② 参见肖建华、柯阳友:《论公益诉讼之诉的利益》,载《河北学刊》2011 年第 2 期。

③ 参见[日]兼子一、[日]竹下守夫:《民事诉讼法:新版》,白绿铉译,法律出版社 1995 年版。

④ 参见[日]新堂幸司:《新民事诉讼法》,林剑峰译,法律出版社 2008 年版,第 238 页。

这种必要性,即使能够起诉,也不会得到实体裁判。①

正如王贵松教授所言,这一概念对我国行政法学界而言还是较为陌生的,结合当下的司法实践,应当说目前我国在这方面的理论研究已经处于滞后状态。然而在加快理论研究的同时,司法实践对诉的利益的认定应当更为谨慎,只有这样才能与其自身的宪法地位相称。②

**一、行政诉讼诉的利益的内容与要素**

关于行政诉讼诉的利益的内容,首先从其中的"利益"进行解读。

(一)行政诉讼诉的利益中的"利益"

究竟何种"利益"可以成为行政诉讼中诉的利益,需要结合行政诉讼的理论、功能、立法目的和文本来进行解读。

行政诉讼的立法目的也是在《行政诉讼法》制定和修改过程中争议较大的问题,对此有唯一目的说和一元主导下的三重目的说,前者强调行政诉讼只有一个立法目的,后者则强调以一个为主,可以多个目的并存。马怀德教授是三重目的说的倡导者,他认为行政诉讼的目的有三重,即保障权利、解决纠纷和监督行政机关依法行政,其中,第一个保障权利是最重要的目的,其他两个要服从首要目的。③ 在此基础上,有学者指出行政诉讼法所有制度的设计都必须围绕这一目的进行。④ 也有学者认为,监督行政机关依法行政才是首要目的,这是行政诉讼与民事诉讼最重要的区别,因为民事诉讼也可以保障权利,但是只有行政诉讼才能起到监督行政机关的重要作用。⑤ 应松年教授则认为,解决争议才是首要目的,在这个过程中可以实现权利保障和监督行政机关两个功

---

① 参见[日]高桥宏志:《民事诉讼法:制度与理论的深层分析》,林剑峰译,法律出版社2003年版,第318页。

② 参见王贵松:《论行政诉讼的权利保护必要性》,载《法制与社会发展》2018年第1期。

③ 参见马怀德:《保护公民、法人和其他组织的权益应成为行政诉讼的根本目的》,载《行政法学研究》2012年第2期。

④ 参见王学辉:《行政诉讼目的新论》,载《律师世界》1998年第2期;肖峰昌:《论行政诉讼目的的唯一性》,载《山西政法管理干部学院学报》2003年第4期;谭宗泽:《行政诉讼目的新论——以行政诉讼结构转换为维度》,载《现代法学》2010年第4期;马怀德:《保护公民、法人和其他组织的权益应成为行政诉讼的根本目的》,载《行政法学研究》2012年第2期。

⑤ 参见邓刚宏:《论我国行政诉讼功能模式及其理论价值》,载《中国法学》2009年第5期。

能。[①] 无论学者间如何争议,“解决行政纠纷”在2014年被写进了《行政诉讼法》的立法目的中,在司法实践中发挥了积极作用;有观点认为该表述会增加司法机关的负担,但是如莫于川教授所言,正是由于之前缺乏这一立法目的,才导致法院的释明、司法建议等制度没有发挥应有的积极作用。[②] 明确“解决行政纠纷”这一立法目的在一定程度上解决了上述问题,从这个意义上来说,“解决行政争议”究竟是不是《行政诉讼法》最重要的目的似乎并不十分重要了。有学者认为,行政法的功能已经由自有防御型行政法转变为利害关系调整型行政法,从这个意义上来说,行政法必然承担更多也更为复杂的功能。[③]

2014年《行政诉讼法》立法目的中还有一个比较大的变化是删除了“维护”一词,这一表述上的变化具有十分重要的意义。江必新院长指出,1989年《行政诉讼法》关于立法目的的表述存在较明显的缺陷,行政行为效力的产生不因法院的维护而取得,同时,“维护”一词将审判权置于行政权的从属和附庸地位,这与《行政诉讼法》的制度初衷不符。[④]

其实,从国际上看,行政诉讼的立法目的也不是一成不变的,而是一个发展的过程。在英美法系,由于没有公法和私法的划分,一开始并不存在关于行政诉讼法立法目的的探讨。17世纪以后,这一观点发生了变化。韦德认为,行政诉讼的目的在于控制行政权,使行政权在法律允许的范围内活动。[⑤] 美国行政法理论认为,通过对行政行为的司法审查以达到保护公民权利的目的,[⑥]法国行政诉讼立法目的的变化最为明显,从开始的维护行政权,发展到更为注重相对人权利的保护。[⑦]

### (二)行政诉讼诉的利益的要素

与民事诉讼为解决公民个人之间权利冲突不同,行政诉讼的目的更为复

---

① 参见应松年:《行政诉讼法修改的有关问题》,载《法制资讯》2011年第8期。

② 参见莫于川:《〈行政诉讼法〉修改及其遗留争议难题——以推动法治政府建设为视角》,载《行政法学研究》2017年第2期。

③ 参见王贵松:《作为利害调整法的行政法》,载《中国法学》2019年第2期。

④ 参见江必新主编:《新行政诉讼法专题讲座》,中国法制出版社2015年版,第2页。

⑤ 参见[英]威廉·韦德:《行政法》,徐炳等译,中国大百科全书出版社1997年版,第5页。

⑥ 参见傅思明:《中国司法审查制度》,中国民主法制出版社2002年版,第24页。

⑦ 参见王名扬:《法国行政法》,中国政法大学出版社1988年版,第549页。

杂,其除了权利保护之外,还有解决行政纠纷和监督行政机关的“利益”,这也是其特殊性所在。[①] 因而,在应然层面上,与民事诉讼相比,行政诉讼的原告资格以及值得保护的权利的范围都较为宽泛。当然,在实践中,基于各种原因,现阶段很难完全实现这一理论构想。

日本学者原田尚彦认为,诉的利益有广义和狭义之分,广义的诉的利益包含诉的对象(受案范围)、利害关系(原告资格)、权利保护必要性三个要素;狭义的诉的利益,仅指权利保护必要性。[②] 新堂幸司进一步论述了三者之间的共性,即从三个角度分别判断是否有必要启动审判权解决纠纷,因而这三个要素之间有很强的关联性。[③] 南博方进一步指出,利害关系是从原告角度出发,而权利保护必要性是从周边客观情况出发,二者都是为了判断是否有必要启动审判资源,故没必要进行特别严格的区分。

梁君瑜老师在考察了我国的司法实践之后,认为法院更多在狭义上使用诉的利益这一概念,在司法实践中存在与原告资格、受案范围的混用甚至是误用的情形。[④]

本书以原田尚彦对诉的利益的三要素为基础展开讨论,分别以三个要素观察现行司法裁判,并在此基础上提出适合我国司法实践的诉的利益要素的范围。

## 二、行政诉讼诉的利益的功能

行政诉讼诉的利益最初的产生是基于其消极功能,在经过发展之后,逐渐演变出积极的功能。现代司法中,积极功能和消极功能同时在程序中发挥作用。

### (一)消极功能——排除无利益之诉

诉的利益是原告具有的利益,是诉讼可以获得实体审理的必备条件,因而

---

① 参见梁君瑜:《行政诉权研究》,中国社会科学出版社 2019 年版,第 10 页。

② [日]原田尚彦:《日本公共法译丛:诉的利益》,石龙潭译,中国政法大学出版社 2014 年版,第 2 页。

③ [日]新堂幸司:《新民事诉讼法》,林剑锋译,法律出版社 2008 年版,第 187、205 页。

④ 参见梁君瑜:《祛魅与返魅:行政诉讼中权利保护必要性之理论解读及其适用》,载《南大法学》2020 年第 2 期。

其虽然是程序意义上的一个概念,但却具有十分重要的实体意义,是联结实体与程序的纽带。法国诉讼理论认为,诉的利益的标准决定了当事人的资格和可获得的实体审判的范围。① 从这个意义上来说,传统上更注重诉的利益的消极功能,主要用以限制原告的起诉,将无利益之诉排除在司法审查范围之外,特别是实体审查之外,以防止权利不当行使,正如有学者所言,诉的利益可以方便当事人更好地利用诉讼制度,约束各方当事人针对个人权利的争议将导致辩论限制。② 日本有学者认为,诉的利益不仅能限制当事人不当行使权利,而且可以保证审判权在正当的范围内行使,这本身也可以起到一个平衡作用。③

应当说,诉的利益的消极功能是十分重要的,学术界对此也持肯定态度。当然,诉的利益的消极功能也带来一个问题——使得我国行政诉讼的受案范围过于狭窄。④

(二)积极功能——权利生成与提高效率

随着诉讼实践的发展,行政诉讼诉的利益亦发展出了许多积极功能。

1. 司法生成权利

行政诉讼诉的利益发展出积极功能是20世纪之后,其随着社会的发展和公民权利意识的增强而出现,此时的社会利益更为多元化,案件的审理也更为复杂。如果仍然固守成文法规范,则会在缺乏实体法规定的情况下,无法对公民权利提供有效救济和保护。诉的利益于此时被引入,用以保护实体法上没有规定却值得保护的权利;此时诉的利益将新兴权利引入司法程序中。⑤ 应当说,诉的利益是使当事人的诉讼进入司法程序的关键,这也是通过诉讼促进实

---

① 参见孔维辰:《行政诉讼诉的利益研究》,武汉大学2018年博士学位论文,第58页。

② 参见杨军:《诉的利益研究》,北京交通大学出版社2014年版,第63页。

③ 参见[日]中村英郎:《新〈民事诉讼法〉讲义》,陈刚等译,法律出版社2001年版,第154页。

④ 参见王汉斌:《关于〈中华人民共和国行政诉讼法(草案)〉的说明》,载甘文:《行政诉讼法司法解释之评论——理由、观点与问题》,中国法制出版社2000年版,第242~243页。

⑤ 参见梁慧星:《民法解释学》,中国政法大学出版社1995年版,第151页。

体法吸纳新权利的开端。① 该观点使得处于学术探索阶段的不明确的权利,在诉讼中得以具体化。② 若能真正在此意义上发挥诉的利益的功能,那么其将成为扩大行政诉讼受案范围的重要抓手。③ 在权利保护特别受到重视的今天,诉的利益这一概念经常在积极层面上发挥作用。④

但是,有一个值得关注的有趣现象,我国法院在受理第一批信息公开行政诉讼时,并没有实体法上的明确依据,应当说有赖于诉的利益的积极作用,天津、哈尔滨、武汉、广州等地先后出现了司法裁判,从而对公民获取政府信息权利予以保护;⑤而在今天,我们探讨信息公开行政诉讼诉的利益,特别是司法实务界对该概念的研究,则更多地是聚焦于诉的利益的消极功能,其中的变化颇耐人寻味。

2. 提高司法审判效率

"诉的利益"可以筛选适合动用司法资源予以裁判的案件范围,高效利用

---

① 参见[日]谷口安平:《程序的正义与诉讼》,王亚新、刘军荣译,中国政法大学出版社 1996 年版,第 257 ~258 页。

② 参见周红:《行政诉讼中的诉之利益理论》,载《行政法学研究》2003 年第 1 期。

③ 参见王珂瑾:《行政诉讼中"诉的利益"》,载《法学论坛》2012 年第 3 期。

④ 如网络时代的被遗忘权就是典型的由诉的利益发展出来的权利。"被遗忘权"(righttobeforgotten)确立于 2014 年欧盟法院判决的"冈萨雷斯诉谷歌公司案",该判决使之成为信息主体的一项民事权利,认定公民有权在个人信息不切实际或者过期的条件下,要求网站和搜索引擎删除相关内容。1998 年西班牙《先锋报》依据指令刊登了当事人马里奥·冈萨雷斯(Mario Costeja González)的拍卖声明,2009 年当事人发现曾经的拍卖声明被该报纸的网络版收录,于 2010 年向西班牙数据保护局提出诉讼,但报社和谷歌公司双方均未给出满意答复。冈萨雷斯再次提出申诉,西班牙数据保护局进行区分处理,认为报社是基于指令而发布的刊登声明,因此驳回其诉求;认为检索结果的传播有可能导致威胁当事人的尊严,因此支持其诉求;同时要求 Google 删除与此次拍卖个人信息相关的链接。谷歌西班牙和谷歌公司单方向西班牙国家高等法院提起上诉,随后将案件提交至欧盟法院。欧盟法院依据《欧洲 95/46/EC 数据保护指令》,将《先锋报》中提及的"个人数据"认定为个人信息,谷歌软件认定为"数据控制者",谷歌软件处理行为认定为"处理个人数据"范畴,并依据该指令第 6 条和第 12 条推导出"被遗忘权"。这一判决作出后,我国立法层面和司法层也开始关注"被遗忘权"。如北京市第一中级人民法院(2015)一中民终字第 09558 号判决书,"任甲玉诉北京百度网讯科技有限公司人格权纠纷案"成为我国首例涉及"被遗忘权"的案件,当事人主张一般人格权中"被遗忘"的权利被百度公司的不当行为所侵犯。法院否定当事人的主张具有正当性且有受法律保护的必要性,不属于侵权应当保护的正当权益,因此驳回诉讼请求。上述国外、国内案例,恰好从积极和消极两个方面阐述了诉的利益的功能。

⑤ 参见赵正群、董妍:《中国大陆首批信息公开诉讼案件论析(2002—2008)》,载《法制与社会发展》2009 年第 6 期。

司法资源,使适合的纠纷进入司法救济的范围中,①同时也使得法院可以集中精力解决最需要解决的纠纷。②

但是此种情境之下存在一个难题,即如何识别哪些是值得运用审判资源解决的纠纷?应当坚持何种标准?实践证明,想完全从正面抽象出一套识别标准是十分困难的,因为现实是千变万化的,因而很多学说选择从反面来进行界定。这也是本书在研究和总结信息公开行政诉讼诉的利益时所采取的思路,即可以从正面界定的,就从正面总结、界定;不能从正面界定的,则从反面进行抽象和界定。

**三、诉的利益与诉权保护**

诉的利益与行政诉权有着密切的联系,判断原告是否具有诉的利益是判断其是否具有诉权的重要标准之一。有学者基于"诉权层次论"的分析,认为行政诉权可以分为行政纠纷的可诉性、行政诉讼的原告适格以及行政诉讼权利保护必要性,③而其中的权利保护必要性指向狭义的诉的利益。从这个意义上来说,诉的利益是诉权的重要内容。同时,广义的诉的利益包括利害关系(原告资格)、受案范围、权利保护必要性,这与诉权的内容也有高度重合之处。

第一,从诉权的产生和发展角度来看,其与诉的利益具有一定的关联。诉的利益的产生在于考察哪些案件是值得动用司法资源予以解决的纠纷,诉权的发展在两大法系中呈现不同的路径,但是都可以归结为哪些可以接受司法监督或者司法可以保护哪些权利,这与诉的利益其实是一个问题的两个方面。具体来说,作为英美法系的代表国家,英国行政诉权的主要特点是其由国王监督权演变而来,而美国行政诉权的典型性则体现为其适格主体呈现"渐进式"扩张趋势,即在认定标准上由最严格的权利损害标准发展为较宽松的利益损害标准,继而发展为徘徊于双层结构标准与单一事实上损害标准之间的更为宽松的格局。作为大陆法系的代表国家,法国行政诉权依托该国行政审判权

---

① 参见常怡、黄娟:《司法裁判供给中的利益衡量:一种诉的利益观》,载《中国法学》2003 年第 4 期。

② 参见耿宝建:《立案登记制改革的应对和完善——兼谈诉权、诉之利益与诉讼要件审查》,载《审判理论前沿》2016 年第 25 期。

③ 参见梁君瑜:《行政诉权研究》,中国社会科学出版社 2019 年版,第 90 页。

的发展得以诞生并壮大,德国行政诉权则在诉讼类型精细化之趋势下形成丰富的诉权理论,而日本不仅延续诉讼类型化的思路,并且基于主观诉讼与客观诉讼相区隔的理念来认识行政诉权。两大法系行政诉权的进化史反映了行政诉权日益走向精细化的演变历程。[①] 这一变化的过程也使得对诉的利益的认定呈现了相应的变化。

在我国,行政诉权制度的发展遇到了一定的障碍,具体来说是我国行政诉权理论尚十分薄弱,行政诉权实践也发展并不充分,理论和实务并未形成良好的互动与促进。这也导致了对于诉的利益的问题尚处在不成熟的理论研究阶段,在立法中没有规定,在实践中也并未形成统一的标准。但是,立案登记制度的引入导致大量案件涌入法院审判程序,给法院造成了沉重的负担,同时也给行政机关施加了巨大压力。因此,我国在诉权研究中就呈现出一方面基础理论尚未完善、规范依据不足、实践经验尚少,另一方面涌现了如何规制滥用行政诉权的议题的情形,"陆红霞案"的出现正是这一矛盾的体现。在实务界亦如此,一方面对于相对人行政诉权保障尚不充分,另一方面又在为少数申请人滥用行政诉权而承担巨大压力。这大概是我国行政诉讼制度在短期内迅速发展必然带来的阵痛。[②]

第二,诉的利益和诉权在作用上具有相似之处。行政诉讼诉的利益的作用在于保护相对人合法权益和监督行政机关依法行政,这些内容也涵摄于行政诉权制度的作用之中。行政诉讼制度具有解决行政纠纷、保护相对人合法权益以及监督行政机关依法行政的重要功能,行政诉权的确立对于行政诉讼制度发挥上述功能具有重要意义。有学者甚至指出,行政诉讼的启动和运行都依赖于行政诉权的行使。该学者进一步指出,行政诉权的确立除具有上述行政诉讼三个功能以外,还具有维护公共利益、塑造公民人格意识与国家法治

---

① 参见梁君瑜:《行政诉权进化史比较考察及其启示》,载《上海政法学院学报(法治论丛)》2018 年第 3 期。

② 其实不单在行政诉讼制度中,在行政法的其他制度中也存在这样的现象,例如一方面,行政机关的依法行政尚有提升的空间,中央的各项文件也一再强调行政机关依法行政,建立健全各项制度,建设法治政府;另一方面,合作治理等先进理念已经在许多领域中开始实践并且取得了一定的治理成果。

底蕴的作用。①

第三,在实务界中,不具有诉的利益经常成为认定原告不正当行使诉权的重要理由之一。“陆红霞案”采取的即为此种思路。但该案的论证过程存在诸多问题,如何在诉讼中准确识别诉的利益,并在此过程中充分保护诉权,这是值得继续深入探讨的话题。行政诉权的滥用是学术界和实务界共同关注的一个现象,有学者指出,行政诉讼中滥用诉权分为滥用起诉权和滥用具体程序权利,对于二者应采取不同的规制路径。② 也有学者指出,若从宪法的角度看“陆红霞案”,恐怕存在语义模糊以及过度限制的问题。③ 还有学者认为该案件中对滥用诉权的认定存在合宪性瑕疵,对公共利益的论证较为模糊,限制后续起诉亦是不符合比例原则的。④ 有学者认为,要认定行政诉权滥用,需要从主体、主观方面、客观方面三个要件,从程序、预防、惩戒三个层面构建预防滥诉机制。⑤ 有学者提出,基于行政诉权兼具基本人权保障和监督依法行政的基本价值,仍然需要为其设定具体的滥用认定规则。通过对行政诉权滥用现象进行梳理、归纳和分类,并结合民事诉讼法、域外理论与实践的分析可知,包含主体、主观、客观行为、危害结果的“四要件”模型是具有可操作性的理论框架,可以为行政诉权滥用提供识别标准。⑥ 因此,对于诉权及其正当行使的研究,可以为诉的利益的识别提供理论基础。

## 四、诉的利益与诉讼类型化

诉讼类型化是一种基本的研究方法,其目的在于为诉讼救济制度提供一定的基础。⑦ 虽然应用不同法系的不同国家对诉讼类型有着不同的划分,但是从世界范围内来看,诉讼类型有扩大化的趋势。按照德国的行政诉讼理论,诉

① 参见梁君瑜:《行政诉权研究》,中国社会科学出版社 2019 年版,第 36 ~ 39 页。

② 参见孔繁华:《滥用行政诉权之法律规制》,载《政法论坛》2017 年第 4 期。

③ 参见张诗媛:《宪法对行政诉权的规制》,上海法学研究 2019 年年会论文。

④ 参见尹一帆:《行政滥诉规制研究——以陆红霞诉南通市发改委案为背景》,载《广播电视大学学报(哲学社会科学版)》2021 年第 2 期。

⑤ 参见江国华、关殷:《行政滥诉要件及其治理探析》,载《湖北科技学院学报》2021 年第 5 期。

⑥ 参见曹伊清、崔小峰:《行政诉权滥用认定要件研究》,载《学习与探索》2020 年第 5 期。

⑦ 参见樊崇义主编:《诉讼原理》,法律出版社 2003 年版,第 551 页。

讼可以分为形成之诉、义务之诉、确认之诉。[①] 日本将行政诉讼划分为抗告诉讼、当事人诉讼、民众诉讼、机关诉讼。[②]

《行政诉讼法》中对合法权益保护和监督行政机关依法行政职能目的的实现有赖于诉讼种类的完善。[③] 从这一层面来讲,诉讼类型化与诉的利益也具有相同的作用与目的。一方面,行政诉讼类型化的根本依据是有值得保护的权利,这与诉的利益的核心要素一致;另一方面,诉讼类型化有利于权利保护目的的实现,即相应诉讼类型对应的权利应当受到保护,应当具有诉的利益。

当然,诉讼类型化制度还具有规范法院诉讼行为的作用,特别是规范法院的裁判类型。[④] 在本书梳理的政府信息公开行政裁判中,对于裁判类型的选择也有一定的探讨,诉讼类型化的研究可以为其提供理论基础。

## 第四节 本书的基本研究思路

### 一、研究的必要性

在司法实务中,信息公开行政诉讼诉的利益含义尚不明确,司法裁判也在不同层面上适用诉的利益。正如有学者所言,诉的利益在实践中出现了混用甚至误用的情形。[⑤] 如在"王某园与南京市人民政府国有资产监督管理委员会、南京市人民政府政府信息公开法定职责一审行政裁定书"[⑥]中,法院认定原告与所申请的信息没有利害关系,因而不具有诉的利益,该案中法院将诉的利

---

① 参见[德]弗里德赫尔穆·胡芬:《行政诉讼法》,莫光华译,法律出版社2003年版,第211页。

② 参见[日]盐野宏:《行政法》,杨建顺译,法律出版社1999年版,第303页。

③ 参见李广宇:《理性诉权观与实质法治主义:行政裁判文书自选集》,法律出版社2017年版,第275页。

④ 参见李广宇:《理性诉权观与实质法治主义:行政裁判文书自选集》,法律出版社2017年版,第275页。

⑤ 参见梁君瑜:《祛魅与返魅:行政诉讼中权利保护必要性之理论解读及其适用》,载《南大法学》2020年第2期。

⑥ 参见南京铁路运输法院行政裁定书,(2018)苏8602行初1856号。

益与利害关系等同。实践中对“诉的利益”外延和内涵的模糊，学术界对“诉的利益”不能提供充分的理论解读，加剧了裁判中对于该概念把握的不统一。

同时，信息公开行政诉讼中对于诉的利益的判断也对其他方面产生诸多影响。

第一，信息公开行政诉讼中诉的利益的判断关系到行政相对人的诉权，而诉权是一项基本人权也已经成为学界的通行观点，更何况行政诉权存在诉权共性与个性的兼容。[①] 从这个意义上来说，信息公开行政诉讼中诉的利益的判断不但关系到公民、法人和其他组织的具体的权利，而且关系到司法裁判对行政机关是否依法行使职权的监督职能的履行，这是行政诉讼制度建立的初衷，也是《行政诉讼法》的重要立法目的。

第二，信息公开行政诉讼中对诉的利益的判断关系到政府信息公开制度建设及其发展和完善。一直以来，信息公开行政诉讼具有促使行政机关完善政府信息公开制度的作用。同时，中共中央、国务院 2021 年发布的《法治政府建设实施纲要（2021—2025 年）》提出要“建设数字法治政府”，“加快推进政务数据有序共享”。[②] 这是在政府信息公开制度基础上继续推进深层次公开和整合的新要求，必须以现行的制度为基础，政府信息公开的实施情况直接影响上述要求能否实现。因此，有必要在理论、规则和实践层面上对信息公开行政诉讼诉的利益问题予以厘清。

第三，信息公开行政诉讼中对诉的利益的判断对政府信息公开之外的公开制度的纠纷解决机制具有示范效应。在公开制度体系中，除了政府信息公开制度之外，还有政府数据开放制度和政府数据授权运营制度，政府数据开放制度由于其特殊性，产生的诉讼较少。但是，“十四五”规划中明确的政府数据

---

① 参见梁君瑜：《行政诉权研究》，中国社会科学出版社 2019 年版，第 23～42 页。

② 《法治政府建设实施纲要（2021—2025 年）》：“九、健全法治政府建设科技保障体系，全面建设数字法治政府。坚持运用互联网、大数据、人工智能等技术手段促进依法行政，着力实现政府治理信息化与法治化深度融合，优化革新政府治理流程和方式，大力提升法治政府建设数字化水平……（三十）加快推进政务数据有序共享……建立健全运用互联网、大数据、人工智能等技术手段进行行政管理的制度规则。在依法保护国家安全、商业秘密、自然人隐私和个人信息的同时，推进政府和公共服务机构数据开放共享，优先推动民生保障、公共服务、市场监管等领域政府数据向社会有序开放。”

授权运营制度,由于制度设计的原因,因而可能产生诉讼,而且可能是民事和行政交叉的较为复杂的诉讼类型,对于此类诉讼中哪些权利可以得到救济,如何救济,司法救济的程度是什么,信息公开行政诉讼中对诉的利益的判断可以作为借鉴和参考。

**二、研究思路和方法**

信息公开行政诉讼中的诉的利益的解读并非一个单纯的理论问题,需要结合理论、规范和实务中的裁判进行探讨。基于此,本书采取如下思路:以原田尚彦广义诉的利益的学说为理论基础,从规范分析和实证研究两个进路分别进行研究,基本研究思路框架见图1-9。

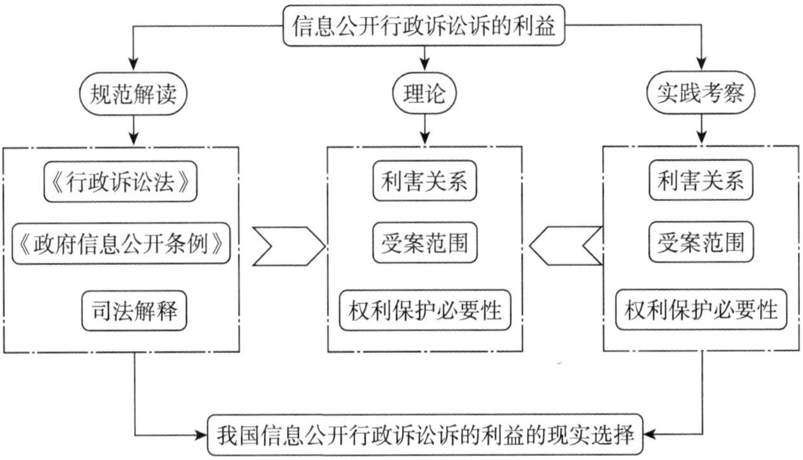


**图1-9　基本研究思路**

具体来说,在规范层面,本书从《行政诉讼法》《政府信息公开条例》以及最高人民法院发布的司法解释为对象,通过对上述规范进行文本分析,考察信息公开行政诉讼诉的利益在广义的诉的利益概念中对利害关系、受案范围以及权利保护必要性的立法期待,对信息公开行政诉讼诉的利益在不同的规范中进行分层次的文本解读。在实证层面,通过对各级法院作出的对信息公开行政诉讼诉的利益认定的裁判分析,从利害关系、受案范围以及权利保护必要性三个方面对裁判文书进行分析,抽象出既有裁判在三个要素判断中的标准,进而对实践中法院识别信息公开行政诉讼诉的利益的标准进行分析并发现其中的合理性和问题。

此外,本书在实证研究的基础上,还将提出符合我国实际情况的诉的利益概念选择以及司法识别标准,并将之作为研究的重要目标之一,以期对我国的理论和实践有所裨益。

# 第二章　信息公开行政诉讼诉的利益的理论与规范解读

我国规范中没有明确信息公开行政诉讼诉的利益的内容,甚至对行政诉讼诉的利益也缺乏相应的规定。本章从理论和规范角度出发,立足于我国实情,对信息公开行政诉讼诉的利益进行文本解读,以期从看似没有明确规定的表述中梳理出对这一问题的规范期待。

## 第一节　信息公开行政诉讼的双重属性

学术界对行政诉讼有一种“主观进,客观出”的观点,我们暂不探讨该观点的妥当性,但是,信息公开行政诉讼具有较为明显的双重属性是毋庸置疑的,本节将就其主客观诉讼属性进行解读。

### 一、主观诉讼与客观诉讼

法国著名学者狄骥在《公法的变迁》中提出了主观性行政诉讼与客观性行政诉讼的观点。他认为,当一个行政行为做出之后,这个行为是否创造出了一种新的法律状态、是否改变或者破坏了一种既存的法律状态，司法有责任在个别意义上去针对某一个具体的行政行为作出判断，这是一种仅存在于个别意义层面上的判断，只适用于该行政行为所产生的法律状态。但行政主体是否在一般意义上违反了法律，这是一个需要经由司法程序进行客观性判断的问题。当行政主体没有违法时，就裁定驳回诉讼请求；当行政主体违法时，就撤销行政行为。从这个层面上来说，这种判断是客观的，因为被撤销的行政行为不仅对原告丧失了法律效力，从普遍意义上讲，其对每一位公民都丧失了法律效力。①

但是在传统的诉讼中，一个类型的诉讼通常只有一种属性，或者说是以一种属性为主。此外，传统的诉讼理论认为，只有当原告具有足够的利益才具备起诉的资格，而此处的"利益"应当是主观利益，因而在传统的诉讼中，并不存在因与自己主观利益无关的客观利益而提起诉讼的情形。但值得注意的是，这并不代表传统的诉讼最终裁判结果与公共利益毫无关联，例如，因无主体资格而作出的行政行为引发的诉讼，如果行政机关败诉，被确认为没有主体资格，则该判决结果会产生一个普遍的效力。

随着社会的发展和理念的变迁，实践中发展出了纯粹因客观权利提起诉讼的情况，即产生了客观诉讼，这一制度在我国的表现形式为公益诉讼。客观诉讼的原告不是案件法律上直接利害关系人，诉讼目的也更多地指向公共利益而非私人的主观利益，且其判决效力也是及于公众而不是像主观诉讼那样仅及于诉讼当事人。

至于主客观诉讼划分的标准，一般而言是从制度功能的角度进行区分的。在德国的行政诉讼制度建立之初，对于行政法院的功能定位存在权利保护说和法规维持说。前者认为行政法院的功能在于救济受到公权力侵害的私人主观权利，而后者认为，行政法院的任务是对行政行为进行客观审查，这便是最初对主客观诉讼的划分。日本的行政诉讼理论认为，主观诉讼是直接利害关系人提起的以维护个人利益为目的的诉讼；客观事实是为客观公正或一般公共利益而提起的诉讼，在日本称为民众诉讼。

---

① 参见[法]狄骥：《公法的变迁》，郑戈译，商务印书馆2013年版，第154～156页。

由于主观诉讼是为了维护个人利益,因而应严格遵循当事人主义,法院是中立的裁判者;而客观诉讼中,由于涉及公共利益,因而更倾向于职权探知主义,即法院表现出较强的主动性,更加注重查清案件的真实情况。

客观诉讼因其特殊的功能和社会影响,甫一产生便备受关注。

**二、信息公开行政诉讼的双重诉讼属性**

信息公开行政诉讼是一种较为特殊的行政诉讼,具有主客观双重属性。

(一)信息公开行政诉讼主观属性的来源

信息公开行政诉讼主观诉讼属性的来源是申请人基于维护自身合法权益提起的诉讼。此处经常有一个误解,即争讼信息对申请人本身对利益影响不大,甚至与申请人的切身利益没有直接关联,因而被误认为主观性不足。如早年实践中发生的“进沪费”案件中,①因案件中所涉及金额很少而认定申请人主观利益不足。这其实属于对信息公开行政诉讼中“利益”的一种误读。信息公开行政诉讼中的主观利益并非与信息相关的财产权、人身权或者其他权利,而是公民获取政府信息的权利。当行政机关拒绝提供信息或者提供的信息不能达到申请人要求时,申请人就获得了起诉的权利,具有主观利益。获取信息的权利即知情权是现代民主制度中非常重要的一项权利。因此,从这个层面上来说,信息公开行政诉讼具有主观诉讼的属性。至于其中的主观利益究竟包含哪些内容,后文将作详细分析,此处不再赘述。之所以造成上述误解,一个非常重要的原因还在于《政府信息公开条例》(2007 年)中的“三需要”条款,②使人误以为争讼信息与申请人之间存在较为密切的利害关系是原告适格的条件之一。而且,由于该条款本身规定十分宽泛,不足以成为限制性条件,因此引发了大量的行政争议,造成了一定程度的混乱。同时,由于《政府信息公开条例》(2007 年)对信息免于公开规定得较少,所以实践中行政机关常以“三需

---

① 参见胡梅娟、陆文军、孙晓胜:《“进津费”官司未了,“进沪费”又被告了》,载《新华每日电讯》2005 年 11 月 2 日,第 2 版。

② 《政府信息公开条例》(2007 年)第 13 条规定:“除本条例第九条、第十条、第十一条、第十二条规定的行政机关主动公开的政府信息外,公民、法人或者其他组织还可以根据自身生产、生活、科研等特殊需要,向国务院部门、地方各级人民政府及县级以上地方人民政府部门申请获取相关政府信息。”

要”条款为由,拒绝公开。加之世界各国鲜有对政府信息公开申请人资格加以限制的情况,因而在 2019 年修订时,对这一容易引起误读的条款予以删除。[①]

(二)信息公开行政诉讼客观属性的来源

信息公开行政诉讼能够形成双重诉讼属性,关键在于其客观属性的来源,原告为维护自己主观利益而提起的行政诉讼同时具有客观属性,一是由于政府信息公开对象的公众性,二是由于信息的特殊性。

关于第一点,学术界进行了较为广泛的讨论。对于依职权公开政府信息的行为具有公益属性,大多数学者持肯定态度。这是因为信息公开行为具有满足公众信息需求的作用,因而具有明显的公益属性。[②] 此时,若行政机关没有履行信息公开义务,因为没有具体的行政相对人,那么主观诉讼也就无法提供有效的救济。[③] 而对基于个人利益而提出的信息公开行政诉讼,也具有一定的客观诉讼的属性,[④]这打破了主客观诉讼具有明显界限的局面。[⑤]

同时,信息的特殊属性也是信息公开行政诉讼具有客观诉讼性质的重要原因之一。在传统的财产权之上,一般而言只有一个完整的财产权,同一财产上不可能有两个完全一样的、不受限制的财产权。社会发展使得信息成为一项宝贵的财富,这种新兴的财产之上可以建立两个同样不受限制的、完整的所有权。同时,信息具有流动性和传播性,可以在不同的主体之间进行传播,且不但不会因传播造成信息价值的贬损,反而因传播次数的增多而有所增值。

当一则政府信息被公开后,因其对象的公众性而被不特定的多数人获取,此时便在该信息上建立多个所有权,这些主体都是信息合法的所有者,其所有权也都是完整的、不受限制的和无差别的。因而信息公开与否,影响的是公众知情权能否得以实现;如果行政机关未依法律规定履行公开义务,则公众的知

① 参见后向东:《〈中华人民共和国政府信息公开条例(2019)〉理解与适用》,中国法制出版社 2019 年版,第 188 页。

② 参见范思力:《论政府依职权公开信息公益诉讼的可行性》,载《中共南昌市委党校学报》2020 年第 4 期。

③ 参见陈书全:《政府信息公开行政相对人权利救济机制研究》,载《中国海洋大学学报(社会科学版)》2012 年第 5 期。

④ 参见王贵松:《信息公开行政诉讼的诉的利益》,载《比较法研究》2017 年第 2 期。

⑤ 参见王春业、王娟:《行政公益诉讼范围的“等外”解读》,载《浙江学刊》2019 年第 6 期。

情权必然受到影响，信息公开诉讼的判决结果也自然对公众产生影响，其客观属性便由此而来。

随之而来的问题是，既然信息公开行政诉讼具有客观诉讼属性，那要不要将其纳入行政公益诉讼的范畴呢？《行政诉讼法》第25条规定了行政公益诉讼制度，①虽然信息公开行政诉讼天然带有客观诉讼的性质，但信息公开行政诉讼并未成为公益诉讼的范围之一。相反，依照现行规定，对于应当由行政机关主动公开的信息，如果行政机关没有主动公开，申请人不能直接起诉，而应当先向行政机关提出申请，如果对答复不满意，方可再提起诉讼。这一制度设计其实是将主动公开转换为依申请公开，并将信息公开行政诉讼排除在行政公益诉讼的范围之外。

应当说，将信息公开行政诉讼纳入行政公益诉讼范围中应当是谨慎的，即使是“三需要”条款被取消的今天，信息公开行政诉讼也只能由申请人提出，②因为在我国的行政诉讼中，对公民合法权益救济和对公权力监督的导向并非并列的，而是以前者为主，后者为辅。因而在没有法律明确规定的前提下，不应当对信息公开行政诉讼的原告资格做过于宽泛的解读。

## 第二节　信息公开行政诉讼中的“利益”

考察信息公开行政诉讼诉的利益，无论是从“利害关系”的视角出发，还是从“权利保护必要性”角度出发，都需要对其中蕴含的“利益”进行解读，究竟何

---

① 《行政诉讼法》第25条规定：“行政行为的相对人以及其他与行政行为有利害关系的公民、法人或者其他组织，有权提起诉讼。有权提起诉讼的公民死亡，其近亲属可以提起诉讼。有权提起诉讼的法人或者其他组织终止，承受其权利的法人或者其他组织可以提起诉讼。人民检察院在履行职责中发现生态环境和资源保护、食品药品安全、国有财产保护、国有土地使用权出让等领域负有监督管理职责的行政机关违法行使职权或者不作为，致使国家利益或者社会公共利益受到侵害的，应当向行政机关提出检察建议，督促其依法履行职责。行政机关不依法履行职责的，人民检察院依法向人民法院提起诉讼。”

② 参见吕艳滨主编：《行政诉讼法的新发展》，中国社会科学出版社2008年版，第184～185页。

种“利益”可以构成识别利害关系的标准,能够成为值得保护的“利益”,是判断诉的利益的前提。由于利害关系和权利保护必要性有的时候区分并不十分明显,而且均指向的是信息公开行政诉讼中的“利益”,因此在做规范解读的时候不再加以区分。

## 一、主观利益

信息公开行政诉讼中的主观利益需要结合《政府信息公开条例》《行政诉讼法》及相关规定共同确定。概括来说,信息公开行政诉讼中的主观利益是相对人认为行政机关具体行政行为侵犯了其依申请获取政府信息的权利。

### (一)相对人“认为”自己获取政府信息的权利受到了侵犯

为公民合法权益提供司法救济的制度,是行政诉讼制度的本质特征。[①] 而对于行政相对人寻求司法救济的标准,我国立法一直采取的是主观性标准,即相对人只要“认为”行政机关的行政行为侵犯了其合法权益即具备了利害关系,也就具备了寻求司法救济的资格。1989 年《行政诉讼法》(已被修改)第 2 条[②]与第 41 条第 1 项[③]对原告资格的界定都出现了“认为”的表述,即“认为”具体行政行为侵犯其合法权益的公民、法人或者其他组织,并未作出客观化的衡量标准。[④] 2000 年发布的最高人民法院《关于执行〈中华人民共和国行政诉讼法〉若干问题的解释》(已失效)(以下简称《行政诉讼法若干解释》)第 12 条虽然明确了“法律上利害关系”的标准,[⑤]但关于何谓“法律上利害关系”并未

---

① 参见袁杰主编:《〈中华人民共和国行政诉讼法〉解读》,中国法制出版社 2014 年版,第 7 页。

② 1989 年《行政诉讼法》第 2 条规定:“公民、法人或者其他组织认为行政机关和行政机关工作人员的具体行政行为侵犯其合法权益,有权依照本法向人民法院提起诉讼。”

③ 1989 年《行政诉讼法》第 41 条第 1 项规定:“原告是认为具体行政行为侵犯其合法权益的公民、法人或者其他组织。”

④ 参见袁杰主编:《〈中华人民共和国行政诉讼法〉解读》,中国法制出版社 2014 年版,第 72 页。

⑤ 《行政诉讼法若干解释》第 12 条规定:“与具体行政行为有法律上利害关系的公民、法人或者其他组织对该行为不服的,可以依法提起行政诉讼。”

形成统一的观点。① 有学者提出“法律上的利害关系”事实上等同于 1989 年《行政诉讼法》第 2 条的规定。② 2017 年修正的《行政诉讼法》第 2 条第 1 款依然保留了“认为行政机关和行政机关工作人员的行政行为侵犯其合法权益”的表述。③

在信息公开行政诉讼领域中，作为信息公开制度基本法的《政府信息公开条例》第 1 条明确了“公民、法人和其他组织依法获取政府信息”的权利，故该权利成为行政相对人的“合法权利”，因而侵犯行政相对人上述权利可以视为对其“合法权益”的侵犯。基于此，相对人提起的信息公开行政诉讼也就满足了“利害关系”的要求。同时，《政府信息公开条例》第 51 条明确了诉讼作为一种救济方式也进一步证明了前述观点。④

此外，将认为获取政府信息权利受到侵犯作为信息公开行政诉讼中的“利害关系”符合“合法权益”与“利害关系”逻辑层次。“合法权益”是利害关系的基础，“利害关系”是“合法权益”的具体化。⑤

### (二)仅依申请信息公开的权益遭到侵犯才属于信息公开行政诉讼中“利益”

行政公益诉讼条款的确立在我国行政诉讼发展历史上具有十分重要的意义，但是目前我国行政公益诉讼的范围和原告资格仍然有较为严格的限制，特

① “两要件说”认为，“法律上利害关系”的构成要件包括两个方面，即“权益”和“因果关系”。参见李晨清：《行政诉讼原告资格的利害关系要件分析》，载《行政法学研究》2004 年第 1 期；“三要件说”认为，“法律上利害关系”的构成要件包括三个方面，即“合法权益”“成熟的具体行政行为”“因果关系”。参见张旭勇：《“法律上利害关系”的新表述——利害关系人原告资格生成模式探析》，载《华东政法学院学报》2001 年第 6 期；李杰、王颖：《行政诉讼原告的主体资格》，载《人民司法》2002 年第 9 期；“四要件说”认为，“法律上利害关系”的构成要件包括四个方面，即“行政相对人”“合法权益受到不利影响”“合法权益具有法律上的依据”“因果关系”。参见章剑生：《现代行政法基本理论》(第 2 版)，法律出版社 2014 年版，第 796 ~ 799 页。

② 参见斯金锦：《行政诉讼原告资格——“法律上利害关系”要件研究》，载《公法研究》2006 年第 0 期。

③ 《行政诉讼法》第 2 条第 1 款规定：“公民、法人或者其他组织认为行政机关和行政机关工作人员的行政行为侵犯其合法权益，有权依照本法向人民法院提起诉讼。”

④ 《政府信息公开条例》第 51 条规定：“公民、法人或者其他组织认为行政机关在政府信息公开工作中侵犯其合法权益的，可以向上一级行政机关或者政府信息公开工作主管部门投诉、举报，也可以依法申请行政复议或者提起行政诉讼。”

⑤ 参见程琥：《行政法上请求权与行政诉讼原告资格判定》，载《法律适用》2018 年第 11 期。

别是在原告资格方面,只有检察院可以提起行政公益诉讼且必须符合一定的前置条件,[①]这也就意味着虽然《政府信息公开条例》第51条并未明确可以以诉讼方式进行救济的政府信息公开行为的范围,但从目前我国行政诉讼制度的规定可知,面向公众进行主动公开政府信息的行为不可诉。换言之,对行政机关主动公开信息行为提起诉讼不符合行政诉讼中对"利害关系"的要求,只有针对依申请答复行政行为提起的诉讼才具备行政诉讼中的"利害关系"。相应地,针对申请进行答复的行为必然属于具体行政行为。最高人民法院《关于审理〈政府信息公开行政案件〉若干问题的规定》(以下简称《审理政府信息公开案件的规定》)第3条明确了对主动公开行为不能直接起诉,需要以先行申请作为前置程序。这一规定也印证了上述观点。[②]

综上,信息公开行政诉讼中的"利害关系"在主观上表现为,相对人认为行政机关的具体行政行为侵犯了其依申请获取政府信息的权利。

(三)争讼信息与原告之间的关联不属于信息公开行政诉讼中的利益

如果说前两点是信息公开行政诉讼判断的正向标准,那么这一点就是信息公开行政诉讼诉的利益判断的排除标准,不能将争讼信息与原告之间利益的关联性作为信息公开行政诉讼诉的利益的判断标准。《政府信息公开条例》删除了"三需要"条款,为这一排除性的标准提供了规范依据。

同时,将争讼信息与原告之间关联性排除在诉的利益考量之外,也是诉讼类型化的要求之一。信息公开行政诉讼一般而言是基于行政机关不能满足申请人的信息公开需求所引发的诉讼,原告起诉的目的在于获得争讼信息,因此应当视为给付之诉。若原告因行政机关的其他行为而侵犯了自身合法权益,应当另行提起侵权之诉而并非通过信息公开行政诉讼予以迂回。如在行政处

---

① 我国传统的行政诉讼中并不存在公益诉讼,公益诉讼在民事诉讼的领域中较早得到肯定,直至2017年《行政诉讼法》修改,才将检察公益诉讼写入立法中。检察公益诉讼的提起以检察机关向行政机关提出检察建议为前提,正如有学者所言,公益诉讼不但是解决纠纷的场所,而且也有可能成为公共事务的论坛和行政改革推动者。参见何海波:《行政诉讼法》(第3版),法律出版社2022年版,第214~217页。

② 《审理政府信息公开案件的规定》第3条规定:"公民、法人或者其他组织认为行政机关不依法履行主动公开政府信息义务,直接向人民法院提起诉讼的,应当告知其先向行政机关申请获取相关政府信息。对行政机关的答复或者逾期不予答复不服的,可以向人民法院提起诉讼。"

罚行为中,行政相对人对行政处罚行为不服,应当直接就行政处罚行为提起行政诉讼,而非通过申请信息公开的途径,要求行政机关公开行政处罚的事实及依据,再通过此信息来否定行政处罚行为的合法性。因为在行政处罚诉讼中,法院会对行政机关作出行政处罚法的事实、依据、程序进行严格审查,通过信息公开的方式予以迂回不但没有必要,也会造成司法资源的浪费。这一反向判断标准使得实践中以信息公开为途径,达到其他目的的原告的起诉行为没有了司法应当保护的“利益”,因而法院有权拒绝运用司法资源解决此类纠纷。可见,这一识别标准具有一定的现实意义。当然,这一标准在适用过程中需要经过充分的论证,证明原告提起信息公开行政诉讼的行为是“醉翁之意不在酒”,这一点将在本书第四章第三节中作出详细阐述,此处不再赘述。

**二、客观利益**

信息公开行政诉讼中的客观利益在于,高效解决信息公开行政纠纷,提升政府透明度和政府信息价值。

(一)高效解决信息公开行政争议

波斯纳曾指出,“正义的第二种含义——也是最普遍的含义——是效率”。[①] 司法效率是衡量司法制度的关键变量,2014 年修改的《行政诉讼法》第 82 条第 1 款明确了对信息公开行政诉讼法院可以采用简易程序。[②] 此规定采取“直接决定适用”原则,即由人民法院直接依职权决定是否采用简易程序审理,没有给予当事人介入选择诉讼程序的权利,这归因于《政府信息公开条例》实施后,信息公开行政诉讼案件数量逐年增加。[③] 最高人民法院对《行政诉讼法》第 82 条第 1 款条文的解读中也提到,信息公开行政诉讼案件出现了“井

---

① 参见[美]理查德·A. 波斯纳:《法律的经济分析》,蒋兆康译,中国大百科全书出版社 1997 年版,第 31 页。

② 2014 年《行政诉讼法》第 82 条规定:“人民法院审理下列第一审行政案件,认为事实清楚、权利义务关系明确、争议不大的,可以适用简易程序:(一)被诉行政行为是依法当场作出的;(二)案件涉及款额二千元以下的;(三)属于政府信息公开案件的。除前款规定以外的第一审行政案件,当事人各方同意适用简易程序的,可以适用简易程序。发回重审、按照审判监督程序再审的案件不适用简易程序。”

③ 参见袁杰主编:《〈中华人民共和国行政诉讼法〉解读》,中国法制出版社 2014 年版,第 221 页。

喷”和滥诉态势，有的地方法院该类案件占到了全部行政案件的半数以上。[①]由此可以看出，在“法官主导模式”下更加突出体现了立法者对信息公开行政诉讼案件持以高效结案的态度，并且司法适用的实践也表明，自《行政诉讼法》增设简易程序以来，主要集中运用于信息公开行政诉讼案件。[②]

此外，2014 年修改《行政诉讼法》时在第 1 条添加“解决行政争议”这一立法目的，[③]旨在进一步强化通过行政诉讼化解行政纠纷的作用，以法治的方式解决行政争议。[④] 前文已经述及，信息公开行政诉讼案件数量大幅增加，是行政纠纷的多发点，更有一些申请人尝试通过政府信息公开直接挑战具体行政行为的合法性，由此引发大量行政争议，形成了所谓的“政府信息公开信访化”问题。[⑤] 而行政诉讼的最基本功能之一就在于解决纠纷，因此通过行政诉讼制度解决并且能够高效解决信息公开行政纠纷必然是信息公开行政诉讼追求的客观利益之一。

综合解读《行政诉讼法》第 1 条及《政府信息公开条例》第 1 条、[⑥]第 51 条，可以认为保护申请人获取政府信息的权利是信息公开行政诉讼的立法期待之一。应当说这一解读是符合《行政诉讼法》立法根本目的的。《行政诉讼法》第 1 条中，“保护公民、法人和其他组织的合法权益”是建立行政诉讼制度的根本目的，为了达到这一根本目的，在行政权强大仍然是当前国家权力机构的特点的背景下，强调司法“监督行政机关依法行使职权”的职能是十分必要的，而

---

① 参见梁凤云编著：《新〈行政诉讼法〉逐条注释》，中国法制出版社 2016 年版，第 654 页。

② 参见最高人民法院行政审判庭编：《南通法院关于深入推进行政诉讼简易程序的实践、思考及展望》，载《行政审判通讯》2018 年第 4 期。

③ 2014 年《行政诉讼法》第 1 条规定：“为保证人民法院公正、及时审理行政案件，解决行政争议，保护公民、法人和其他组织的合法权益，监督行政机关依法行使职权，根据宪法，制定本法。”

④ 参见袁杰主编：《〈中华人民共和国行政诉讼法〉解读》，中国法制出版社 2014 年版，第 4 页。

⑤ 参见后向东：《〈中华人民共和国政府信息公开条例〉(2019) 理解与适用》，中国法制出版社 2019 年版，第 6～7 页。

⑥ 《政府信息公开条例》第 1 条规定：“为了保障公民、法人和其他组织依法获取政府信息，提高政府工作的透明度，建设法治政府，充分发挥政府信息对人民群众生产、生活和经济社会活动的服务作用，制定本条例。”

“解决行政争议”是实现根本目的的具体途径。①

关于“迟到的正义是否是正义”的争论虽然一直没有达成一致看法，但效率一直是我国诉讼制度的价值追求之一，这是不争的事实，在三大诉讼中均设置了体现诉讼效率的制度，如审限制度等。行政诉讼制度亦如此，最高人民法院《关于适用〈中华人民共和国行政诉讼法〉的解释》（以下简称《行诉法解释2018》）第1条第4项将“驳回当事人对行政行为提起申诉的重复处理行为”排除在行政诉讼的受案范围之外，第69条第3款规定对于已经立案的部分案件，人民法院认为不需要开庭审理的，可以裁定驳回起诉，这一处理方式亦可看出行政诉讼中对于效率价值取向的追求。

如果说保护相对人获取政府信息的权利是信息公开行政诉讼最根本的目的所在，那么充分利用行政、司法资源，建立效率的价值取向亦是可以解读出的立法期待，同时也是符合整个诉讼制度设计的应有之义。信息公开行政诉讼作为行政诉讼的一种，对其诉的利益的解读首先与行政诉讼保持一致，同时，通过规范文本的解读，可以看出在立法中处理信息公开行政诉讼的效率方面的期待要高于其他类型的行政诉讼，这是由于信息公开行政诉讼在整个行政诉讼案件中所占比例较大，且相对于其他诉讼而言，信息公开行政诉讼的案情较为简单。

在政府信息公开制度及信息公开行政诉讼制度中，下列制度安排对这一客观利益体现得十分明显。

1. 防止低价值和重复公开导致侵占资源的制度设计

首先，《政府信息公开条例》第16条规定内部事务、过程性信息除有其他规定外，可以不公开。② 一般认为，内部信息与公众切身利益关联度不高，过多地公开内部信息可能会导致占用行政资源、降低行政效率，因此作出了这样的

① 参见马怀德主编：《新编〈中华人民共和国行政诉讼法〉释义》，中国法制出版社2014年版，第5~7页。

② 《政府信息公开条例》第16条规定：“行政机关的内部事务信息，包括人事管理、后勤管理、内部工作流程等方面的信息，可以不予公开。行政机关在履行行政管理职能过程中形成的讨论记录、过程稿、磋商信函、请示报告等过程性信息以及行政执法案卷信息，可以不予公开。法律、法规、规章规定上述信息应当公开的，从其规定。”

制度安排。另外,内部信息和过程性信息属于“意思形成”的信息,并不具有终极性,过早公开可能引起误解,或者使参与者不能坦率地交流意见,降低政府效率。① 内部程序的问题也并非仅我国作出了此类规定,事实上,由行政机关来衡量内部信息是否公开也是国际上通行的惯例。但是相较于其他国家来说,内部程序在我国又有着特殊意义:一是我国法律将行政权赋予的对象是行政机关而非行政首长个人,因而在以机关名义作出的决定中,内部流程并不清晰,如决定者、参与者;二是我国是单一制国家,因而上下级之间有领导关系在行政系统中形成了巨大的内部空间;三是对内部行政程序的监控是我国历来的法律传统。② 也正是基于此,《政府信息公开条例》对内部信息采取的规定是“可以不予公开”,这给行政机关留下了裁量的空间;这是因为某些情形下,内部行为会作为外部程序的纽带,进而对相对人产生影响,因此“内部”并不必然地成为不受司法审查的“挡箭牌”。③ 当然,也不排除部分内部信息可能涉及不适宜公开的内容,如果属于这种情况,同样可以适用豁免条款免于公开。④

其次,防止多渠道重复公开同一信息造成的资源浪费。《政府信息公开条例》第16条对执法案卷不公开的规定是基于该信息可以在其他程序中(如行政复议等)查询,那么在政府信息公开中就没必要重复设置公开程序。这一规定在《审理政府信息公开案件的规定》也予以明确。⑤《审理政府信息公开案件

① 参见李广宇:《理性诉权观与实质法治主义》,法律出版社2018年版,第365页。

② 参见何海波:《行政诉讼法》(第3版),法律出版社2022年版,第403页。

③ 参见何海波:《行政诉讼法》(第3版),法律出版社2022年版,第403页。

④ 关于何为内部信息,其实有很大的不确定性,在美国,存在参议院和众议院的内部事务信息两个标准。《政府信息公开条例》修订时认为,只有人事信息、后勤管理、内部工作流程三类信息才属于内部信息,内部信息可以不公开,但并不意味着任何情况下均不予公开,同时更不能得出这三类信息不属于政府信息范围的结论。相应地,也并不是与相对人权利义务没有直接关联的信息就全部定义为内部信息不予公开。参见后向东:《〈中华人民共和国政府信息公开条例〉(2019)理解与适用》,中国法制出版社2019年版,第42页。

⑤ 《审理政府信息公开案件的规定》第2条规定:“公民、法人或者其他组织对下列行为不服提起行政诉讼的,人民法院不予受理:(一)因申请内容不明确,行政机关要求申请人作出更改、补充且对申请人权利义务不产生实际影响的告知行为;(二)要求行政机关提供政府公报、报纸、杂志、书籍等公开出版物,行政机关予以拒绝的;(三)要求行政机关为其制作、搜集政府信息,或者对若干政府信息进行汇总、分析、加工,行政机关予以拒绝的;(四)行政程序中的当事人、利害关系人以政府信息公开名义申请查阅案卷材料,行政机关告知其应当按照相关法律、法规的规定办理的。”

的规定》第2条规定的对于因行政机关拒绝提供公开出版物而提起的行政诉讼不予受理，这是由于此类信息于行政机关而言，已经采用主动公开的方式履行了公开义务，而对于相对人而言，可以通过购买等途径获取，行政机关没有义务再向申请人提供此类信息。同时，将此类信息排除在依申请公开范围之外也是各国立法的通例；①第12条规定的对行政机关已经公开信息的行政诉讼驳回原告诉讼请求，②亦表明不重复设置公开程序、充分利用行政、司法资源的立法价值追求。

最后，对个别申请人过多占用资源的限制。《政府信息公开条例》第35条和第42条更是直接对于明显超出合理范围的申请增加了说明理由的限制并可以收取信息处理费，同时行政机关亦可延迟答复。2020年11月国务院发布的《信息处理费管理办法》对信息处理费的收取进行了规范，该管理办法明确了按件收取和按量收取两种收费方式，其实均是以数量、频率作为收费的依据，即以消耗行政资源的多少为依据。《政府信息公开条例》第38条明确需要行政机关予以加工的信息可以不予提供，③《审理政府信息公开案件的规定》第2条亦明确了此规定，这也是出于个人申请不宜过多侵占行政资源的考量。

2. 申请人要求的答复形式成本太高可以予以替代

关于信息答复的形式，一般而言，行政机关需要按照申请人要求的形式予

---

① 参见江必新主编：《〈最高人民法院关于审理政府信息公开行政案件若干问题的规定〉理解与适用》，中国法制出版社2011年版，第41页。

② 《审理政府信息公开案件的规定》第12条规定："有下列情形之一，被告已经履行法定告知或者说明理由义务的，人民法院应当判决驳回原告的诉讼请求：（一）不属于政府信息、政府信息不存在、依法属于不予公开范围或者依法不属于被告公开的；（二）申请公开的政府信息已经向公众公开，被告已经告知申请人获取该政府信息的方式和途径的；（三）起诉被告逾期不予答复，理由不成立的；（四）以政府信息侵犯其商业秘密、个人隐私为由反对公开，理由不成立的；（五）要求被告更正与其自身相关的政府信息记录，理由不成立的；（六）不能合理说明申请获取政府信息系根据自身生产、生活、科研等特殊需要，且被告据此不予提供的；（七）无法按照申请人要求的形式提供政府信息，且被告已通过安排申请人查阅相关资料、提供复制件或者其他适当形式提供的；（八）其他应当判决驳回诉讼请求的情形。"

③ 《政府信息公开条例》第38条规定："行政机关向申请人提供的信息，应当是已制作或者获取的政府信息。除依照本条例第三十七条的规定能够作区分处理的外，需要行政机关对现有政府信息进行加工、分析的，行政机关可以不予提供。"

以答复,这一方面是对申请人主观意愿的尊重,另一方面也是对行政机关的约束。[①] 如果申请人要求的形式成本过高或可能危及信息载体,则可以通过其他方式提供,[②]这也是出于资源和效率的追求考虑。当然,这种采取替代方式提供的情况只存在于前述条件下。在成本可以接受的情况下,行政机关还是应当按照申请人要求的方式提供,否则将导致法律风险。如在"黄某与长沙市国土资源局政府信息公开案"[③]中,行政机关未将分割成12份的图纸拼接便直接给了申请人,最终法院判决行政机关履行图纸拼接完整的义务。

值得注意的是,《审理政府信息公开案件的规定》第2条对部分重复要求公开以及低价值的信息公开请求的处理方式是不予立案,之所以明确这几种不予受理的范围,一方面是由于司法实践中出现了诸多信息公开行政诉讼不予立案,申请人知情权难以得到保护,为防止法院可以缩小理解信息公开行政诉讼受案范围;另一方面也为防止个别人进行恶意诉讼,故制定这样的规则。[④]从另一层面来说,最高人民法院认为这几种类型的争讼没有进入审理程序的必要,一则该司法解释中对于效率的价值追求,二则也表明了法院认为此类案件没有权利保护必要性,即没有诉的利益的判断。

3. 简易程序

《行政诉讼法》第82条将政府信息公开案件设置为适用简易程序的法定情形,这一方面是由于信息获取具有时效性,冗长的审理程序会减损获取政府

---

① 参见江必新主编:《〈最高人民法院关于审理政府信息公开行政案件若干问题的规定〉理解与适用》,中国法制出版社2011年版,第11页。

② 《政府信息公开条例》第40条规定:"条行政机关依申请公开政府信息,应当根据申请人的要求及行政机关保存政府信息的实际情况,确定提供政府信息的具体形式;按照申请人要求的形式提供政府信息,可能危及政府信息载体安全或者公开成本过高的,可以通过电子数据以及其他适当形式提供,或者安排申请人查阅、抄录相关政府信息。"

③ 2013年10月31日,原告向被告申请公开某项目的用地红线图,被告作出了《政府信息公开告知书》、提供了原告申请的红线图,并送达原告,其中,被告提供的勘定界被分割为12张,该12张图可以拼接成完整的图纸,原告认为,被告并未公开其所申请的所有信息。一审法院认为,被告所公开的信息即原告所申请的信息,但是其提供的方式存在问题,据此判决被告将12张图纸拼接完整之后再提供给原告。湖南省长沙市中级人民法院二审行政判决书,(2014)长中行终字第00088号。

④ 参见江必新主编:《〈最高人民法院关于审理政府信息公开行政案件若干问题的规定〉理解与适用》,中国法制出版社2011年版,第34页。

信息的效益;另一方面政府信息公开类的案件一般案情简单,法律关系明确,争议较小,适用简易程序可以大幅提升效率。① 这主要是基于2008年政府信息公开制度建立后信息公开申请和诉讼数量大幅增长,②出现了公民主张知情权而诉诸司法的"井喷"趋势,③是法院对大量信息公开行政诉讼涌入司法程序的一种应对举措;从另外一个角度也说明法院在信息公开行政诉讼中特别注重效率的价值取向,这种在信息公开行政诉讼中对效率价值的特别追求,一方面是由前文述及的信息及获取信息权利的特征决定的,另一方面也是法院在平衡各种利益之后的一种基于价值衡量的选择,因此将效率认定为是判断信息公开行政诉讼诉的利益的重要标准之一是合乎立法本意和逻辑的。

综上,结合《行政诉讼法》及《政府信息公开条例》的规定,对于信息公开行政诉讼的立法目的期待转化成诉的利益的三要件的具体要求为:原告是提起政府信息公开的申请人,起诉的目的在于获取政府信息,且该诉符合充分利用行政、司法效率的立法期待。

### (二)提升政府透明度及充分发挥信息价值

#### 1. 提升政府透明度

《政府信息公开条例》作为政府信息公开领域中的基本法,其所保障的政府工作透明度,是基础性和底线性的,是对政府信息公开工作的基本要求。通过立法,为政府工作的透明度划定基本底线,也是世界各国的通行做法。因此,保障政府工作的透明度,成为各国信息公开法的共性立法目的之一。④ 我国《政府信息公开条例》第1条亦明确了该目的。推进政府信息公开,是提高政府科学执政、民主执政、依法执政能力,构建社会之一和谐社会的必然要求;是推进社会主义民主,建设社会主义法治政府的重要举措;是建立行为规范、

---

① 参见马怀德主编:《新编〈中华人民共和国行政诉讼法〉释义》,中国法制出版社2014年版,第373页。

② 参见王敬波、李帅:《我国政府信息公开的问题、对策与前瞻》,载《行政法学研究》2017年第2期。

③ 参见江必新主编:《〈最高人民法院关于审理政府信息公开行政案件若干问题的规定〉理解与适用》,中国法制出版社2011年版,第33页。

④ 参见后向东:《〈中华人民共和国政府信息公开条例〉(2019)理解与适用》,中国法制出版社2019年版,第4~5页。

运转协调、公正透明廉洁高效的行政管理体制的重要内容。

政府信息公开可以让公众了解政府部门的工作内容、工作计划和工作结果等信息。便于公众更好地了解政府工作的进展情况和成果,从而提高政府工作的透明度。在此基础上,公众可以更多地参与到政府决策的制定中来,这是保障公民知情权和参与权的重要途径,行政机关可以借机更准确地了解公众的需求和期望,实现精准治理,促进政府与公众之间的良性互动。

除此之外,政府信息公开制度可以展示政府工作的透明度和公正性,让公众对政府的信任感增强,消解政策执行时可能遇到的部分阻力,提高政府工作效率。

其实,我国历来重视政府信息公开工作。在党的十三大报告中指出"要通过各种现代化的新闻和宣传工具,增强对政务和党务活动的透明度,发挥舆论监督的作用。"这是较早的在党的报告中对于政务信息公开的论述。1998 年《关于在农村普遍实行村务公开和民主管理制度的通知》和 2000 年《关于在全国乡镇政权机关全面推行政务公开制度的通知》分别从村务公开和乡镇政务公开两个角度,对政府透明工作提出了要求和制度安排。到 2002 年,党的十六大报告中明确"认真推行政务公开制度"。2004 年 3 月,国务院印发《全面推进依法行政实施纲要》明确了政府信息公开制度在"转变政府职能,深化行政管理体制改革"中的重要作用,同时也将公开作为依法行政的重要原则之一予以确认。之后,2005 年的《关于进一步推行政务公开的意见》对政务公开工作的内容作了较为详细的规定。这是在《政府信息公开条例》之前,党和政府的文件中对于政务公开要求的重要文件,表明党和政府一直十分重视政务公开工作,重视政府透明度的提升。

提升政府透明度也是对行政机关进行监督的一种形式,这与《行政诉讼法》第 1 条规定的"监督行政机关依法行使职权"的立法目的相契合,也是信息公开制度和信息公开行政诉讼的客观利益之一。

此外,政府透明度的提升,加大行政机关信息公开的力度,拓宽公开的广度,必然使公民能够获得更丰富的政府信息,这有利于促进相关信息的再利用,充分发挥信息价值,这同样是信息公开制度和信息公开行政诉讼制度期望的客观利益。

2. 充分发挥信息的价值

政府信息公开是推动政府信息资源开发应用、实现国家信息化发展战略的基础，是维护人民群众利益的必然要求，有着重要的经济价值和深远的政治意义。

第一，信息在经济发展中起到了越来越重要的作用。随着信息化时代的到来，信息成为一种越来越重要的资源。相较于传统的有体物资源来说，信息并不随着使用而产生消耗，相反，信息被使用得越多，价值越大。正是这一特点决定了信息要发挥更高的价值必须充分进行流动。行政管理信息、市场信息、宏观决策信息等这些重要的内容都掌握在了政府手中，曾经有统计显示，我国 80% 的信息掌握在政府部门手中。① 因而政府信息公开制度显得尤为重要，这一制度可以为公众提供充足可利用信息。除了信息数量庞大以外，与私主体提供的信息质量参差不同的是，政府提供的信息质量相对较高且较为稳定，并且具有较高的权威性，因而公众在利用政府信息的过程中成本更低。

第二，政府虽然拥有数量庞大并且有价值的信息，但是政府自身对于数据开发程度有限，因而数据再利用效果不佳。行政机关的主要工作在于履行法定的行政管理职能，激发和促进政府信息的价值转换并非行政机关的主要工作内容，行政机关在此项工作上花费的时间和精力必然是有限的。同时，信息处理与价值的挖掘是一个专业性较强的工作，行政机关缺乏相关的专业人才，也难以完成此项工作。而部分主体不但具备了挖掘政府信息经济价值的技术能力，而且具备挖掘政府信息价值的经济动力，因而由此类主体开发政府信息价值是最为合适的。而只有当政府信息公开制度确立之后，其他主体才有可能对政府信息进行充分利用。

第三，政府信息公开是优化营商环境的重要举措。迅速而透明的政府信息公开，可以使得企业更便捷和准确地获取政府信息，了解与自己行业发展相关的重要信息，及时作出准确判断，精准把握机遇。也有研究表明，在经济发

---

① 参见曹康泰主编：《〈中华人民共和国政府信息公开条例〉读本》，人民出版社 2007 年版，第 29 页。

达地区,企业的经济行为更活跃,而政府信息可以在一定程度上消解信息不对称,为企业提供良好的营商环境,相对地,经济发达地区的企业对政府信息和政府数据的需求也相对较高。① 政府信息公开,规范程序,可以帮助企业了解市场环境、竞争对手等信息,从而制定更合理的经营策略,也可以防止不正当竞争、垄断等行为的发生,促进市场的健康发展。诸如科技成果、专利申请等信息的公开,可以为企业提供科技创新的参考和支持,促进企业的技术升级和创新发展。此外,土地管理部门、规划部门的政府信息公开,可以帮助企业了解城市发展规划和政策,从而更好地进行产业布局和资源配置。

第四,政府信息公开制度是将信息资源取之于民,用之于民的制度。按照《政府信息公开条例》第 2 条的规定:“本条例所称政府信息,是指行政机关在履行行政管理职能过程中制作或者获取的,以一定形式记录、保存的信息。”政府信息是依靠行政权力收集和获取的资源,因而人民是这一资源的最终拥有者,政府信息资源的价值应当回馈给公众。

此外,在市场经济条件下,政府职能已经发生转变,从单纯的监管主体向服务型政府转变,政府信息公开制度是政府利用信息资源服务公众的重要途径。

**三、在主客观利益之间寻求平衡**

《行诉法解释 2018》第 12 条规定的利害关系情形,对《行政诉讼法》第 25 条第 1 款进行了更为细化的列举式规定,②为行政诉讼审判提供了更具有可操作性的依据和更明确的指引。该条解释的目的也在于兼顾主观利益和客观利益,即利害关系是在公私利益之间寻求一个妥当的平衡点。③ 从目前司法解释

① 参见于文超、王丹:《政府信息公开、政策不确定性与企业盈余管理》,载《产业经济研究》2022 年第 3 期。

② 《行诉法解释 2018》第 12 条规定:“有下列情形之一的,属于行政诉讼法第二十五条第一款规定的‘与行政行为有利害关系’:(一)被诉的行政行为涉及其相邻权或者公平竞争权的;(二)在行政复议等行政程序中被追加为第三人的;(三)要求行政机关依法追究加害人法律责任的;(四)撤销或者变更行政行为涉及其合法权益的;(五)为维护自身合法权益向行政机关投诉,具有处理投诉职责的行政机关作出或者未作出处理的;(六)其他与行政行为有利害关系的情形。”

③ 参见江必新主编、最高人民法院行政审判庭编著:《最高人民法院行政诉讼法司法解释理解与适用》(上),人民法院出版社 2018 年版,第 97 页。

及最高人民法院对立法适用的解读中可以梳理出，司法对信息公开行政诉讼中的“利益”的是“法律上的利益”。

在此前较长的时期内，我国司法审判将“利益”或者“利害关系”等同于不利影响或是实际影响。[①] 直到最高人民法院在“刘某明案”中首次适用德国法上的主观公权利和保护规范理论，将“利益”限定为基于公法条文上明确规定的利益，即应当具有实体法依据。该案的示范效应使法院在司法审判中对“利益”的判定发生了重要转向，即公法领域权利和利益，受到行政行为影响，才形成行政法上权利义务关系，才能构成行政诉讼中的“利益”。[②] 此后的诸多判决中都开始适用德国法上的“保护规范理论”对“利益”进行判断。[③]

保护规范理论的引入，一方面对相对人合法权益的保护起到了积极作用，另一方面又避免了诉权行使的失控，[④]即法院在司法审查中要有审查权利是否正当行使的义务。现代行政法是在管理效率与维护个人权利之间寻求平衡，并非仅仅出于保护个人权利的目的。[⑤] 司法资源是公共资源的一种，具有稀缺性，任何据为己有或者大量占用的行为都是不符合公正分配要求的。偏向于个人正义而忽视这种资源的稀缺性的特征，则难以解决实践中出现的案件积压等问题。[⑥]

具体到信息公开行政诉讼语境中，《政府信息公开条例》明确了行政相对人获取政府信息的权利，使得这一权利能够成为“法律上的权利”，但该权利并

---

① 2000年《行政诉讼法若干解释》（已失效）就将“对公民、法人或其他组织权利义务不产生实际影响的行为”排除在受案范围之外，2018年新的司法解释同样沿用这一规定。学者和实务界都倾向于将是否产生实际影响同时作为权衡受案范围和原告资格的基准。参照最高人民法院行政审判庭编：《〈关于执行《中华人民共和国行政诉讼法》若干问题的解释〉释义》，中国城市出版社2000年版，第26～27页。

② 最高人民法院行政裁定书，（2017）最高法行申169号。

③ 参见黄锴：《行政诉讼中举报人原告资格的审查路径——基于指导案例77号的分析》，载《政治与法律》2017年第10期。

④ 最高人民法院行政裁定书，（2016）最高法行申2560号。

⑤ See Randall Peerenboom, *China's Long March Toward Rule of Law*, Cambridge University Press, 2002, p.395.

⑥ 参见黄锡生、王中政：《对我国行政诉讼简易程序选择权的省思——兼论〈行政诉讼法〉第82条的完善》，载《内蒙古社会科学》2020年第5期。

非无边界,行政机关和相对人都必须在法律框架下予以落实,都必须严格按照《政府信息公开条例》的规定执行,不能抛开法定程序,抽象地落实知情权。① 因此,当信息公开行政诉讼诉的内容不具有利用国家审判制度加以解决的实际价值和必要性,与《行政诉讼法》立法目的相悖,浪费了行政资源和司法资源时,便是不具有"利益"。从这个意义上讲,"利害关系"和"权利保护必要性"作为广义的诉的利益的两个要素存在一定程度的关联,即二者指向的都是实体且正当行使的权利。对于何为正当行使权利,也是一个值得探讨的问题,且是实践中判断信息公开行政诉讼"权利保护必要性"的重要标准。有学者提出以有用性、适时性、效率性和正当性四个标准判断权利保护必要性,这也十分具有借鉴意义。②

就立法角度而言,信息公开行政诉讼诉的利益除了符合上述主客观利益的要求之外,还应当在个案中努力寻求主客观利益之间的平衡,且依照行政法平衡论的观点,二者之间应该形成一个动态的平衡。③

## 第三节 信息公开行政诉讼受案范围的规范解读

依照原田尚彦对诉的利益的观点,受案范围也是诉的利益的要素之一,从规范层面解读我国信息公开行政诉讼的受案范围,可以展开以下讨论。

行政诉讼受案范围不仅属于公民受到行政权侵害可以请求司法进行保护的范围,④而且也是司法权与行政权的处理争议的分工,决定着司法权对行政行为审查的深度和广度,决定着司法权审查的动力性和抗干扰性,因此是行政

① 参见后向东:《〈中华人民共和国政府信息公开条例〉(2019)理解与适用》,中国法制出版社2019年版,第4页。

② 参见王贵松:《论行政诉讼的权利保护必要性》,载《法制与社会发展》2018年第1期。

③ 参见罗豪才:《行政法的核心与理论模式》,载《法学》2002年第8期。

④ 参见袁杰主编:《〈中华人民共和国行政诉讼法〉解读》,中国法制出版社2014年版,第37页。

诉讼法的核心。[①] 从应然层面来说,"司法是公民权利的最后一道防线",行政诉讼的受案范围应当是十分宽泛的,甚至应该是几乎没有限定的,但是在实然层面上,行政争议的特点、法治发展阶段性等因素都影响着行政诉讼受案范围。[②]

《行政诉讼法》第12条第1款采取列举的方式明确了我国行政诉讼受理的范围,第2款明确了法律、法规可以对行政诉讼受案范围扩大,这是因为除了财产权、人身权以外还有诸多权利需要予以保护,但这些权利有的还没有专门的立法,人民法院审理没有相应的依据,会给案件审理带来困难,因此对于这些领域是否可诉,需要有该领域单行的法律、法规来进行规定。在《行诉法解释2018》第1条第2款具体细化了不属于受案范围的情形,其中第10项是"不产生实际影响的行为",这是因为行政行为如果具有可诉性,必须是行政机关作出的发生法律效果的行为,即对行政性对人对权利义务产生调整作用,如果不具备上述特征,则不具有可诉性,因而应该排除在受案范围之外。[③] 最高人民法院行政庭任务诸如告诫、劝告、建议、通知、初步意见等均属于此类,即大陆法系中的"观念通知",排除在行政诉讼的受案范围之外。[④]

**一、信息公开行政诉讼应当受理的范围**

《政府信息公开条例》第51条规定了行政诉讼是政府信息公开的救济途径之一,江必新认为,政府信息公开属于广义上的行政给付行为,将这类行为纳入行政诉讼,既体现了现实需求,人民法院必须予以积极回应,也体现了法治的进步,人民法院必须积极推进。[⑤] 李广宇认为该规定激活了《行政诉讼法》

---

① 参见《行政法与行政诉讼法学》编写组:《行政法与行政诉讼法学》(第2版),高等教育出版社2018年版,第330页。

② 参见袁杰主编:《〈中华人民共和国行政诉讼法〉解读》,中国法制出版社2014年版,第37页。

③ 《行诉法解释2018》第1条第2款规定:"下列行为不属于人民法院行政诉讼的受案范围:……(十)对公民、法人或者其他组织权利义务不产生实际影响的行为。"

④ 参见江必新主编、最高人民法院行政审判庭编著:《最高人民法院行政诉讼法司法解释理解与适用》(上),人民法院出版社2018年版,第52页。

⑤ 参见江必新主编:《〈最高人民法院关于审理政府信息公开行政案件若干问题的规定〉理解与适用》,中国法制出版社2011年版,第19页。

中的“休眠条款”。[①]《审理政府信息公开案件的规定》第1条、[②]第2条进一步对信息公开行政诉讼的范围进行了细化。这也是该司法解释在起草时候的一个重要问题,《政府信息公开条例》实施以后,促使公众对知情权的诉求与日俱增,这是促进公民权利意识生长的难得机遇,也是国家法治建设的难得机遇。但是现实中也面临着悖论:一面是广大公民对“透明政府”的期待,另一面是一些政府部门“犹抱琵琶半遮面”的沉重惯性;一面是公民主张知情权而诉诸司法的“井喷”趋势,另一面则是有的法院对“第一只螃蟹”的谨小慎微。因此《审理政府信息公开案件的规定》第1条以列举的方式正面规定了应当受理的范围,避免司法实践中刻意缩小理解信息公开行政诉讼的受案范围,同时第2条规定了不予受理的范围,也防止个别人恶意诉讼。[③] 从目前的规定来看,下列行为属于信息公开行政诉讼的受案范围。

(一)政府信息公开中的作为

针对信息公开过程中行政机关的作为,申请人可以提起信息公开行政诉讼,这里面包括实体之诉和程序之诉两种情形。第一,实体之诉。申请人认为行政机关公开的政府信息的内容不合法。按照《审理政府信息公开案件的规定》第1条的规定,申请人认为行政机关公开的政府信息的内容不符合自己申请的要求,可以向人民法院提起诉讼,人民法院应当予以受理。在制定该司法解释时,最初的表述为信息公开行政诉讼的受案范围,后来有审委会的委员提出,人民法院的受案范围应当由法律规定,而不能由司法解释进行规定,因而

---

① 参见李广宇:《政府信息公开诉讼:理念、方法与案例》,法律出版社2009年版,第21页。

② 《审理政府信息公开案件的规定》第1条规定:“公民、法人或者其他组织认为下列政府信息公开工作中的具体行政行为侵犯其合法权益,依法提起行政诉讼的,人民法院应当受理:(一)向行政机关申请获取政府信息,行政机关拒绝提供或者逾期不予答复的;(二)认为行政机关提供的政府信息不符合其在申请中要求的内容或者法律、法规规定的适当形式的;(三)认为行政机关主动公开或者依他人申请公开政府信息侵犯其商业秘密、个人隐私的;(四)认为行政机关提供的与其自身相关的政府信息记录不准确,要求该行政机关予以更正,该行政机关拒绝更正、逾期不予答复或者不予转送有权机关处理的;(五)认为行政机关在政府信息公开工作中的其他具体行政行为侵犯其合法权益的。公民、法人或者其他组织认为政府信息公开行政行为侵犯其合法权益造成损害的,可以一并或单独提起行政赔偿诉讼。”

③ 参见江必新主编:《〈最高人民法院关于审理政府信息公开行政案件若干问题的规定〉理解与适用》,中国法制出版社2011年版,第33~34页。

最终将表述改为此类案件人民法院应当受理，[1]但是其实质仍然是信息公开行政诉讼的受案范围。第二，程序之诉。程序之诉的内容主要是针对行政机关政府信息公开答复的形式。有的申请人在申请时，会要求行政机关以一定的形式提供信息，如果行政机关未按照申请人要求的形式予以提供，申请人提起行政诉讼，人民法院应当受理。在这里需要说明的是，即使是申请要求的形式成本过高，行政机关有合理的理由转换其他形式提供，申请人提起行政诉讼，法院依然应当受理，因为行政机关提供信息的形式是否合法，应当是法院实质审理阶段进行审查的内容，故不能因此影响申请人提起行政诉讼的权利，此情况下，相对人依然具有诉权。

（二）政府信息公开中的不作为

除了作为以外，在政府信息公开中，依照《审理政府信息公开案件的规定》，行政机关的不作为也是信息公开行政诉讼的受案范围。行政机关在政府信息公开中的不作为分为两种：第一，拒绝提供信息，这也是实体之诉。依照《政府信息公开条例》的规定，行政机关在公开政府信息之前应当依法进行保密审查工作，不能因政府信息公开而泄露国家秘密、商业秘密和个人隐私，也不能因政府信息公开而对国家安全、公共安全、经济安全、社会稳定造成危害，加之有的信息不存在、不属于本机关掌握，或者不属于政府信息的范围等原因，行政机关有权拒绝提供信息，此时，无论行政机关拒绝的理由是否准确，相对人都有权提起行政诉讼，人民法院均应当受理。第二，不予答复。相对于第一种情形，此种情形是程序之诉。按照《政府信息公开条例》的规定，行政机关应当在20个工作日内对政府信息公开申请进行答复，如果超过法定期限，且没有延长答复期，便视为不予答复。除完全置之不理外，不完全答复、拖延答复、推脱答复均属于不予答复的范畴，系违反法定义务，属于人民法院的受案范围。[2]

---

① 参见江必新主编：《〈最高人民法院关于审理政府信息公开行政案件若干问题的规定〉理解与适用》，中国法制出版社2011年版，第20页。

② 参见江必新主编：《〈最高人民法院关于审理政府信息公开行政案件若干问题的规定〉理解与适用》，中国法制出版社2011年版，第23页。

（三）其他

第一，更正信息之诉。公民、法人或其他组织若有证据证明行政机关提供的与其自身相关的信息不准确，则可以要求行政机关对信息进行更正或者转送有权机关处理；当行政机关拒绝更正或者不转送有权机关进行处理时，相对人提起行政诉讼的，人民法院应当予以受理。之所以将这一类型的诉讼纳入受案范围中，是因为由于信息化的发展，个人各方面信息呈现越来越强的关联性，给个人生活带来的影响也越来越大，为了防止行政机关不准确的信息给公民生活带来困扰和不便，行政机关应当确保政府信息准确无误，同时具有更正的义务。行政机关无论是以明示的方式还是以默示的方式更正信息，都属于行政诉讼的受案范围。

第二，行政赔偿之诉。信息公开行政诉讼中，如果行政机关的行为侵犯了相对人的合法权益的，相对人可以提起行政赔偿诉讼，人民法院应当受理。在这里，行政赔偿之诉的提起方式与普通的赔偿之诉一样，有一并提起和单独提起两种方式，均属于受案范围。

第三，反信息公开诉讼。《审理政府信息公开案件的规定》第 1 条第 2 款第 3 项规定的是学术界所谓的“反信息公开诉讼”，与信息公开行政诉讼诉的是行政机关不公开行为不同的是，反信息公开诉讼诉的是行政机关的公开行为，或者说是不当公开行为。对于涉及第三方利益的信息，除了有明显的公共利益以外，一般来说，行政机关应当充分尊重第三方意见。在此类诉讼中，既有实体之诉，又有程序之诉。若行政机关公开的政府信息对第三方的权利造成了侵害，此时为实体之诉；若行政机关在公开涉及第三方信息的时候，没有征求第三方意见，或者仅口头而非书面征求意见，又或者没有按照《政府信息公开条例》的规定给第三方充分的时间，则属于程序之诉。关于反信息公开诉讼，有以下两点值得进一步探讨。

第一，所谓的行政机关公开政府信息侵犯第三方商业秘密或者个人隐私，是需要达到一定的“成熟度”，第三方才能起诉，还是可以提起预防性诉讼？一般而言，对行政行为提起诉讼需要等待行政行为“成熟”，即该行为需要产生一定的法律效果。如果行政行为尚未完成，法院则不能受理此类诉讼，这涉及违反了行政机关首次判断权原则；司法权过早介入，则有干预行政权之嫌。[①] 对于传统的行政行为，如果该行为未达到“成熟”的条件，则不会发生损害，因而也没必要提供司法救济。但是，信息公开行为与传统行政行为不同，信息一旦发布，损害即已经构成，并且难以挽回损失，且可能随着信息的传播导致损失不断扩大。因而，传统的以事后救济为主的司法救济形式必然不能为相对人提供有效救济。鉴于此，有学者认为，该条款是确立了预防性诉讼制度，是成熟性原则的例外，并认为目前《审理政府信息公开案件的规定》的表述容易引起误解，使人认为损害必须发生以后才能提起诉讼。[②] 应当说，将该条款解读为预防性诉讼条款，是符合政府信息公开制度救济目的及行政诉讼法发展趋势的。

第二，反信息公开诉讼的类型与信息公开行政诉讼是否属于同一类？从诉讼类型的角度出发，二者应当属于不同的类别，信息公开行政诉讼是典型的给付之诉，要求行政机关提供相应的信息；而反信息公开诉讼应当是一种形成之诉。因而，其实无论《政府信息公开条例》《审理政府信息公开案件的规定》对此类事项是否进行规定，此种情况应当都符合《行政诉讼法》第 2 条的规定，行政机关的行政行为对相对人的合法权益造成了损害，且损害的是传统的财产权与人身权，即属于行政诉讼的受案范围。因此，《审理政府信息公开案件的规定》第 1 条中对此种情形的规定不过是再次强调而已，并未对行政诉讼的受案范围有所扩大。

**二、排除的范围**

按照《审理政府信息公开案件的规定》被排除在受案范围之外的，大概可以分为以下几类。

（一）告知行为

按照《审理政府信息公开案件的规定》，告知是关于补正的告知。由于在政府信息申请过程中，并非每个申请人都可以准确、完整地提出政府信息公开申请，为了提升行政效率，及时对申请进行答复，同时也为了尊重申请人的主

---

① 参见李广宇：《诉讼类型化与诉的利益》，法律出版社 2018 年版，第 3 页。

② 参见何海波：《行政诉讼法》，法律出版社 2022 年版，第 172 页。

观意愿,《信息公开条例》设置了补正告知程序,这一程序的设定是便民原则的体现,本身对申请人的权利义务并不产生实际影响,因而不属于行政诉讼的受案范围。当然,如果这种告知行为最终导致了行政程序的终结,对申请人的权利义务造成了影响,此时就应当属于行政诉讼受案范围。

(二)通过其他途径可以获得的信息

这里面包含两种情形。

第一种情形是针对行政机关拒绝提供已经公开出版的信息。有申请人要求行政机关提供政府公报、报纸等公开出版物,或者申请行政机关已经主动公开的信息,由于申请人可以有其他更为便捷的方式获取该信息,对此出于行政效率的考量,行政机关可以不予提供此类信息,针对行政机关不予提供行为进行起诉的,也不属于行政机关受案范围。在有的国家,则直接将此类公开出版物排除在“政府信息”之外。

第二种情形是基于其他规范和程序获取的信息。《政府信息公开条例》建立了一般意义上的政府信息公开制度,是该领域的基本法。然而,在该领域当中还存在一些“特殊法”,对这个特殊领域的政府信息公开制度进行了规定,如《行政许可法》第 40 条、[①]《行政复议法》第 23 条[②]等,按照法律适用等一般规则,特别法优于一般法,有特别规定的信息获取程序应当按照该领域的特殊规定,此时不再适用《政府信息公开条例》。如果基于此种原因,行政机关拒绝提供信息,则不属于行政诉讼受案范围。据统计,目前在中央层面涉及政府信息公开的条文中,法律有 159 个条文,行政法规有 134 个条文,部门规章有 410 个条文。应当说,凡是这些特殊领域中有规定的,均应当按照特殊程序公开。[③]

---

① 《行政许可法》第 40 条规定:“行政机关作出的准予行政许可决定,应当予以公开,公众有权查阅。”

② 《行政复议法》第 23 条第 1 款规定:“行政复议机关负责法制工作的机构应当自行政复议申请受理之日起七日内,将行政复议申请书副本或者行政复议申请笔录复印件发送被申请人。被申请人应当自收到申请书副本或者申请笔录复印件之日起十日内,提出书面答复,并提交当初作出具体行政行为的证据、依据和其他有关材料。”

③ 为保证阅读的连贯性,此处仅列举法律和行政法规,规章的具体的内容参见附录。

现行法律、行政法规中涉及政府信息公开的内容，具体如表 2－1 所示。①

**表 2－1 现行法律、行政法规中涉及政府信息公开的内容梳理**

| 序号 | 名称 | 效力级别 | 具体条文 |
|---|---|---|---|
| 1 | 《地方各级人民代表大会和地方各级人民政府组织法》(2022 修正) | 法律 | 第 66 条 |
| 2 | 《法律援助法》 | 法律 | 第 58 条 |
| 3 | 《个人信息保护法》 | 法律 | 第 10 条、第 27 条 |
| 4 | 《安全生产法》(2021 修正) | 法律 | 第 17 条、第 73 条 |
| 5 | 《数据安全法》 | 法律 | 第 41 条 |
| 6 | 《食品安全法》(2021 修正) | 法律 | 第 31 条 |
| 7 | 《广告法》(2021 修正) | 法律 | 第 53 条 |
| 8 | 《海上交通安全法》(2021 修订) | 法律 | 第 85 条 |
| 9 | 《海警法》 | 法律 | 第 57 条 |
| 10 | 《行政处罚法》(2021 修订) | 法律 | 第 48 条 |
| 11 | 《长江保护法》 | 法律 | 第 46 条 |
| 12 | 《香港特别行政区维护国家安全法》 | 法律 | 第 14 条 |
| 13 | 《档案法》(2020 修订) | 法律 | 第 15 条 |
| 14 | 《森林法》(2019 修订) | 法律 | 第 4 条 |
| 15 | 《基本医疗卫生与健康促进法》 | 法律 | 第 77 条、第 91 条 |
| 16 | 《药品管理法》(2019 修订) | 法律 | 第 27 条 |
| 17 | 《疫苗管理法》 | 法律 | 第 75 条 |

① 由于规章以及地方立法涉及的内容太多，因此此处只列举了法律和行政法规，规章及地方立法中的相关内容参见附录。

续表

| 序号 | 名称 | 效力级别 | 具体条文 |
| --- | --- | --- | --- |
| 18 | 《行政许可法》(2019 修正) | 法律 | 第 5 条、第 40 条 |
| 19 | 《反不正当竞争法》 | 法律 | 第 13 条、第 16 条 |
| 20 | 《城乡规划法》(2019 修正) | 法律 | 第 8 条、第 54 条 |
| 21 | 《预算法》(2018 修正) | 法律 | 第 14 条 |
| 22 | 《野生动物保护法》(2022 修订) | 法律 | 第 39 条 |
| 23 | 《大气污染防治法》(2018 修正) | 法律 | 第 4 条、第 15 条、第 16 条 |
| 24 | 《土壤污染防治法》 | 法律 | 第 21 条、第 66 条、第 81 条 |
| 25 | 《监察法》 | 法律 | 第 54 条 |
| 26 | 《海洋环境保护法》(2017 修正) | 法律 | 第 6 条 |
| 27 | 《标准化法》(2017 修订) | 法律 | 第 17 条 |
| 28 | 《行政复议法》(2017 修正) | 法律 | 第 23 条 |
| 29 | 《中小企业促进法》(2017 修订) | 法律 | 第 40 条、第 55 条 |
| 30 | 《核安全法》 | 法律 | 第 63 条、第 64 条、第 65 条、第 69 条 |
| 31 | 《水污染防治法》(2017 修正) | 法律 | 第 17 条、第 18 条、第 32 条 |
| 32 | 《测绘法》(2017 修订) | 法律 | 第 34 条 |

续表

| 序号 | 名称 | 效力级别 | 具体条文 |
|---|---|---|---|
| 33 | 《公共文化服务保障法》 | 法律 | 第57条 |
| 34 | 《水法》(2016修正) | 法律 | 第16条 |
| 35 | 《资产评估法》 | 法律 | 第40条 |
| 36 | 《慈善法》 | 法律 | 第69条、第76条 |
| 37 | 《立法法》(2023修正) | 法律 | 第101条 |
| 38 | 《政府采购法》(2014修正) | 法律 | 第11条 |
| 39 | 《环境保护法》(2017修正) | 法律 | 第53条、第54条、第56条 |
| 40 | 《渔业法》(2013修正) | 法律 | 第22条 |
| 41 | 《特种设备安全法》 | 法律 | 第59条 |
| 42 | 《非物质文化遗产法》 | 法律 | 第13条 |
| 43 | 《保守国家秘密法》(2010修正) | 法律 | 第15条、第19条、第29条 |
| 44 | 《政府信息公开条例》(2019修订) | 行政法规 | 全文 |
| 45 | 《市场主体登记管理条例》 | 行政法规 | 第16条、第38条 |
| 46 | 《土地管理法实施条例》(2021修订) | 行政法规 | 第6条 |
| 47 | 《民办教育促进法实施条例》(2021修订) | 行政法规 | 第48条 |
| 48 | 《行政事业性国有资产管理条例》 | 行政法规 | 第44条、第49条 |
| 49 | 《防范和处置非法集资条例》 | 行政法规 | 第16条 |
| 50 | 《排污许可管理条例》 | 行政法规 | 第4条 |
| 51 | 《医疗保障基金使用监督管理条例》 | 行政法规 | 第10条 |

续表

| 序号 | 名称 | 效力级别 | 具体条文 |
|---|---|---|---|
| 52 | 《城镇国有土地使用权出让和转让暂行条例》(2020 修订) | 行政法规 | 第 7 条 |
| 53 | 《预算法实施条例》(2020 修订) | 行政法规 | 第 6 条 |
| 54 | 《保障中小企业款项支付条例》 | 行政法规 | 第 16 条 |
| 55 | 《化妆品监督管理条例》 | 行政法规 | 第 25 条 |
| 56 | 《船员条例》(2020 修订) | 行政法规 | 第 46 条 |
| 57 | 《保障农民工工资支付条例》 | 行政法规 | 第 10 条、第 47 条 |
| 58 | 《外商投资法实施条例》 | 行政法规 | 第 6 条 |
| 59 | 《优化营商环境条例》 | 行政法规 | 第 3 条、第 25 条、第 38 条、第 46 条、第 47 条、第 52 条 |
| 60 | 《重大行政决策程序暂行条例》 | 行政法规 | 第 32 条 |
| 61 | 《政府投资条例》 | 行政法规 | 第 10 条、第 30 条 |
| 62 | 《不动产登记暂行条例》(2019 修订) | 行政法规 | 第 16 条 |
| 63 | 《道路运输条例》(2022 修订) | 行政法规 | 第 57 条 |
| 64 | 《自然灾害救助条例》(2019 修订) | 行政法规 | 第 26 条 |
| 65 | 《社会救助暂行办法》(2019 修订) | 行政法规 | 第 62 条 |
| 66 | 《戒毒条例》(2018 修订) | 行政法规 | 第 4 条 |
| 67 | 《反兴奋剂条例》(2018 修订) | 行政法规 | 第 43 条 |
| 68 | 《中药品种保护条例》(2018 修订) | 行政法规 | 第 13 条 |
| 69 | 《医疗纠纷预防和处理条例》 | 行政法规 | 第 16 条 |
| 70 | 《土地调查条例》(2018 修订) | 行政法规 | 第 24 条 |

续表

| 序号 | 名称 | 效力级别 | 具体条文 |
| --- | --- | --- | --- |
| 71 | 《机关团体建设楼堂馆所管理条例》 | 行政法规 | 第 19 条 |
| 72 | 《志愿服务条例》 | 行政法规 | 第 30 条 |
| 73 | 《无证无照经营查处办法》 | 行政法规 | 第 9 条 |
| 74 | 《建设项目环境保护管理条例》(2017 修订) | 行政法规 | 第 9 条、第 20 条 |
| 75 | 《水文条例》(2017 修订) | 行政法规 | 第 26 条 |
| 76 | 《地质资料管理条例》(2017 修订) | 行政法规 | 第 15 条、第 16 条、第 17 条、第 19 条 |
| 77 | 《档案法实施办法》(2017 修订) | 行政法规 | 第 22 条 |
| 78 | 《企业投资项目核准和备案管理条例》 | 行政法规 | 第 5 条 |
| 79 | 《商标法实施条例》(2014 修订) | 行政法规 | 第 84 条 |
| 80 | 《保守国家秘密法实施条例》 | 行政法规 | 第 5 条 |
| 81 | 《城镇排水与污水处理条例》 | 行政法规 | 第 44 条 |
| 82 | 《机关事务管理条例》 | 行政法规 | 第 7 条 |
| 83 | 《退役士兵安置条例》 | 行政法规 | 第 32 条 |
| 84 | 《特种设备安全监察条例》(2009 修订) | 行政法规 | 第 53 条 |
| 85 | 《汶川地震灾后恢复重建条例》 | 行政法规 | 第 55 条 |
| 86 | 《禁止传销条例》 | 行政法规 | 第 23 条 |
| 87 | 《电力监管条例》 | 行政法规 | 第 9 条 |
| 88 | 《传染病防治法实施办法》 | 行政法规 | 第 43 条 |
| 89 | 《工商行政管理所条例》 | 行政法规 | 第 9 条 |

(三)需要进行二次加工的信息

《政府信息公开条例》虽然对行政机关课以信息公开的义务，但是这个义务仅限于行政机关所掌握的“现成的”信息，有申请人申请的信息是需要行政机关进行加工汇总的，政府信息公开制度并未科以行政机关该项义务。如果行政机关承担这一任务，那么由于每个申请人的要求不同，加工、汇总的难度也不同，从而使行政机关的工作量变得不可控，导致提供行政服务的效率下降。同时，也会使得个别提出非常复杂申请的申请人占用大量的公共资源，出现资源分配上的不均衡问题。因此，无论是在《政府信息公开条例》《审理政府信息公开案件的规定》还是在国务院办公厅《关于做好政府信息依申请公开工作的意见》中，都对行政机关有加工、汇总信息义务持否定态度，基于此而产生的纠纷也不属于行政诉讼的受案范围。

但应当说明的是，政府信息公开行为被纳入行政诉讼范畴中是基于行政诉讼制度和政府信息公开制度的整体设计；因而除非有规则明确排除的，其他的均应纳入行政诉讼的受案范围中。

## 第四节　小结：信息公开行政诉讼诉的利益图解

通过前文解读可以看出，虽然在我国现行规范中没有明文规定信息公开行政诉讼“诉的利益”的具体内容。但是若以原田尚彦提出的三要素为出发点，可以从现有的规范和司法裁判总结出应然层面的信息公开行政诉讼诉的利益的内容，具体内容前文已经分别进行阐述，此处不再赘述。其内容可以用图2-1表示。

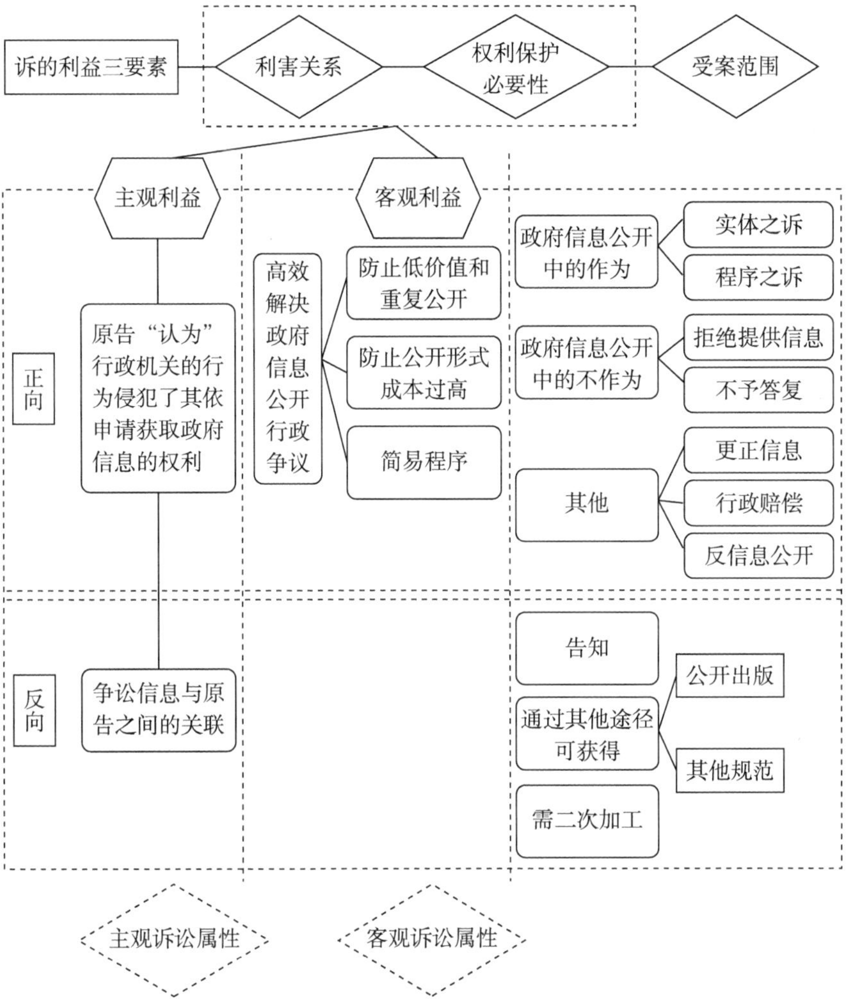


**图 2－1　我国信息公开行政诉讼诉的利益展示**

在图 2－1 中，利害关系和权利保护必要性，从我国规范层面解读均为对信息公开行政诉讼"利益"的解读，这一方面是由于利害关系和权利保护必要性有着天然的联系，另一方面也是规范的表述使然。当然，这给司法适用带来了一定的问题，这也是下一章实证分析重点关注的内容。受案范围作为诉的利益的一个要素，与利害关系和权利保护必要性相比，有着较为清晰的范围，但是在实践中由于存在"不产生实际影响的"兜底性条款，因而在适用中也存在一定的问题。下一章内容将围绕上述问题，进行实证考察。

# 第三章　信息公开行政诉讼诉的利益标准实证考察

信息公开行政诉讼诉的利益这一概念最初引人关注的案件源于最高人民法院发布的“陆红霞案”，因而在从理论和规范角度解读过信息公开在行政诉讼诉的利益所包含的内容之后，有必要从实践角度对信息公开行政诉讼的司法裁判进行检视，寻找在实践中司法对于其认定标准的把握。

本章在检视司法裁判的过程中，依旧按照原田尚彦提出的诉的利益的三要素，即利害关系（原告资格）、审理对象（受案范围）和权利保护必要性（狭义的诉的利益），分别考察我国信息公开在行政诉讼中通过这三个要素否定诉的利益的标准，并在此基础上进行总结。当然，考虑到法院在审理案件时一般会适用具体的规范而并非抽象的理论，因此，这些诉的利益的要素需要和我国《行政诉讼法》以及相关的司法解释中的条文对应起来，才能准确考察司法裁判的实际情况。鉴于后文会对要素对应的具体法条及其适用情况作具体阐述，因此此处仅以一张研究进路图表明本章的研究思路（见图3－1）。

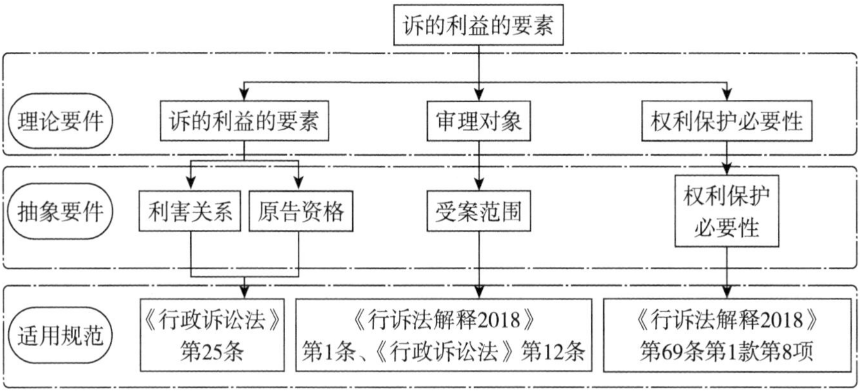


**图3－1　第三章研究思路**

## 第一节　利害关系之否定裁判分析

“利害关系”是行政诉讼中案件审理必须要审查的内容,也是我国行政诉讼原告资格判断的最主要条件。对“利害关系”的判断直接影响相对人是否有起诉的资格。在信息公开行政诉讼审判实践中,如何对前文解读的各种“利益”进行认定,如何界定原告与行政机关政府信息公开行为具有“利害关系”,本节将通过实证研究,尝试对此进行解读。

对于信息公开行政诉讼利害关系的判断,往往是通过原告资格的审查来完成的。而在原告资格的问题上,无论是从理论解读还是从实际的答复,最高人民法院的态度似乎都是明确的,2010 年最高人民法院《关于请求公开与本人生产生活科研等特殊需要无关政府信息的请求人是否具有原告资格的答复》①[(2010)行他字第 193 号](以下简称“193 号文件”)中明确指出公民、法人或

---

① “193 号文件”规定:“山东省高级人民法院:你院鲁高法〔2010〕153 号请示收悉。经研究,答复如下:公民、法人或者其他组织认为行政机关针对政府信息公开申请作出的答复或逾期不予答复侵犯其合法权益,提起行政诉讼,人民法院应予受理。申请人申请公开的政府信息是否与本人生产生活科研等特殊需要有关,属于实体审理的内容,不宜作为原告主体资格的条件。此复。2010 年 12 月 14 日。”

者其他组织认为行政机关针对政府信息公开申请作出的答复或逾期不予答复侵犯其合法权益,提起行政诉讼,人民法院应予受理。申请人申请公开的政府信息是否与本人生产生活科研等特殊需要有关,属于实体审理的内容,不宜作为原告主体资格的条件。这一答复就意味着信息公开行政诉讼中并不能将原告与争讼信息之间的利害关系作为原告资格的审查内容之一,这与第二章分析的信息公开行政诉讼中的"利益"的立法要求一致。

但是,在实践中我们却发现法院对此类问题的把握并非完全一致。在2016年最高人民法院裁定的一系列信息公开行政诉讼案件中,法院在裁定书中论述认为,申请人向行政机关申请公开的信息必须是对其生产、生活、科研等方面有直接影响的政府信息,否则申请人不具备申请资格,由此,行政机关的政府信息公开行为便不存在对申请人实体权利义务的任何实际影响,进而认定,申请人与政府信息公开行为当然不具有利害关系,也就不具有行政诉讼的原告资格。① 在此,法院非常明确地适用《政府信息公开条例》(2007年)第13条中的"三需要"条款否定了申请人与所申请信息之间的利害关系,进而依据《行政诉讼法》第25条第1款、第49条第1项②的规定,否定了原告资格。当然,这样的判决理由主要在《政府信息公开条例》修改之前,2019年《政府信息公开条例》实施之后,因为"三需要"条款被删除,所以理论上应该不存在此种裁判理由了。但不明确适用"三需要"条款并不意味着法院不会以申请人与所申请信息之间无利害关系为由否定原告资格。

《行政诉讼法》第25条将行政诉讼的原告界定为"行政行为的相对人以及其他与行政行为有利害关系的公民、法人或者其他组织",为行政诉讼原告确立了以利害关系为基础的判断标准。同时,"陆红霞案"之后,最高人民法院发布的〔2017〕25号文件指出,要准确把握"利害关系"的内涵,依法审查行政机

① 最高人民法院行政裁定书,(2016)最高法行申3490号;最高人民法院行政裁定书,(2016)最高法行申3504号;最高人民法院行政裁定书,(2016)最高法行申3574号;最高人民法院行政裁定书,(2016)最高法行申3493号;最高人民法院行政裁定书,(2016)最高法行申3538号等。

② 《行政诉讼法》第49条第1项规定:"提起诉讼应当符合下列条件:(一)原告是符合本法第二十五条规定的公民、法人或者其他组织……"

关的行政行为是否确与当事人权利义务的增减得失密切相关,当事人在诉讼中是否确实具有值得保护的实际权益,不得虚化、弱化利害关系的起诉条件。〔2017〕25号文件为进一步保护和规范当事人依法合理行使诉权提供了指引,即要在准确把握利害关系的法律内涵基础上,进一步加强对行政诉讼中是否有值得动用司法资源予以保护的利益的识别,既充分保护公民、法人和其他组织的合法权益,又要强化对诉的利益的准确识别。

〔2017〕25号文件的发布与"陆红霞案"的示范作用使得在2015年以后信息公开行政诉讼中出现了部分法院以不具有利害关系为由否定诉的利益的情形。

应当说,通过否定原告资格的途径来实现对信息公开行政诉讼诉的利益的否定,理论界和实务界都存在较大争议,本节内容以上述案件为基本研究对象,对法院经由"利害关系"否定诉的利益的实然性标准进行考察。

**一、利害关系裁判分析**

为探究当前以利害关系否定诉的利益的信息公开行政诉讼现状,本书以"北大法宝——司法案例"数据库为检索对象,以"政府信息公开""诉的利益""利害关系"为关键词进行检索,共获得初始检索结果88条。考虑我国行政诉讼中通常以《行政诉讼法》第25条判定利害关系,为此又以"政府信息公开""诉的利益"及"《行政诉讼法》第25条"为关键词进行检索,共获得38条检索结果,两部分共计126条检索结果,通过逐一审阅检索结果,剔除重复、雷同与不相关样本之后,①获得有效检索结果90项,检索截止时间为2022年4月3日,②涉及的案件整理如表3-1所示。

---

① 无关样本是指虽提及政府信息公开,但法院的裁判理由并未提及利害关系。重复样本分为两类:一类是横向重复,即多个诉讼主体就同一信息申请在同一法院提起的诉讼,本文仅取一份裁判分析;另一类是纵向重复,即在程序上有先后次序的诉讼,本书仅取终局的二审或再审裁判分析。相同诉讼人就不同信息申请在同一法院或相同信息申请在不同法院提起的诉讼,不视为重复样本。

② 该检索目的意在找出在信息公开行政诉讼中直接以利害关系否定诉的利益的案件,因此,单独否定利害关系而未提及诉的利益或者单独提及诉的利益而未提及利害关系的案件,均不在统计之内。

**表3-1 当前以利害关系否定诉的利益的信息公开行政诉讼案件整理**

| 序号 | 案件字号 | 审结日期 |
|---|---|---|
| 1 | (2016)苏06行终136号 | 2016年5月17日 |
| 2 | (2016)苏12行终75号 | 2016年6月14日 |
| 3 | (2016)吉01行初110号 | 2016年7月11日 |
| 4 | (2017)浙04行终16号 | 2017年3月2日 |
| 5 | (2017)浙04行终17号 | 2017年3月2日 |
| 6 | (2017)浙04行终13号 | 2017年3月2日 |
| 7 | (2017)浙04行终15号 | 2017年3月2日 |
| 8 | (2017)鲁01行终312号 | 2017年5月24日 |
| 9 | (2017)粤7101行初1758号 | 2017年7月18日 |
| 10 | (2017)鲁0191行初51号 | 2017年10月27日 |
| 11 | (2017)鲁0191行初50号 | 2017年11月6日 |
| 12 | (2017)苏07行终95号 | 2017年12月21日 |
| 13 | (2017)苏07行终91号 | 2017年12月21日 |
| 14 | (2017)吉行终96号 | 2017年12月25日 |
| 15 | (2018)鲁0103行初73号 | 2018年3月19日 |
| 16 | (2018)鲁0103行初81号 | 2018年3月19日 |
| 17 | (2018)鲁0103行初72号 | 2018年3月19日 |
| 18 | (2018)鲁0103行初80号 | 2018年3月19日 |
| 19 | (2018)鲁0103行初74号 | 2018年3月19日 |
| 20 | (2018)鲁0103行初79号 | 2018年3月19日 |
| 21 | (2018)赣0826行初10号 | 2018年4月9日 |
| 22 | (2018)苏10行终37号 | 2018年4月23日 |
| 23 | (2018)琼行终216号 | 2018年5月3日 |
| 24 | (2018)黑0109行初3号 | 2018年6月15日 |
| 25 | (2018)粤05行终29号 | 2018年7月30日 |
| 26 | (2018)粤14行终36号 | 2018年8月13日 |

续表

| 序号 | 案件字号 | 审结日期 |
|---|---|---|
| 27 | (2018)辽05行终84号 | 2018年8月17日 |
| 28 | (2018)冀0581行初53号 | 2018年8月21日 |
| 29 | (2018)苏8602行初1220号 | 2018年8月30日 |
| 30 | (2018)苏8602行初1221号 | 2018年8月31日 |
| 31 | (2018)苏8602行初1222号 | 2018年8月31日 |
| 32 | (2018)苏8602行初1304号 | 2018年9月4日 |
| 33 | (2018)苏8602行初1305号 | 2018年9月5日 |
| 34 | (2018)苏8602行初1306号 | 2018年9月5日 |
| 35 | (2018)苏8602行初1307号 | 2018年9月5日 |
| 36 | (2018)苏8602行初1402号 | 2018年9月13日 |
| 37 | (2018)京03行初66号 | 2018年9月25日 |
| 38 | (2018)京03行初65号 | 2018年9月25日 |
| 39 | (2018)京03行初64号 | 2018年9月25日 |
| 40 | (2018)皖01行终473号 | 2018年10月26日 |
| 41 | (2018)苏8602行初1856号 | 2018年10月31日 |
| 42 | (2018)苏8602行初1889号 | 2018年11月5日 |
| 43 | (2018)苏8602行初1888号 | 2018年11月5日 |
| 44 | (2018)粤05行终46号 | 2018年11月22日 |
| 45 | (2018)粤05行终45号 | 2018年11月22日 |
| 46 | (2018)粤05行终44号 | 2018年11月22日 |
| 47 | (2018)粤05行终47号 | 2018年11月22日 |
| 48 | (2018)粤05行终48号 | 2018年11月22日 |
| 49 | (2018)粤05行终50号 | 2018年11月22日 |
| 50 | (2018)粤05行终49号 | 2018年11月22日 |
| 51 | (2018)辽05行初104号 | 2018年11月27日 |
| 52 | (2018)粤0606行初1162号 | 2018年11月30日 |

续表

| 序号 | 案件字号 | 审结日期 |
|---|---|---|
| 53 | (2018)粤0606行初1166号 | 2018年11月30日 |
| 54 | (2018)粤0606行初1163号 | 2018年12月3日 |
| 55 | (2018)粤0606行初1168号 | 2018年12月4日 |
| 56 | (2018)粤0606行初1167号 | 2018年12月4日 |
| 57 | (2018)粤05行终43号 | 2018年12月7日 |
| 58 | (2018)晋0110行初306号 | 2018年12月11日 |
| 59 | (2018)晋0110行初303号 | 2018年12月11日 |
| 60 | (2018)晋0110行初308号 | 2018年12月11日 |
| 61 | (2018)晋0110行初304号 | 2018年12月11日 |
| 62 | (2018)晋0110行初309号 | 2018年12月11日 |
| 63 | (2018)晋0110行初305号 | 2018年12月11日 |
| 64 | (2018)晋0110行初307号 | 2018年12月11日 |
| 65 | (2018)苏8602行初2058号 | 2018年12月13日 |
| 66 | (2018)皖13行终242号 | 2018年12月19日 |
| 67 | (2018)闽0102行初266号 | 2018年12月26日 |
| 68 | (2019)苏8602行初31号 | 2019年1月3日 |
| 69 | (2017)桂02行终202号 | 2019年1月9日 |
| 70 | (2019)甘09行终2号 | 2019年1月29日 |
| 71 | (2018)苏01行终960号 | 2019年2月1日 |
| 72 | (2018)苏01行终961号 | 2019年2月13日 |
| 73 | (2018)苏01行终956号 | 2019年2月13日 |
| 74 | (2019)浙1003行初3号 | 2019年2月19日 |
| 75 | (2019)辽05行初5号 | 2019年3月4日 |
| 76 | (2019)苏01行终64号 | 2019年3月25日 |
| 77 | (2019)苏01行终60号 | 2019年3月25日 |
| 78 | (2019)苏8602行初501号 | 2019年4月4日 |

续表

| 序号 | 案件字号 | 审结日期 |
|---|---|---|
| 79 | (2019)京0102行初17号 | 2019年5月13日 |
| 80 | (2017)苏行申1840号 | 2019年7月31日 |
| 81 | (2019)皖18行初57号 | 2019年9月5日 |
| 82 | (2019)云71行终41号 | 2019年10月14日 |
| 83 | (2019)浙0304行初93号 | 2019年10月16日 |
| 84 | (2019)浙0304行初94号 | 2019年10月18日 |
| 85 | (2019)豫10行终130号 | 2019年10月22日 |
| 86 | (2019)鄂09行终113号 | 2019年12月5日 |
| 87 | (2020)浙11行初60号 | 2020年7月27日 |
| 88 | (2020)苏行终653号 | 2020年9月7日 |
| 89 | (2020)川18行终57号 | 2020年10月10日 |
| 90 | (2020)皖03行终133号 | 2020年12月9日 |

对上述案件的基本情况进行分析，从审理年份来看，2016年审结案件3起、2017年11起、2018年53起、2019年19起、2020年4起，年份审理案件数量变化如图3－2所示。

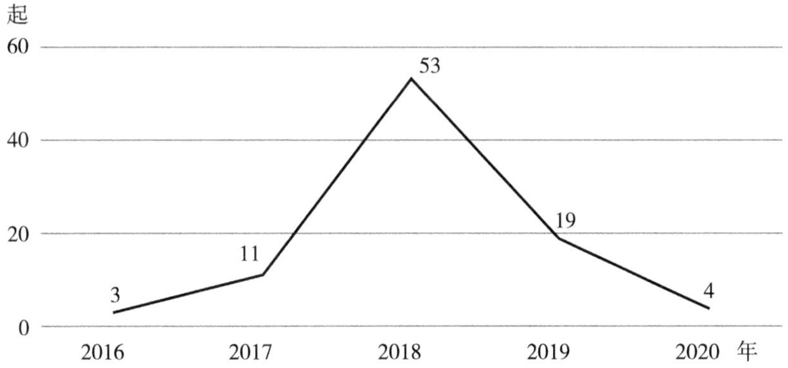


**图3－2　选取案例审结年份趋势**

从审理程序上来看，一审程序（含简易程序）51起、二审程序38起、再审程序1起。

从案件审理的法院上来看,高级人民法院审理的有4起、中级人民法院审理的有43起、基层人民法院审理的有43起。

从案件审理的地区上来看,共涉及20个省份,案件数量最多的为江苏省,共26起案件。按照案件数量由多到少,整理如图3－3所示。

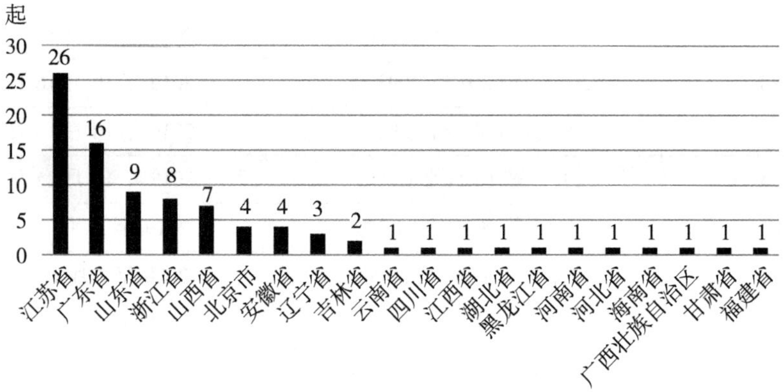


**图3－3 选取案例审理地区数量统计**

从裁判的形式上来看,裁定书85份、判决书5份。

通过各地法院层级和审结年份制作交叉表,并用热力图表示其审理案件的数量,可以得到表3－2。

**表3－2 选取案例的审理法院层级及审结年份热力图**

| 求和项:数量 | 法院级别 | | | | |
|---|---|---|---|---|---|
| 审结年份 | 高级人民法院 | 基层人民法院 | 运输中级法院 | 中级人民法院 | 总计 |
| 2016 | | | | 3 | 3 |
| 2017 | 1 | 3 | | 7 | 11 |
| 2018 | 1 | 34 | | 18 | 53 |
| 2019 | 1 | 6 | 1 | 11 | 19 |
| 2020 | 1 | 1 | | 2 | 4 |
| 总计 | 4 | 44 | 1 | 41 | 90 |

从表3－2中可以清晰地看出,在2018年基层人民法院适用利害关系要素审理的案件数量最多,其次是2018年的中级人民法院以及2019年的中级人民

法院。

用同样的方式制作地域和审结年份的交叉表,并用热力图表示,得到表3－3。

**表3－3　选取案例的审理地域及审结年份热力图**

| 求和项:数量 | 审结年份 | | | | | |
|---|---|---|---|---|---|---|
| 省份 | 2016 | 2017 | 2018 | 2019 | 2020 | 总计 |
| 安徽省 | | | 2 | 1 | 1 | 4 |
| 北京市 | | | 3 | 1 | | 4 |
| 福建省 | | | 1 | | | 1 |
| 甘肃省 | | | | 1 | | 1 |
| 广东省 | | 1 | 15 | | | 16 |
| 广西壮族自治区 | | | | 1 | | 1 |
| 海南省 | | | 1 | | | 1 |
| 河北省 | | | 1 | | | 1 |
| 河南省 | | | | 1 | | 1 |
| 黑龙江省 | | | 1 | | | 1 |
| 湖北省 | | | | 1 | | 1 |
| 吉林省 | 1 | 1 | | | | 2 |
| 江苏省 | 2 | 2 | 13 | 8 | 1 | 26 |
| 江西省 | | | 1 | | | 1 |
| 辽宁省 | | | 2 | 1 | | 3 |
| 山东省 | | 3 | 6 | | | 9 |
| 山西省 | | | 7 | | | 7 |
| 四川省 | | | | | 1 | 1 |
| 云南省 | | | | 1 | | 1 |
| 浙江省 | | 4 | | 3 | 1 | 8 |
| 总计 | 3 | 11 | 53 | 19 | 4 | 90 |

从表3－3可以看出，2018年的广东省和2019年的江苏省适用利害关系要素是最多的。

**二、经由“利害关系”否定诉的利益之实然标准考察**

诉的利益是开启法院救济大门的一道“开关”，作为纠纷的筛选机制，它在我国法律体系中的定位直接影响着司法救济程序的启动。[①] 自立案登记制正式施行后，即便“起诉条件”的法律构成并无实质变化，[②]但案件数量仍然大幅增长。在“立案难”问题得到初步改善的表象背后，因不满足“起诉条件”而被裁定驳回的案件数亦有大增之势。[③] 信息公开行政诉讼便是体现上述变化的典型代表，一方面大量案件涌入法院；另一方面，作为一种衡平手段，法院在近些年驳回起诉的裁定中，因“利害关系”或者“原告资格”而否定“诉的利益”也成为较常见的裁判方式。

司法实践中，以“利害关系”为由否定诉的利益主要有程序性和实体性两种标准。

（一）程序性标准：主动公开中的穷尽行政救济

《审理政府信息公开案件的规定》第3条明确了信息获取人向人民法院提起主动公开信息诉讼之前，必须履行申请前置的相应合法程序。世界上部分国家和地区也采取了这一制度，如美国、德国、韩国及我国台湾地区。司法实践中法院也以是否履行了前置程序作为标准判断信息公开行政诉讼的利害关系，进而对诉的利益进行识别。在“孙某计与平乡县丰州镇人民政府案”[④]中，原告在未依法向原告公开征地审批文件信息公开的情况下提起信息公开行政诉讼，法院认为该诉的内容无与其自身权益相关的实际利益，否定了利害关

① 参见杨军：《论诉的利益之定位——基于大陆法系诉的利益与英美法系救济法的比较视角》，载《社会科学家》2014年第7期。

② 关于“起诉条件”的规定，2014年修正的《行政诉讼法》第49条基本沿用了1989年《行政诉讼法》第41条，区别仅为前者的第1项作了更高要求的改动，即过去对原告资格的认定采主观标准（原告认为具体行政行为侵犯其合法权益），如今则改采客观标准（法院判定原告与行政行为有利害关系）。

③ 参见何海波：《一次修法能有多少进步——2014年〈中华人民共和国行政诉讼法〉修改回顾》，载《清华大学学报（哲学社会科学版）》2018年第3期。

④ 河北省南宫市人民法院行政裁定书，（2018）冀0581行初53号。

系,进而否定了诉的利益。

在上述司法解释的征求意见稿中,并没有此类前置程序,而是公众认为行政机关未公开应当主动公开的信息便可以提起行政诉讼,但是后来没有采用此规定,主要是基于两方面的考虑:一是当时我国《行政诉讼法》(1989 年)尚未修改,并未建立行政公益诉讼制度,而且即使在建立了行政公益诉讼制度的今天,也仅仅是检察院能够作为原告提起公益诉讼,普通公民并不是适格的原告,该规定在当时可谓是"走得太远"了;二是担心该规范可能导致大量诉讼,因此最终呈现的是一个"主动公开向依申请公开的转化程序"。

司法解释最终设置的转化程序是基于两个原则。第一个原则是穷尽行政救济原则,该原则的核心在于,当相对人认为自身权利受到行政机关的侵害时,应当先尽量运用行政机关的程序进行救济;当穷尽一切行政救济之后还是没有获得救济的,才能够向司法机关寻求救济。[①] 该制度的目的在于行政机关可以对自己的行为有完全的自主权,使行政系统内部有一次自我纠正的机会,同时可以在一个相对连续的程序中处理行政事务;如果法院过早地介入行政行为,一方面会使得司法权干预事务,另一方面也会造成法院与行政机关之间的矛盾,因而此时设定了一个先行政后司法的顺序。第二个原则是司法最终解决原则。在法治社会当中,司法处于解决纠纷的中心和终极地位,[②]其结果具有终局性和不可争议性,因而应当将其作为解决纠纷的最终步骤,给予行政机关纠错的机会,此举更具有督促行政机关履行其法定职责的效用,进而使得法律效果和社会效果予以统一。

(二)实体性标准

司法期待和立法定位虽然给实践判断提供了依据,但是现实中司法面临的情况是十分复杂的,除了法律明确规定的权利在受到行政行为侵害时可以获得行政诉讼救济外,还有大量利益仅规定在法律原则中,并没有具体法律保护条款,或者根本就没有被法律纳入保障范围内,对这部分最模糊也最具争议

---

① 参见王名扬:《美国行政法》,中国法制出版社 1995 年版,第 651 页。

② 参见张晓茹:《浅议司法最终解决原则》,载《河南大学学报(社会科学版)》2000 年第 2 期。

的利益的划分与取舍，是界定“利害关系”的关键所在。① 实践中对于信息公开行政诉讼中“利害关系”识别的实体性标准，通常从以下几个方面进行考察。

1. 争讼信息与申请人主观利益的关联性

部分法院在判断“利害关系”时，会考察争讼信息与原告主观利益之间的关联性，将是否会对当事人的权利义务产生直接影响作为衡量“利害关系”的评判标准，从而判断该案件是否存在诉的利益。在“赵某与哈尔滨市城乡建设委员会案”②中，法院认为，政府信息公开的立法目的是保护知情权，原告所申请的竣工验收情况不会对其的实际权利义务带来增减变化，从而否定当事人与所申请的政府信息之间存在利害关系，由此认定其起诉缺少诉的利益。在“本溪市嘉城房地产开发有限责任公司与本溪市人民政府、辽宁省人民政府案”③中，法院认为原告并非该行政行为的外部相对人，且行政行为也未对其财产权益产生直接影响，进而否定原告与行政行为之间存在利害关系，拒绝其主张的行政行为效力外部化，否定了该案件存在行政诉讼诉的利益。上述案件均是法院对争讼信息与原告利益之间进行审查，当发现争讼信息与其没有利益关联时，便做出了否定“利害关系”，进而否定诉的利益的判断。

上述判断有值得商榷之处，在“三需要”条款删除之前，虽然早在2010年“193号文件”中明确了“申请人申请公开的政府信息是否与本人生产生活科研等特殊需要有关，属于实体审理的内容，不宜作为原告主体资格的条件”，但在地方法院的一些判决中，仍然存在对“三需要”的误读，以“三需要”为标准对利害关系进行识别，有法院认为依据《审理政府信息公开案件的规定》第5条第6款规定，政府信息公开申请人有对其申请的信息与“自身特殊需要”之间的关联性承担证明义务。④ 换言之，若当事人不能提供有效证据证明其申请信息符合“三需要”标准，则被判定为不存在利害关系，即不存在诉的利益。基于

① 参见陈霜：《行政诉讼原告法律上的利害关系之界定》，载《知识经济》2008年第3期。

② 黑龙江省哈尔滨市松北区人民法院行政裁定书，(2018)黑0109行初3号。

③ 辽宁省本溪市中级人民法院行政裁定书，(2018)辽05行初104号。

④ 《审理政府信息公开案件的规定》第5条第6款规定：“被告以政府信息与申请人自身生产、生活、科研等特殊需要无关为由不予提供的，人民法院可以要求原告对特殊需要事由作出说明。”

此种原因，认定案件不存在诉的利益的案件并非少数，在“柳州市柳江区发展和改革局、李某案”[①]中，一审法院和二审法院均认为原告未在规定期限内提供有效证据材料进行证明，以此推断不具有在法律上直接的利害关系，进而认定不具有诉的利益。在“张某1、张某2二审案”[②]中，法院认为，在整个诉讼期间，两上诉人始终未对其能在被上诉人处得到安置补偿提举出合法充足的法律及政策依据，因此两上诉人与其要求公开的所谓安置补偿信息之间不存在行政法律意义上的实际利害关系，两上诉人也无法证实其要求公开的信息与自己有关，因而否定两上诉人具有本案诉的利益。2019年《政府信息公开条例》删除了“三需要”条款后，在实践中法院仍然对争讼信息与原告主观权利的关联性进行审查。在“石某赛诉怀远县包集镇人民政府乡政府案”[③]中，两审法院均以原告与所申请信息没有利害关系为由，否定案件诉的利益，裁定驳回起诉。在“薛某辉与江苏省住房和城乡建设厅案”中法院作了相同的论述。对于其中反映的问题，后文将作详细阐述。

由此可见，无论理论与立法期待如何，实践中存在法院审查争讼信息与原告利益关联并以此作为判断“利害关系”“诉的利益”甚至是“原告资格”的基础。

2. 反射利益的排除

我国学界和实务界为达到客观界定“值得保护的利益”内涵的目标，广泛应用耶利内克首创的“反射利益”理论，将利益界分为主观权利和反射利益，其中主观权利被认为是值得保护的权利，反射利益则被排除在外，即并不是所有的利益都需要得到法律的保护。[④] 耶利内克将该理论发展并体系化，认为主观权利表现为某种请求权，这种请求权可以得到法院的救济。与其相对的是反射利益，其由客观法所提供，国家进行立法或做出其他活动，其目的是保护公

① 广西壮族自治区柳州市中级人民法院行政判决书，(2017)桂02行终202号。

② 昆明铁路运输中级法院行政裁定书，(2019)云71行终41号。

③ 安徽省蚌埠市中级人民法院行政裁定书，(2020)皖03行终133号。

④ 参见[德]埃贝哈德·施密特－阿斯曼等：《德国行政法读本》，于安等译，高等教育出版社2006年版，第296页。

共利益。[①] 在行政诉讼中,反射利益与主观公法权利的最大区别在于,主观公法权利是可以请求行政主体通过公权力机制的运作获得实现。相反,反射利益体现出的是当事人特殊享有的一种事实上的利益,倘若公民所享有的权利被认为属于反射利益,则就失去了通过提起行政诉讼获得权利救济的渠道。[②] 换言之,反射利益所指向的是公民与被诉行政行为之间产生的间接利益,而非直接利害关系。

在信息公开行政诉讼中,若原告基于行政机关侵犯公众知情权提起诉讼,实质上忽视了"利害关系"设置的实质意义,无限扩大原告范围,有发展为以公民为主体的公益诉讼倾向,[③]对于此种利益,司法实践中不予以保护,亦与我国行政公益诉讼制度的安排不符,这一点,前文已经述及。

在实践中,法院也秉承此观点进行裁判。在"金寨响洪甸旅游开发有限公司与安徽省财政厅等信息公开案"[④]中,法院认为不能将利害关系扩大理解为所有直接或间接受行政行为影响的公民、法人或其他组织,所谓"利害关系"应限于法律上的利害关系,不能包括反射性利益受到影响的当事人。本案中,已经有生效裁判认定原告与其所申请的拆除信息中指向的拆除行为没有利害关系,进而法院认定原告与所申请信息之间不存在利害关系,其申请行政复议、提起诉讼缺乏复议利益和诉的利益,不符合法定起诉条件。

### 三、利害关系司法审查标准图解

通过对现有司法裁判的考察,发现在实践中,法院对诉的利益中"利害关系"的考察主要存在程序性标准和实体性标准两大类。程序性标准主要针对主动公开的信息需存在依申请公开转化程序,方能进入司法救济"获取政府信息的权利"之外的利益,同时对于反射利益进行排除。

实践中对于"利害关系"要素的审查进路和标准可以用图 3－4 表示。

---

① 参见[德]格奥格·耶利内克:《主观公法权利体系》,曾韬、赵天书译,中国政法大学出版社 2012 年版,第 62～73 页。

② 参见程琥:《行政法上请求权与行政诉讼原告资格判定》,载《法律适用》2018 年第 11 期。

③ 参见王本存:《论行政法上的反射利益》,载《重庆大学学报(社会科学版)》2017 年第 1 期。

④ 北京市西城区人民法院行政裁定书,(2019)京 0102 行初 17 号。

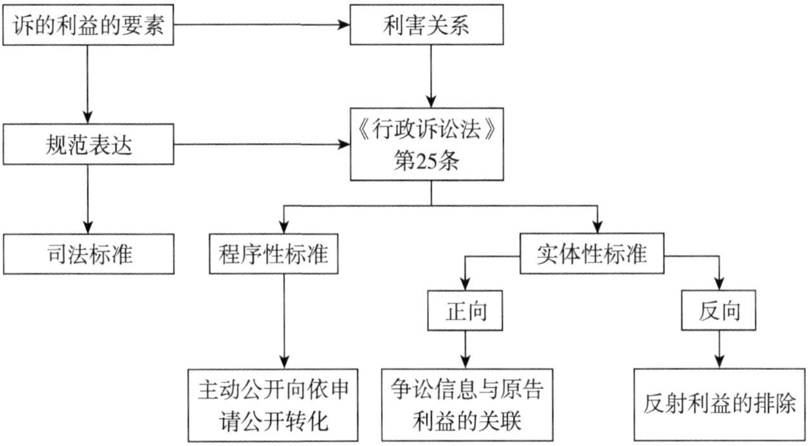


**图3-4　法院在适用利害关系要素时的实践认定标准流程**

## 第二节　受案范围否定之裁判分析

相较于利害关系和权利保护必要性的判决,受案范围否定判决涉及的理论问题相对简单。但是实践中仍然有诸多不清晰的问题,本部分仅就司法实践中案件的情况客观地进行梳理,至于实践中审判时存在的问题,在下一章将论证进行讨论。在本章将概括论证司法实践中存在将权利保护必要性和诉的利益作为受案范围判断标准的裁判方式,且这一裁判方式使得概念的含义显得含混不清。

### 一、受案范围裁判分析

在考察过司法实践对利害关系否定的路径及问题之后,关于诉的利益的第二个要素——受案范围——继续遵循与考察利害关系相同的进路,在北大法宝上以“受案范围”和“诉的利益”作为关键词进行检索,案由为政府信息公开,案件类型为行政案件,共得到128条检索记录,删除重复案件后,共得到124份裁判文书,这些裁判文书如表3-4所示。

**表3-4 当前以受案范围否定诉的利益的信息公开行政诉讼案件整理**

| 序号 | 案件字号 | 审结日期 |
|---|---|---|
| 1 | (2016)辽02行终285号 | 2016年9月29日 |
| 2 | (2016)辽02行终284号 | 2016年9月29日 |
| 3 | (2016)辽02行终281号 | 2016年9月29日 |
| 4 | (2016)辽02行终287号 | 2016年9月29日 |
| 5 | (2016)辽02行终282号 | 2016年9月29日 |
| 6 | (2016)辽02行终289号 | 2016年9月29日 |
| 7 | (2016)辽02行终286号 | 2016年9月29日 |
| 8 | (2016)辽02行终428号 | 2016年12月19日 |
| 9 | (2017)最高法行申17号 | 2017年2月28日 |
| 10 | (2017)湘01行终330号 | 2017年7月17日 |
| 11 | (2017)粤7101行初1758号 | 2017年7月18日 |
| 12 | (2017)辽0204行初24号 | 2017年9月1日 |
| 13 | (2016)苏行终1513号 | 2017年10月26日 |
| 14 | (2017)辽02行终497号 | 2017年12月12日 |
| 15 | (2017)辽02行终537号 | 2017年12月12日 |
| 16 | (2017)辽02行终492号 | 2017年12月18日 |
| 17 | (2017)辽02行终498号 | 2017年12月18日 |
| 18 | (2017)辽02行终543号 | 2017年12月18日 |
| 19 | (2016)最高法行申4401号 | 2017年12月21日 |
| 20 | (2017)辽02行初160号 | 2018年2月27日 |
| 21 | (2017)最高法行申6861号 | 2018年3月2日 |
| 22 | (2018)津0110行初61号 | 2018年5月14日 |
| 23 | (2018)黑0109行初3号 | 2018年6月15日 |
| 24 | (2018)赣02行初103号 | 2018年6月27日 |
| 25 | (2017)豫01行初221号 | 2018年7月23日 |
| 26 | (2018)闽05行终337号 | 2018年8月13日 |

续表

| 序号 | 案件字号 | 审结日期 |
|---|---|---|
| 27 | (2018)苏8602行初1220号 | 2018年8月30日 |
| 28 | (2018)苏8602行初1221号 | 2018年8月31日 |
| 29 | (2018)苏8602行初1222号 | 2018年8月31日 |
| 30 | (2018)京02行初373号 | 2018年9月3日 |
| 31 | (2018)京02行初357号 | 2018年9月3日 |
| 32 | (2018)京02行初362号 | 2018年9月3日 |
| 33 | (2018)京02行初366号 | 2018年9月3日 |
| 34 | (2018)京02行初367号 | 2018年9月3日 |
| 35 | (2018)京02行初372号 | 2018年9月3日 |
| 36 | (2018)京02行初359号 | 2018年9月3日 |
| 37 | (2018)京02行初352号 | 2018年9月3日 |
| 38 | (2018)京02行初374号 | 2018年9月3日 |
| 39 | (2018)京02行初368号 | 2018年9月3日 |
| 40 | (2018)京02行初360号 | 2018年9月3日 |
| 41 | (2018)京02行初354号 | 2018年9月3日 |
| 42 | (2018)京02行初358号 | 2018年9月3日 |
| 43 | (2018)京02行初356号 | 2018年9月3日 |
| 44 | (2018)京02行初370号 | 2018年9月3日 |
| 45 | (2018)京02行初353号 | 2018年9月3日 |
| 46 | (2018)京02行初363号 | 2018年9月3日 |
| 47 | (2018)京02行初364号 | 2018年9月3日 |
| 48 | (2018)京02行初365号 | 2018年9月3日 |
| 49 | (2018)京02行初369号 | 2018年9月3日 |
| 50 | (2018)京02行初371号 | 2018年9月3日 |
| 51 | (2018)京02行初355号 | 2018年9月3日 |
| 52 | (2018)京02行初361号 | 2018年9月3日 |

续表

| 序号 | 案件字号 | 审结日期 |
| --- | --- | --- |
| 53 | (2018)苏8602行初1304号 | 2018年9月4日 |
| 54 | (2018)京02行初382号 | 2018年9月4日 |
| 55 | (2018)苏8602行初1305号 | 2018年9月5日 |
| 56 | (2018)苏8602行初1306号 | 2018年9月5日 |
| 57 | (2018)苏8602行初1307号 | 2018年9月5日 |
| 58 | (2018)京02行初387号 | 2018年9月11日 |
| 59 | (2018)京02行初393号 | 2018年9月11日 |
| 60 | (2018)京02行初388号 | 2018年9月11日 |
| 61 | (2018)京02行初389号 | 2018年9月11日 |
| 62 | (2018)苏8602行初1402号 | 2018年9月13日 |
| 63 | (2018)冀1127行初16号 | 2018年9月18日 |
| 64 | (2018)京02行初338号 | 2018年9月29日 |
| 65 | (2018)京02行初336号 | 2018年9月29日 |
| 66 | (2018)京02行初339号 | 2018年9月29日 |
| 67 | (2018)京02行初427号 | 2018年10月31日 |
| 68 | (2018)京02行初310号 | 2018年10月31日 |
| 69 | (2018)黑1282行初28号 | 2018年11月5日 |
| 70 | (2018)浙0702行初284号 | 2018年11月20日 |
| 71 | (2018)京02行初468号 | 2018年11月30日 |
| 72 | (2018)京02行初464号 | 2018年11月30日 |
| 73 | (2018)黑0109行初70号 | 2018年12月4日 |
| 74 | (2018)湘09行终148号 | 2018年12月11日 |
| 75 | (2018)闽0102行初266号 | 2018年12月26日 |
| 76 | (2019)甘09行终2号 | 2019年1月29日 |
| 77 | (2019)浙1003行初3号 | 2019年2月19日 |
| 78 | (2019)浙02行终75号 | 2019年2月22日 |
| 79 | (2019)黑01行终211号 | 2019年3月29日 |

续表

| 序号 | 案件字号 | 审结日期 |
|---|---|---|
| 80 | (2019)苏8602行初501号 | 2019年4月4日 |
| 81 | (2018)粤71行初649号 | 2019年4月11日 |
| 82 | (2019)浙行终574号 | 2019年6月14日 |
| 83 | (2019)陕行终495号 | 2019年7月9日 |
| 84 | (2019)陕行终520号 | 2019年7月9日 |
| 85 | (2019)陕71行终644号 | 2019年8月29日 |
| 86 | (2019)陕71行终638号 | 2019年8月29日 |
| 87 | (2019)鄂01行终628号 | 2019年9月12日 |
| 88 | (2019)浙0304行初93号 | 2019年10月16日 |
| 89 | (2019)浙0304行初94号 | 2019年10月18日 |
| 90 | (2019)辽02行终630号 | 2019年11月19日 |
| 91 | (2019)粤71行终3540号 | 2019年11月26日 |
| 92 | (2019)辽02行终621号 | 2019年12月20日 |
| 93 | (2019)浙0702行初511号 | 2020年2月3日 |
| 94 | (2020)鲁01行终19号 | 2020年2月20日 |
| 95 | (2020)鲁01行终18号 | 2020年2月25日 |
| 96 | (2020)桂03行终19号 | 2020年3月25日 |
| 97 | (2020)鲁01行终175号 | 2020年4月13日 |
| 98 | (2019)苏1182行初59号 | 2020年5月7日 |
| 99 | (2020)京02行初69号 | 2020年5月22日 |
| 100 | (2020)京02行初70号 | 2020年5月22日 |
| 101 | (2020)苏1202行初2号 | 2020年6月16日 |
| 102 | (2020)京行终2081号 | 2020年6月22日 |
| 103 | (2020)京行终2082号 | 2020年6月29日 |
| 104 | (2020)浙0203行初2号 | 2020年6月30日 |
| 105 | (2020)鄂02行终121号 | 2020年7月6日 |
| 106 | (2020)鄂02行终120号 | 2020年7月6日 |

续表

| 序号 | 案件字号 | 审结日期 |
|---|---|---|
| 107 | (2020)津0101行初31号 | 2020年7月17日 |
| 108 | (2020)津0101行初68号 | 2020年7月17日 |
| 109 | (2020)津0101行初40号 | 2020年7月17日 |
| 110 | (2020)津0101行初64号 | 2020年7月17日 |
| 111 | (2020)辽行申504号 | 2020年7月27日 |
| 112 | (2020)津0101行初159号 | 2020年9月21日 |
| 113 | (2020)津0101行初158号 | 2020年9月21日 |
| 114 | (2020)沪0115行初724号 | 2020年9月28日 |
| 115 | (2020)浙0683行初84号 | 2020年9月29日 |
| 116 | (2020)川18行终57号 | 2020年10月10日 |
| 117 | (2020)辽02行终460号 | 2020年11月6日 |
| 118 | (2020)辽02行终519号 | 2020年11月6日 |
| 119 | (2020)鲁02行终678号 | 2020年11月25日 |
| 120 | (2020)最高法行申12359号 | 2020年12月14日 |

上述案件，从审理年份上来看，2016年审结案件8起、2017年审结案件11起、2018年审结案件56起、2019年审结案件17起、2020年审结案件28起，各年度审结案件变化趋势如图3－5所示。

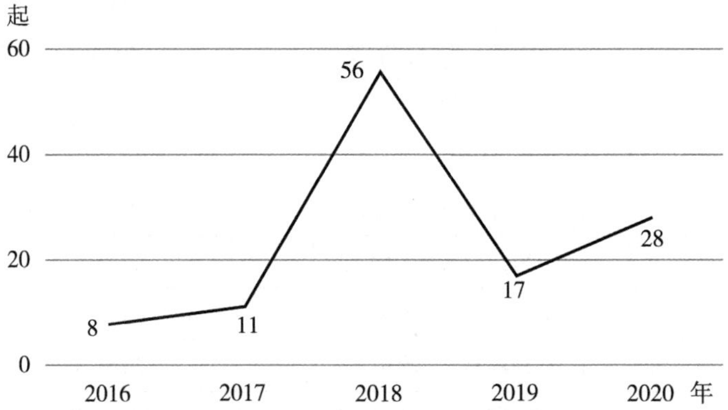


**图3－5　选取案例审结年份趋势**

从审理程序来看，上述案件中一审程序 76 起（含简易程序 9 起）、二审程序 41 起、再审程序 5 起。

从审理法院的级别上来看，最高人民法院审理案件 4 起、高级人民法院审理案件 9 起、中级人民法院审理案件 74 起、基层人民法院审理案件 47 起。

从各地法院审理案件的数量来看，共涉及 21 个省份。其中北京市案件数量最多，为 42 起；紧随其后的是辽宁省，为 20 起；江苏省 11 起；浙江省 9 起。具体如图 3－6 所示。

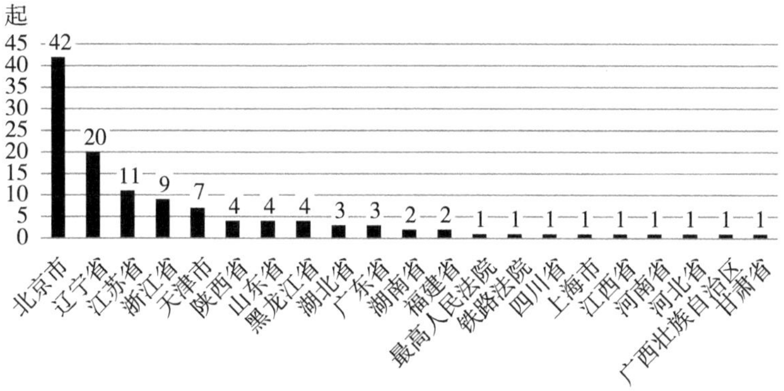


**图 3－6　选取案例审理地区数量统计**

从裁判类型来看，裁定书 115 份、判决书 5 份。

将各地案件数量和年份做交叉分析，并用热力图表示，可以得到表 3－5。

**表 3－5　选取案例的审理地域及审结年份热力图**

| 省份 | 2016 年 | 2017 年 | 2018 年 | 2019 年 | 2020 年 | 总计 |
|---|---|---|---|---|---|---|
| 北京市 | | 2 | 36 | | 5 | 43 |
| 福建省 | | | 2 | | | 2 |
| 甘肃省 | | | | 1 | | 1 |
| 广东省 | | 1 | | 2 | | 3 |
| 广西壮族自治区 | | | | | 1 | 1 |
| 河北省 | | | 1 | | | 1 |

续表

| 省份 | 2016 年 | 2017 年 | 2018 年 | 2019 年 | 2020 年 | 总计 |
|---|---|---|---|---|---|---|
| 河南省 | | | 1 | | | 1 |
| 黑龙江省 | | | 3 | 1 | | 4 |
| 湖北省 | | | | 1 | 2 | 3 |
| 湖南省 | | 1 | 1 | | | 2 |
| 江苏省 | | 1 | 8 | 1 | 2 | 12 |
| 江西省 | | | 1 | | | 1 |
| 辽宁省 | 8 | 6 | 1 | 2 | 3 | 20 |
| 山东省 | | | | | 4 | 4 |
| 陕西省 | | | | 4 | | 4 |
| 上海市 | | | | | 1 | 1 |
| 四川省 | | | | | 1 | 1 |
| 天津市 | | | 1 | | 6 | 7 |
| 浙江省 | | | 1 | 5 | 3 | 9 |
| 总计 | 8 | 11 | 56 | 17 | 28 | 120 |

从表 3－5 可以看出，就总数量而言，北京市的案件最多，其次是江苏、辽宁两省。将法院层级与年份做交叉分析，并用热力图表示数量，可以得到表 3－6。

**表 3－6　选取案例的审理法院层级及审结年份热力图**

| 审结年份 | 高级人民法院 | 基层人民法院 | 中级人民法院 | 最高人民法院 | 总计 |
|---|---|---|---|---|---|
| 2016 | | | 8 | | 8 |
| 2017 | 1 | 2 | 6 | 2 | 11 |
| 2018 | | 15 | 40 | 1 | 56 |
| 2019 | 5 | 4 | 8 | | 17 |
| 2020 | 3 | 12 | 12 | 1 | 28 |
| 总计 | 9 | 33 | 74 | 4 | 120 |

从热力图可以很清晰地看出，2018 年中级人民法院以受案范围否定诉的利益的案件数量最多，其次是当年的基层人民法院。值得注意的是，与其他几

个要素不同的是,2020 年的案件有所回升。

在否定受案范围的案件中,法院适用较多的是《行诉法解释 2018》第 1 条第 2 款第 10 项“对公民、法人或者其他组织权利义务不产生实际影响的行为”。具体来说,以否定诉的利益为目的对案件受案范围进行否定,大致有实体和程序两个标准,具体如下文所述。

## 二、法院适用受案范围要素否定诉的利益的标准

为了和之前利害关系要素考察保持一致性,对于受案范围要素的适用,仍然采用实体性标准和程序性标准的分类方式。

这里需要说明的是,从法理来讲,不属于受案范围本身即是程序概念,但是在本文样本中的信息公开行政诉讼涉及诉的利益的案件,只有一起涉及程序问题,其余的都是通过实体标准对受案范围进行的判断。

### (一)程序性标准

在该类型案件中的程序标准是不对已经获得救济的案件进行反复判断。在“陈某明、四川省泸州市江阳区人民政府再审审查与审判监督行案”[①]中,原告在提起诉讼之前,向泸州市人民政府申请了行政复议且对行政复议的结果表示满意,但是被复议机关江阳区人民政府并未实质履行复议决定,因此原告就原具体行为向法院提起诉讼,法院认为本案的争议焦点在于,原告在对复议结果满意的情况下,能否再针对原行为起诉,一审法院给出了否定的回答,认为该案并不属于行政诉讼的受案范围。二审法院对此问题展开了较为详细的论述:第一,法院认为即使是在“自由选择”模式之下,其实仍然遵循的是“行政复议与行政诉讼,当事人应择一而行之”的基本原则,即如果在行政复议程序中已经得到了救济,则不能够再提起行政诉讼。在本案中,江阳区人民政府并未履行泸州市人民政府作出的复议决定,原告针对原行为再次提起行政诉讼,违反了《行政诉讼法》第 44 条[②]的立法精神,而且不符合案件诉讼的受理条件。

---

① 最高人民法院行政裁定书,(2017)最高法行申 6861 号。

② 《行政诉讼法》第 44 条规定:“对属于人民法院受案范围的行政案件,公民、法人或者其他组织可以先向行政机关申请复议,对复议决定不服的,再向人民法院提起诉讼;也可以直接向人民法院提起诉讼。法律、法规规定应当先向行政机关申请复议,对复议决定不服再向人民法院提起诉讼的,依照法律、法规的规定。”

第二,该案中,原告应以泸州市人民政府为被告提起行政诉讼,但是原告提起诉讼时,绕过复议行为仅起诉原行为,于法无据。第三,对于行政机关不履行复议决定,《行政复议法》规定了相应的救济措施,可以依照《行政诉讼法》的规定向人民法院申请强制执行,而不是就同一行为再次提起行政诉讼。上述案件中,原告在已经获得救济的情况下仍然就原行为向法院提起行政诉讼,在程序上未获得支持,被认定为不具有诉的利益。

(二)实体性标准

在我国,行政法的体系是以行为为核心构建的,因而在行政诉讼中也以行为作为整个诉讼体系的核心,虽然有学者指出,以行为为核心的行政法架构存在很多问题,应当以行政争议为核心构建行政诉讼法体系;①但是,我国《行政诉讼法》第2条仍然明确以行政行为构建行政诉讼制度,虽然此处的行为指的是行政机关的行为,但是原告的行为也同样是行政诉讼审查的重点。在经由受案范围否定诉的利益的信息公开行政诉讼中,原告的行为成为法院判断诉的利益的重要标准。

1. 行为标准

在行为标准中,法院会综合考虑原告和行政机关的行为,具体包括以下几个方面。

(1)原告行为的性质

在这种路径之下,法院首先对原告的行为性质进行判断,若法院认定原告行为的性质不属于政府信息公开申请行为,则会认为该行为不属于行政诉讼受案范围,不具有诉的利益,进而裁定驳回起诉。通过对裁判文书的梳理,发现有法院若对原告的行为认定为信访、监督等,则会基于此路径作出裁判。

值得注意的是,此路径之下,法院经常会将不具有权利保护必要性作为不属于受案范围的适用条件,即对受案范围的判断经常以权利保护必要性的判断为基础。如在"袁某明与江苏省人民政府政府信息公开再审行政裁定书"②中,本案法院在裁判中将受案范围作为案件的焦点问题进行论述,法院认为,

---

① 参见闫尔宝:《论我国行政诉讼类型化的发展趋向与课题》,载《山东审判》2017年第5期。

② 最高人民法院行政裁定书,(2017)最高法行申17号。

原告的申请行为明显不符合政府信息公开申请的形式要件，并且原告的行为是为了达到其他目的，具有信访的性质，行政机关未予回复或者按照信访件处理后，申请人又以行政机关不履行政府信息公开法定职责为由提起的诉讼，因其并不具备诉的利益，故其诉讼请求亦不具有权利保护的必要性，人民法院应当释明告知其通过信访渠道反映，此并不属于行政诉讼受案范围。

除此以外，还有法院将不属于受案范围与不具备权利保护必要性并用，共同否定诉的利益，“蔡某桂与盐城市人民政府信息公开上诉案”①便是此种审判思路的典型案例，原告曾经向盐城市“12345 服务热线”反映过其家中停水问题，后向盐城市人民政府要求公开该问题的处理过程及结果，盐城市人民政府答复原告申请的信息应当向市政务服务管理办公室进行咨询，并提供了联系方式。原告起诉，一审法院认为，一是被告已经履行了相应的告知义务，二是依照《政府信息公开条例》第 2 条规定，原告所申请的信息不属于政府信息，因此判决驳回诉讼请求。二审法院与一审法院认定的事实相同，但是二审法院认为原告行为属于信访性质，并非申请信息公开行为，对市政府作出答复起诉的行为不具备诉的利益，不具有权利保护必要性，不属于行政诉讼受案范围。在此基础上，法院进一步指出，该案件本应裁定驳回起诉，但由于一审法院已经审理并判决，为了减少诉累，驳回上诉，维持原判。

(2)行政机关行为的影响

法院除了从原告的申请行为属性进行判断之外，也有些案件中法院并不否认原告行为是政府信息公开行为的属性，但是认为行政机关不予答复的行为对原告的权利义务不产生实际影响，因此不属于行政诉讼受案范围。在“石某旭、青岛市李沧区楼山街道办事处二审行政裁定书”②中，法院认为原告多次向行政机关提出相同内容的信息公开申请，行政机关之前已经履行了答复职能，是否再次重复履行对原告对权利义务不产生实际影响，因此不具有诉的利益；该案件即是适用《行诉法解释 2018》第 1 条规定，认定案件不属于受案范围。

---

① 江苏省高级人民法院行政判决书，(2016)苏行终 1513 号。

② 山东省青岛市中级人民法院行政裁定书，(2020)鲁 02 行终 678 号。

2. 目的标准

有法院在此类判决中考虑原告申请和提起诉讼的目的，由其目的的不正当性否定权利保护必要性和诉的利益，基于此裁定驳回起诉。

在“李某海诉瓦房店市社会保险事务服务中心案”①中，原告向被告申请公开信息，被告回复信息不存在，或者有的信息因个人信息保护需要不予提供，且原告的行为并不属于政府信息公开申请行为，而是属于咨询行为，原告遂提起诉讼。在本案中，法院并没有沿着被告答辩的思路进行裁判，而是聚焦于审查原告提起诉讼的目的，法院认为依据《政府信息公开条例》和国务院办公厅《关于做好政府信息依申请公开工作的意见》（国办发〔2010〕5号）的规定，要求行政机关作出答复，必须以该信息已经制作和保存为前提，即必须要有事实依据。本案中，原告明知自己为事业单位聘用制工作人员，且所在单位以该身份为其缴纳社会保险，在此情况下，原告仍然围绕该问题反复、大量提起信息公开申请，被告的答复已经对原告对权利不产生任何影响，反观原告的行为，与《政府信息公开条例》的立法目的不符，不具有诉的利益，不属于行政诉讼的受案范围。在“夏某与中华人民共和国科学技术部信息公开二审行政裁定书”②中，法院表达了相同的观点。在有的案件中，法院则是更为直接地指出，原告申请政府信息公开的目的不是获取信息，而是为了发泄不满，这与《政府信息公开条例》立法目的相悖，不属于受案范围。③

3. 信息属性标准

有法院从争讼信息的属性出发进行判断，认为原告申请的信息因其信息属性对原告合法权益不产生实际影响，因此认为不属于受案范围。在“李某、瓦房店市住房和城乡建设局建设行政管理二审行政裁定书”④中，法院认为李某申请对信息属于行政机关内部信息，不属于《政府信息公开条例》调整范围，不属于可诉行政行为，亦不属于行政诉讼的受案范围。在部分裁判文书中，法

① 辽宁省大连市中级人民法院行政裁定书，（2020）辽02行终460号。
② 北京市高级人民法院行政裁定书，（2020）京行终2082号。
③ 广州铁路运输中级法院行政判决书，（2019）粤71行终3540号。
④ 辽宁省大连市中级人民法院行政裁定书，（2019）辽02行终621号。

院明确指出，公安机关内部管理信息，并不对外发生法律效力，不属于受案范围，不具备诉的利益。[①]

在有的案件中，法院认为原告所申请的信息并非行政机关现有的信息，而是需要行政机关进行加工汇总的信息，依照国务院办公厅《关于做好政府信息依申请公开工作的意见》的内容，行政机关不予提供行为合法，该案件不属于行政诉讼受案范围。在"汤某耀与长沙市人力资源和社会保障局政府信息公开案"[②]中，法院即是遵循如此裁判思路。

4. 其他标准

有的法院从信息的可得性标准来否定案件的受案范围，进而否定原告诉的利益，如在"冯某亭、天津市河北区人民政府再审审查与审判监督行政裁定书"[③]中，法院认为，原告实质上已经获得了该案件中争讼信息，因此该案件已无诉的利益，不属于行政诉讼的受案范围。在类似的案件中，法院认为，重复申请行为，不予答复不产生实际影响，不属于受案范围。[④]

还有法院将是否有保护的必要作为考察受案范围的标准，如有的案件中申请人要求公开拆迁补偿标准，但是法院认为整个拆迁过程已经完成，再以未公开补偿标准为由提起行政诉讼，不具有诉的利益，不属于受案范围。[⑤] 另外，在一些案件中，法院认为相关的民事纠纷已经由民事诉讼解决，不具备诉的利益，因此不属于受案范围。[⑥]

## 三、受案范围司法审查标准图解

由于诉的利益的要素在实践中出现了混用，因此相较于利害关系和权利保护必要性要素而言，受案范围要素可探讨的内容与其他两个要素存在一定的重复，因此本节内容显得较为简略，法院在适用受案范围要素时的实践认定标准，大致可以用图 3－7 表示。

---

① 最高人民法院行政裁定书，(2016)最高法行申 4401 号。
② 湖南省长沙市中级人民法院行政裁定书，(2017)湘 01 行终 330 号。
③ 最高人民法院行政裁定书，(2020)最高法行申 12359 号。
④ 山东省青岛市中级人民法院行政裁定书，(2020)鲁 02 行终 678 号。
⑤ 四川省雅安市中级人民法院行政裁定书，(2020)川 18 行终 57 号。
⑥ 广西壮族自治区桂林市中级人民法院行政裁定书，(2020)桂 03 行终 19 号。

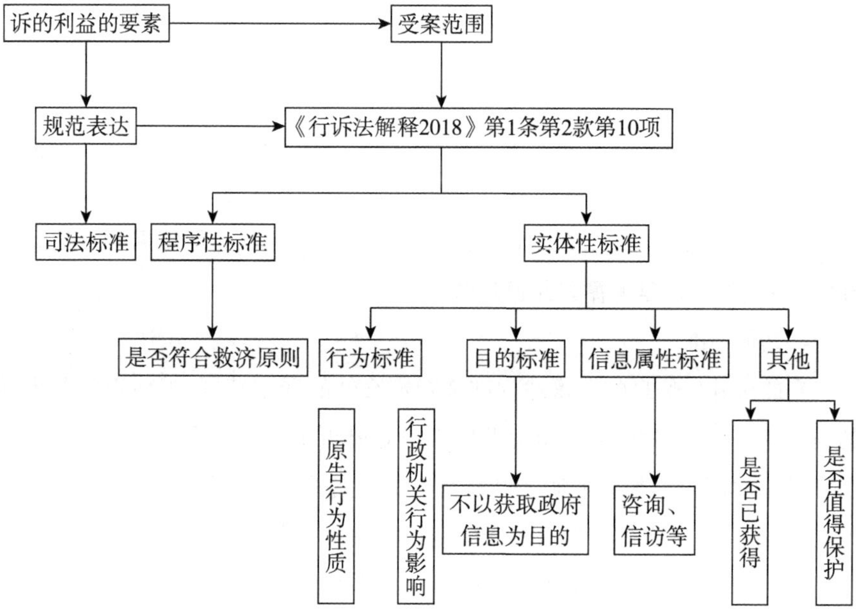


**图3－7　法院在适用受案范围要素时的实践认定标准流程**

## 第三节　权利保护必要性否定之裁判分析

本节考察法院权利保护必要性要素的案例。需要说明的是，由于权利保护必要性是整个诉的利益的核心要素，同时我国现行规范中没有明确规定，因此，本书一方面采用之前的检索方式，另一方面为了更准确地把握其司法标准，本书也补充了一部分样本。

### 一、权利保护必要性裁判分析

本部分选取了基础样本和补充样本两个样本进行基本裁判分析。

#### （一）基础样本

对于利害关系的考察可以通过《行政诉讼法》第25条的规定，对受案范围的考察也可以通过《行诉法解释2018》第1条适用的情况来进行考察，但是对于权利保护必要性，由于现行规范当中并没有对应的明确表述，因而只能诉诸法院适用较多的《行诉法解释2018》第69条第1款第8项。① 同时,为了更加明确法院的意图,因而在检索时增加了“诉的利益”作为关键词,获得171条检索记录,剔除重复的内容,最终获得166份裁判文书,这些裁判文书整理如表3-7所示。

**表3-7 当前以权利保护必要性否定诉的利益的信息公开行政诉讼案件整理**

| 序号 | 案件字号 | 审结日期 |
|---|---|---|
| 1 | (2020)京0102行初190号 | 2020年11月25日 |
| 2 | (2020)浙0326行初100号 | 2020年10月30日 |
| 3 | (2020)浙0326行初101号 | 2020年10月30日 |
| 4 | (2020)苏8601行初291号 | 2020年9月29日 |
| 5 | (2020)津0101行初159号 | 2020年9月21日 |
| 6 | (2020)津0101行初158号 | 2020年9月21日 |
| 7 | (2020)津0110行初176号 | 2020年8月20日 |
| 8 | (2020)川0108行初81号 | 2020年7月30日 |
| 9 | (2020)津0101行初31号 | 2020年7月17日 |
| 10 | (2020)津0101行初68号 | 2020年7月17日 |
| 11 | (2020)津0101行初40号 | 2020年7月17日 |
| 12 | (2020)津0101行初64号 | 2020年7月17日 |
| 13 | (2020)京0119行初7号 | 2020年7月10日 |
| 14 | (2020)浙0203行初2号 | 2020年6月30日 |
| 15 | (2020)浙0203行初62号 | 2020年6月30日 |
| 16 | (2020)辽0281行初4号 | 2020年6月23日 |
| 17 | (2020)辽0281行初2号 | 2020年6月23日 |
| 18 | (2020)辽0281行初18号 | 2020年6月23日 |
| 19 | (2020)辽0281行初19号 | 2020年6月23日 |

① 《行诉法解释2018》第69条第1款第8项规定:“有下列情形之一,已经立案的,应当裁定驳回起诉:……(八)行政行为对其合法权益明显不产生实际影响的……”

续表

| 序号 | 案件字号 | 审结日期 |
|---|---|---|
| 20 | (2020)辽0281行初3号 | 2020年6月23日 |
| 21 | (2020)辽0281行初15号 | 2020年6月23日 |
| 22 | (2020)辽0281行初33号 | 2020年6月23日 |
| 23 | (2020)辽0281行初20号 | 2020年6月23日 |
| 24 | (2020)辽0281行初1号 | 2020年6月23日 |
| 25 | (2020)辽0281行初12号 | 2020年6月23日 |
| 26 | (2020)辽0281行初6号 | 2020年6月23日 |
| 27 | (2020)辽0281行初13号 | 2020年6月23日 |
| 28 | (2020)辽0281行初14号 | 2020年6月23日 |
| 29 | (2020)辽0281行初17号 | 2020年6月23日 |
| 30 | (2020)苏1202行初2号 | 2020年6月16日 |
| 31 | (2020)津0101行初112号 | 2020年6月5日 |
| 32 | (2020)川1603行初248号 | 2020年5月25日 |
| 33 | (2020)京0108行初118号 | 2020年5月21日 |
| 34 | (2020)京0108行初54号 | 2020年5月8日 |
| 35 | (2019)苏1182行初59号 | 2020年5月7日 |
| 36 | (2020)京0108行初48号 | 2020年4月22日 |
| 37 | (2020)京0108行初127号 | 2020年4月22日 |
| 38 | (2020)京0108行初126号 | 2020年4月22日 |
| 39 | (2019)京0108行初1075号 | 2020年4月7日 |
| 40 | (2020)浙0106行初15号 | 2020年3月6日 |
| 41 | (2019)浙0702行初511号 | 2020年2月3日 |
| 42 | (2019)京04行初1061号 | 2019年12月20日 |
| 43 | (2019)津0101行初432号 | 2019年12月12日 |
| 44 | (2019)京0108行初854号 | 2019年11月28日 |
| 45 | (2019)京0108行初850号 | 2019年11月28日 |
| 46 | (2019)京0108行初851号 | 2019年11月28日 |

续表

| 序号 | 案件字号 | 审结日期 |
| --- | --- | --- |
| 47 | (2019)京0108行初953号 | 2019年11月21日 |
| 48 | (2019)京0108行初986号 | 2019年11月21日 |
| 49 | (2019)京0108行初987号 | 2019年11月21日 |
| 50 | (2019)京0108行初973号 | 2019年11月21日 |
| 51 | (2019)京0108行初952号 | 2019年11月21日 |
| 52 | (2019)浙0304行初94号 | 2019年10月18日 |
| 53 | (2019)川0108行初127号 | 2019年10月18日 |
| 54 | (2019)京0105行初516号 | 2019年10月18日 |
| 55 | (2019)京0105行初671号 | 2019年10月18日 |
| 56 | (2019)浙0304行初93号 | 2019年10月16日 |
| 57 | (2019)京04行初1438号 | 2019年9月30日 |
| 58 | (2019)京04行初1436号 | 2019年9月30日 |
| 59 | (2019)京04行初1141号 | 2019年8月29日 |
| 60 | (2019)京04行初448号 | 2019年8月29日 |
| 61 | (2019)京04行初1129号 | 2019年8月29日 |
| 62 | (2019)京04行初602号 | 2019年8月29日 |
| 63 | (2019)京04行初604号 | 2019年8月29日 |
| 64 | (2019)京04行初1136号 | 2019年8月29日 |
| 65 | (2019)京04行初603号 | 2019年8月29日 |
| 66 | (2019)京04行初442号 | 2019年8月29日 |
| 67 | (2019)京04行初441号 | 2019年8月29日 |
| 68 | (2019)京04行初454号 | 2019年8月29日 |
| 69 | (2019)京04行初1137号 | 2019年8月29日 |
| 70 | (2019)京04行初1124号 | 2019年8月29日 |
| 71 | (2019)京04行初440号 | 2019年8月29日 |
| 72 | (2019)京04行初1142号 | 2019年8月29日 |
| 73 | (2019)京04行初1135号 | 2019年8月29日 |

续表

| 序号 | 案件字号 | 审结日期 |
| --- | --- | --- |
| 74 | (2019)京04行初447号 | 2019年8月29日 |
| 75 | (2019)京04行初452号 | 2019年8月29日 |
| 76 | (2019)京04行初451号 | 2019年8月29日 |
| 77 | (2019)京04行初446号 | 2019年8月29日 |
| 78 | (2019)京04行初1221号 | 2019年8月29日 |
| 79 | (2019)京04行初1220号 | 2019年8月29日 |
| 80 | (2019)京04行初597号 | 2019年8月28日 |
| 81 | (2019)京04行初596号 | 2019年8月28日 |
| 82 | (2019)陕7102行初2425号 | 2019年8月12日 |
| 83 | (2019)浙0304行初37号 | 2019年8月9日 |
| 84 | (2019)京0108行初209号 | 2019年6月21日 |
| 85 | (2019)京0108行初220号 | 2019年6月21日 |
| 86 | (2019)京0108行初213号 | 2019年6月21日 |
| 87 | (2019)京0108行初214号 | 2019年6月21日 |
| 88 | (2019)京0108行初246号 | 2019年6月21日 |
| 89 | (2019)京0102行初17号 | 2019年5月13日 |
| 90 | (2019)粤0606行初287号 | 2019年4月25日 |
| 91 | (2019)苏8602行初501号 | 2019年4月4日 |
| 92 | (2019)湘0111行初24号 | 2019年3月22日 |
| 93 | (2019)湘0111行初32号 | 2019年3月22日 |
| 94 | (2019)湘0111行初39号 | 2019年3月22日 |
| 95 | (2019)湘0111行初41号 | 2019年3月22日 |
| 96 | (2019)浙1003行初3号 | 2019年2月19日 |
| 97 | (2018)豫0102行初252号 | 2018年12月21日 |
| 98 | (2018)晋0110行初306号 | 2018年12月11日 |
| 99 | (2018)晋0110行初303号 | 2018年12月11日 |
| 100 | (2018)粤0606行初1168号 | 2018年12月4日 |

续表

| 序号 | 案件字号 | 审结日期 |
|---|---|---|
| 101 | (2018)粤0606行初1167号 | 2018年12月4日 |
| 102 | (2018)粤0606行初1163号 | 2018年12月3日 |
| 103 | (2018)粤0606行初1162号 | 2018年11月30日 |
| 104 | (2018)粤0606行初1166号 | 2018年11月30日 |
| 105 | (2018)浙0702行初284号 | 2018年11月20日 |
| 106 | (2018)豫0882行初32号 | 2018年9月25日 |
| 107 | (2018)苏8602行初1402号 | 2018年9月13日 |
| 108 | (2018)苏8602行初1304号 | 2018年9月4日 |
| 109 | (2018)苏8602行初1303号 | 2018年9月4日 |
| 110 | (2018)苏8602行初1221号 | 2018年8月31日 |
| 111 | (2018)粤0308行初179号 | 2018年8月9日 |
| 112 | (2018)苏08行初46号 | 2018年6月28日 |
| 113 | (2018)苏08行初32号 | 2018年6月28日 |
| 114 | (2018)苏08行初42号 | 2018年6月28日 |
| 115 | (2018)苏08行初51号 | 2018年6月28日 |
| 116 | (2018)苏08行初35号 | 2018年6月28日 |
| 117 | (2018)苏08行初53号 | 2018年6月28日 |
| 118 | (2018)苏08行初38号 | 2018年6月28日 |
| 119 | (2018)苏08行初44号 | 2018年6月28日 |
| 120 | (2018)苏08行初47号 | 2018年6月28日 |
| 121 | (2018)苏08行初39号 | 2018年6月28日 |
| 122 | (2018)苏08行初49号 | 2018年6月28日 |
| 123 | (2018)苏08行初48号 | 2018年6月28日 |
| 124 | (2018)苏08行初54号 | 2018年6月28日 |
| 125 | (2018)苏08行初52号 | 2018年6月28日 |
| 126 | (2018)苏08行初41号 | 2018年6月28日 |
| 127 | (2018)苏08行初36号 | 2018年6月28日 |

续表

| 序号 | 案件字号 | 审结日期 |
|---|---|---|
| 128 | (2018)苏08行初37号 | 2018年6月28日 |
| 129 | (2018)黑0109行初3号 | 2018年6月15日 |
| 130 | (2017)内09行初39号 | 2018年5月25日 |
| 131 | (2017)粤0606行初1295号 | 2018年4月9日 |
| 132 | (2017)粤0606行初1290号 | 2018年4月9日 |
| 133 | (2017)粤0606行初1297号 | 2018年4月9日 |
| 134 | (2017)粤0606行初1296号 | 2018年4月9日 |
| 135 | (2017)粤0606行初1298号 | 2018年4月9日 |
| 136 | (2017)粤0606行初1299号 | 2018年4月9日 |
| 137 | (2017)粤0606行初1294号 | 2018年4月9日 |
| 138 | (2017)粤0606行初1291号 | 2018年4月9日 |
| 139 | (2017)粤0606行初1292号 | 2018年4月9日 |
| 140 | (2017)粤0606行初1293号 | 2018年4月9日 |
| 141 | (2017)沪0115行初1254号之一 | 2018年3月27日 |
| 142 | (2019)京0101行初355号 | 2019年7月26日 |
| 143 | (2019)京0101行初354号 | 2019年7月26日 |
| 144 | (2019)京0101行初395号 | 2019年6月24日 |
| 145 | (2019)京0108行初217号 | 2019年6月21日 |
| 146 | (2019)京0108行初215号 | 2019年6月21日 |
| 147 | (2019)京0108行初218号 | 2019年6月21日 |
| 148 | (2019)京0108行初208号 | 2019年6月21日 |
| 149 | (2019)京0108行初199号 | 2019年6月21日 |
| 150 | (2019)苏1084行初31号 | 2019年4月12日 |
| 151 | (2018)晋0110行初308号 | 2018年12月11日 |
| 152 | (2018)晋0110行初304号 | 2018年12月11日 |
| 153 | (2018)晋0110行初309号 | 2018年12月11日 |

续表

| 序号 | 案件字号 | 审结日期 |
|---|---|---|
| 154 | (2018)晋0110行初305号 | 2018年12月11日 |
| 155 | (2018)晋0110行初307号 | 2018年12月11日 |
| 156 | (2018)豫0882行初31号 | 2018年9月25日 |
| 157 | (2017)苏0211行初234号 | 2018年9月21日 |
| 158 | (2018)冀1127行初16号 | 2018年9月18日 |
| 159 | (2017)苏0211行初233号 | 2018年9月10日 |
| 160 | (2018)豫0882行初26号 | 2018年8月31日 |
| 161 | (2018)苏08行初109号 | 2018年6月28日 |
| 162 | (2018)黑0109行初27号 | 2018年6月8日 |
| 163 | (2018)苏0684行初121号 | 2018年5月31日 |
| 164 | (2018)渝0106行初81号 | 2018年5月22日 |
| 165 | (2018)津0110行初61号 | 2018年5月14日 |
| 166 | (2018)渝0102行初58号 | 2018年5月7日 |

从案件审结的时间来看,2018年审结案件61起、2019年审结64起、2020年审结41起,历年审结案件变化趋势如图3-8所示。

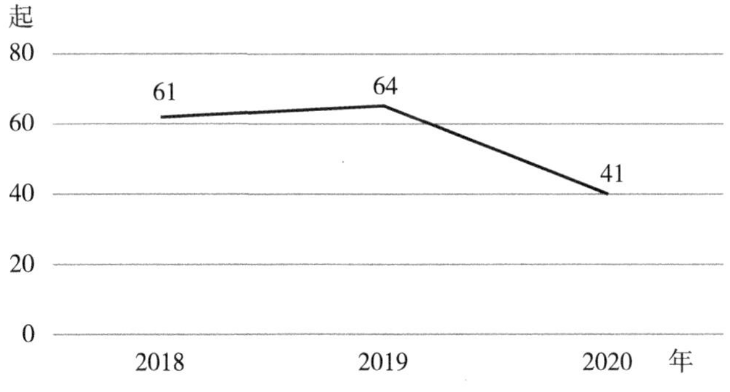


**图3-8　选取案例审结年份趋势**

从审理的程序上来看,该类型案件均为一审,其中适用简易程序的为28份。当然,这只能说明二审法院在裁判文书中不倾向于直接对"诉的利益"进行论述,但是这并不代表二审案件中没有引用《行诉法解释2018》第69条第1

款第8项裁定驳回起诉的情况，即二审法院在因权利保护必要性不足而否定诉的利益的时候更为隐蔽，往往采取更为稳妥的方式，即仅列出依据和裁判结果，不进行过多论述。这大概也和规范中没有明确规定有关，后文会对此类二审案件进行分析。

从审理的法院级别上来看，由于此轮检索均为一审案件，因此基层人民法院审理的占多数，仅有26起案件为中级人民法院审理。

从案件分布的地域来看，北京市的案件数量最多，为58起，江苏省为30起、广东省为17起、辽宁省为14起，详细数据见图3－9。

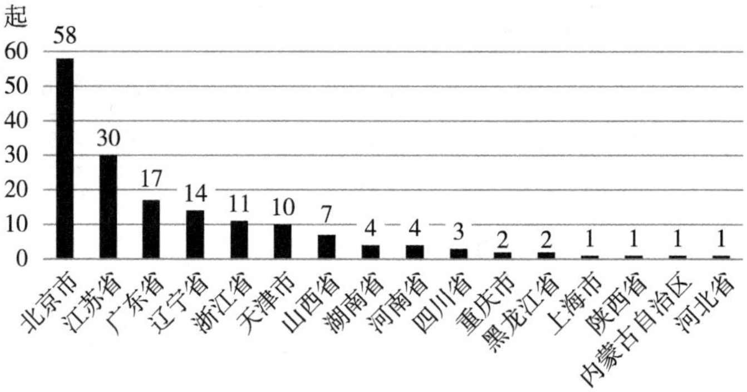


**图3－9　选取案例审理地区数量统计**

从裁判类型上来看，依旧是以裁定为主，仅有1份判决书，其余均为裁定。

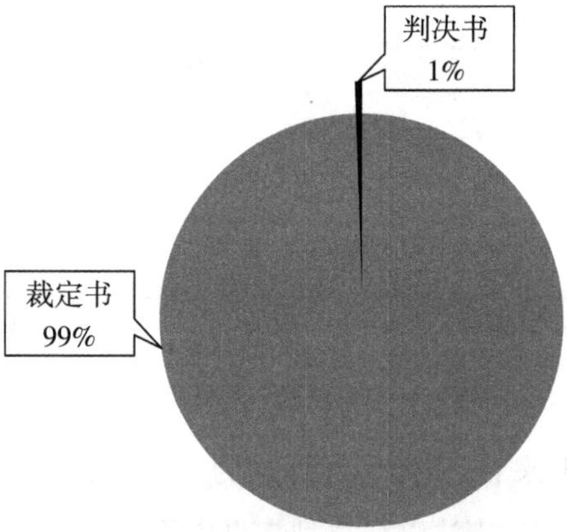


**图3－10　选取案例裁判形式统计**

将法院地域和审理年份做成交叉表,并以热力图形式表示数量,可以得到表3－8。

**表3－8　选取案例的审理地域及审结年份热力图**

| 省份 | 2018年 | 2019年 | 2020年 | 总计 |
|---|---|---|---|---|
| 北京市 | | 50 | 8 | 58 |
| 广东省 | 16 | 1 | | 17 |
| 河北省 | 1 | | | 1 |
| 河南省 | 4 | | | 4 |
| 黑龙江省 | 2 | | | 2 |
| 湖南省 | | 4 | | 4 |
| 江苏省 | 25 | 2 | 3 | 30 |
| 辽宁省 | | | 14 | 14 |
| 内蒙古自治区 | 1 | | | 1 |
| 山西省 | 7 | | | 7 |
| 陕西省 | | 1 | | 1 |
| 上海市 | 1 | | | 1 |
| 四川省 | | 1 | 2 | 3 |
| 天津市 | 1 | 1 | 8 | 10 |
| 浙江省 | 1 | 4 | 6 | 11 |
| 重庆市 | 2 | | | 2 |
| 总计 | 61 | 64 | 41 | 166 |

从表3－8可以看出,北京市2019年和江苏省2018年适用权利保护必要性的案件最多,浙江省适用权利保护必要性的案件数量从2018年至2020年呈现上升趋势。将法院层级和审理时间做成交叉表,并用热力图表示,可以得到表3－9。

**表3-9 选取案例的审理法院层级及审结年份热力图**

| 法院层级 | 2018年 | 2019年 | 2020年 | 总计 |
|---|---|---|---|---|
| 基层人民法院 | 61 | 38 | 41 | 140 |
| 中级人民法院 | | 26 | | 26 |
| 总计 | 61 | 64 | 41 | 166 |

从表3-9可以看出，在2018年基层人民法院适用权利保护必要性要素的案件最多，达到了61起，占2018~2020年案件总数的36.75%。

（二）补充样本分析

前文已经述及，权利保护必要性要素在司法中经常适用的是《行诉法解释2018》第69条第1款第8项，在挑选样本时，为了保持与前两个要素样本的一致性，才能保证可以进行分析对比，于是加入了“诉的利益”这一关键词，得到了上述166份裁判文书，由于实践中部分法院虽然并未在裁判文书中对“诉的利益”进行论述，但是其实是适用《行诉法解释2018》第69条第1款第8项来否定案件诉的利益，为了使研究更为准确，因而将这部分样本作以补充，并进行单独分析。

《行诉法解释2018》第69条第1款第8项是相较于其他规范而言较能直接体现诉的利益中的核心要素——权利保护必要性——的条款，且在最高人民法院行政审判庭编写的《最高人民法院行政诉讼法司法解释理解与适用》中也明确了该项规定的旨趣体现的是“诉的利益”。① 实践中，从案由来看，适用该条款对诉的利益进行判断的案件中，信息公开行政诉讼所占比例为15.41%，处于所有案件中的第三位，应当说比例较高，另在行政其他、行政复议、不履行法定职责中可能也会有信息公开行政诉讼，因此信息公开行政诉讼实际所占比例应该更高。

---

① 参见江必新主编、最高人民法院行政审判庭编著：《最高人民法院行政诉讼法司法解释理解与适用》（上），人民法院出版社2018年版，第355页。

**表 3－10　适用《行诉法解释 2018》第 69 条第 1 款第 8 项案件案由分布①**

| 案由 | 数量(件) |
| --- | --- |
| 行政其他 | 1506 |
| 行政复议 | 1281 |
| 政府信息公开 | 1081 |
| 不履行法定职责 | 533 |
| 行政登记 | 495 |
| 行政强制 | 485 |
| 行政补偿 | 375 |
| 行政许可 | 358 |
| 行政征收 | 252 |
| 行政处罚 | 212 |
| 行政确认 | 108 |
| 行政受理 | 101 |
| 行政撤销 | 86 |
| 行政批准 | 42 |
| 行政监督 | 32 |
| 行政合同 | 19 |
| 行政命令 | 16 |
| 行政裁决 | 13 |
| 行政规划 | 6 |
| 行政征用 | 5 |
| 行政给付 | 4 |
| 行政划拨 | 3 |
| 行政奖励 | 2 |
| 行政检查 | 1 |
| 总计 | 7016 |

① 由于四舍五入导致原表格百分比和不为 100%，经过反复计算，只有当小数点后保留一位的时候，才能相加等于 100%，但是最后几项会出现 0，因而删除百分比一列。

对案由为“政府信息公开”的1081起案件进行分析，其中裁定1061份，判决20份，从法院层级来看，最高人民法院裁判的案件数量占1%、高级人民法院裁判数量占24%、中级人民法院裁判数量占26%、基层人民法院裁判数量占49%。

从裁判时间来看，2016年有1份裁判、2018年有369份裁判，2019年和2020年分别有410份和301份裁判。从审理程序上看，一审案件442起、二审案件571起、再审案件68起（见表3－11、表3－12）。

**表3－11　选取案例审结年份统计**

| 裁判年份 | 案件数量（起） | 百分比（%） |
|---|---|---|
| 2016 | 1 | 0.09 |
| 2018 | 369 | 34.14 |
| 2019 | 410 | 37.93 |
| 2020 | 301 | 27.84 |
| 总计 | 1081 | 100 |

**表3－12　选取案例审理程序统计**

| 审理程序 | 案件数量（起） | 百分比（%） |
|---|---|---|
| 一审 | 442 | 40.89 |
| 二审 | 571 | 52.82 |
| 再审 | 68 | 6.29 |
| 总计 | 1081 | 100 |

在上述1081份裁判中，本书选取最高人民法院和高级人民法院裁判的案件共计247份，在经过逐篇阅读之后，剔除无关案件，剩余裁判240份，其中高级人民法院228份（判决4份，裁定224份），最高人民法院12份（均为裁定），本文以上述裁判为研究对象，对法院适用《行诉法解释2018》第69条第1款第8项的原因进行详细分析，可以做出如下分类（见表3－13）。

**表 3－13　法院适用“不产生实际影响”条款的原因分类统计**

| 类别 | 案件数量(起) | 百分比(%) |
|---|---|---|
| 不属于信息公开调整范围 | 166 | 69.17 |
| 权利已经得到保障 | 19 | 7.92 |
| 缺乏审理的必要性 | 11 | 4.58 |
| 不属于受案范围 | 44 | 18.33 |
| 总计 | 240 | 100 |

从上述统计可以看出，法院在适用该项规定时，不属于信息公开制度调整范围的比例最高，达到近70%，进一步分析，在这166份裁判文书中，涉及咨询的有101份，另有涉及信访信息、内部信息、过程性信息等。造成该现象的原因是2007年的《政府信息公开条例》规定不甚完善，造成上述信息能否纳入政府信息公开制度调整范围模糊不清，现行《政府信息公开条例》将上述信息的处理都作了明确规定，应当说这一问题在实体上已经得到了解决。

## 二、法院适用权利保护必要性的标准

法院否定权利保护必要性的标准依然可以分为程序性标准和实体性标准。

### (一)程序性标准

基于既判力理论，法院一般会尊重在先判决，同时会对在先判决进行分析，以更准确把握原告的意图。在“张某涛与临沂市人民政府、山东省人民政府一审行政裁定书”(以下简称“张某涛案”)①中，法院在分析原告起诉正当性之前，详细列举了原告及其利益相关人的拆迁诉讼和与之相关的行政诉讼和行政复议，并在此基础上展开论述，法院认为，原告提出了大量的信息公开申请，目的是证明拆迁的违法性，形式上数量多且内容琐碎、重复，不利于《政府信息公开条例》立法目的的实现。由此，法院认为原告已经超出了其权利行使的合理范围，不具备权利保护必要性，不具有司法救济的客观需要。

此外，在实践中，法院认为，原告未及时行使权利并不意味着被告可以免

① 临沂市中级人民法院行政裁定书，(2016)鲁13行初183号。

于履行公开义务。在“曹某与扬中市三茅街道办事处行政监督一审行政判决书”①中，原告向被告提交信息公开申请，被告作出答复，在答复中告知原告可自行至本机关查阅，但原告并未及时至行政机关处进行查阅。法院认为，原告虽然未能及时和被告确定的联系人进行联系、查阅，确有不妥，但鉴于原告一并提起的另外两项信息公开申请中，原告对被告的答复有异议并提起诉讼，对此原告解释计划等判决之后再一并获取，以节省自己与被告的时间及行政成本，亦符合情理。原告未能及时查阅，并不能成为被告拒绝向原告再次信息公开的法定理由。被告抗辩原告未到现场查阅，是原告对获取信息权利的处分，由此，原告不再具有“诉的利益”，于理不符，有悖《政府信息公开条例》第28条“本条例第二十七条规定的行政机关应当建立完善政府信息公开申请渠道，为申请人依法申请获取政府信息提供便利”的规定。在这起案件中，被告主张原告的行为属于权利的放弃，而法院则经过论述认为，这并非属于对权利的放弃，行政机关仍然应当履行公开信息的义务。

（二）实体性标准

信息公开行政诉讼诉的利益之否定与少数原告大量、重复的信息公开诉讼申请和诉讼的现实密切相关，因而在部分此类案件中，法院直接从行政机关所主张的纠缠式申请和诉讼的事实出发，推断其主观意图，否定权利保护的必要性，从而否定诉的利益。一般而言，法院从以下几个方面来进行判断。

1. 申请和起诉的数量

这是最直观的数据，法院通过在裁判文书中列举原告提起信息公开申请、复议、诉讼等的数量，来说明原告的主观意图。在“张某涛案”中，法院列举了原告之前的申请、复议及诉讼，据不完全统计，2015年11月至2017年4月，原告张某涛夫妇围绕上述强制拆迁行为，就拆迁许可、补偿安置、裁决、强制拆除等程序环节以及批复、听证、公证、送达等具体事项先后向被告临沂市人民政府、兰山区人民政府以及发改、规划、国土、房产等相关部门申请政府信息公开338项次，并向山东省、临沂市、兰山区三级人民政府提出了大量的行政复议申

---

① 江苏省扬中市人民法院行政判决书，(2019)苏1182行初59号。

请,仅在临沂市范围内就提出行政复议申请78件。

数量是法院判断申请人申请意图的最直观证据。但是,数量并不能完全反映申请人的主观意图,或者说还不足以说明申请人主观上存在恶意,所以法院一般还结合其他的内容,综合进行判断。如在"徐某鹏、青岛市市北区价格认证中心物价行政管理二审案"①(以下简称"徐某鹏案")中,法院认为徐某鹏多次向行政机关申请公开相同的信息,不属于在合法框架内行使"获取政府信息的权利",并且,法院进一步论证,原告的真实目的是给行政机关施压而并非对政府信息感兴趣。这与《政府信息公开条例》的立法目的相悖。在这里法院对原告行为的判断并非基于某个个案,甚至不是基于一系列政府信息公开申请案件,而是联系并扩展到了之前交通事故认定的案件中,对其作出了"给行政机关施压"的主观意图判断。

2. 申请或者起诉的内容

申请内容高度概括、不明确。在有的案件中,结合信息公开申请或者起诉的内容来判断诉的利益。如原告起诉的理由高度类似、简单概括,不具有针对性,如在"徐某鹏案"中,法院认为,起诉理由简单概括、高度类似,通常表述为"事实不清,证据不足,适用法律错误,程序违法"等,没有个案针对性,不能具体反映其争议焦点及事实根据和法律依据,在庭审时,虽经多次释明仍反复要求行政机关负责人出庭,动辄当庭宣泄不满情绪或申请审判人员回避,致使庭审活动多次无法正常进行。

申请内容重复且无实际意义。如在"山东众旺经济发展有限公司与山东省工商行政管理局案"②中,法院认为申请内容的重复反映出原告具有情绪化的意图。原告违背了诚实信用原则,造成资源浪费,不具有权利保护必要性。

3. 对原告权利义务的影响

《行诉法解释2018》第69条第1款第8项作出了对原告的合法权益没有实际影响的案件驳回起诉的规定,依据最高人民法院行政审判庭编写的《最高人民法院行政诉讼法司法解释理解与适用》中进行的阐述,该条规定的旨趣体

① 山东省青岛市中级人民法院行政裁定书,(2018)鲁02行终140号。

② 济南市中级人民法院行政判决书,(2019)鲁01行终493号。

现的就是“诉的利益”,并非只要诉具备了法定的形式要件就必然进入实体审理之中,审判权还需要考虑案件是否有必要动用司法资源予以解决。这一规定也是基于信息公开行政诉讼中的滥诉问题。[①]

“陆红霞案”之后法院在面对信息公开诉讼时候多了一个选择,即直接对信息公开诉的利益进行判断,特别是以否定行政机关答复行为与申请人权利之间的实际影响为基础进行判断,进而否定案件中原告权利保护的必要性。除了与“陆红霞案”类似的情况,在一些咨询案件或查询政府主动公开信息的案件中,法院也经常做出这样的判断。例如,在“夏某与天津市发展和改革委员会一审行政裁定书”中,原告要求公开的是行政机关编制的《政府信息公开指南》,法院认为原告已通过指南中规定的申请形式向被告提交了信息公开申请,原告对其申请内容的知情权并未受到实际的影响。因此,被告天津市发展和改革委员会作出被诉第 2019 – E015 号告知书,未侵害原告依法获取政府信息的权利,对原告的合法权益明显不产生实际的影响,从而裁定驳回起诉。[②]又如,在“孙某与中华人民共和国国家卫生健康委员会信息公开二审行政裁定书”[③]中,法院认为,该申请实质上是针对全国医疗机构出具《RhD 基因型鉴定的血型检验报告》所依据的规范性文件的相关问题向卫健委进行咨询,而并非《政府信息公开条例》调整范围。因此,卫健委的告知书对原告没有实际影响,裁定驳回起诉。

可见在实践中,当法院认为原告所申请的信息没有实际意义,或者想通过申请达到其他目的时,可能会以行政机关的行政行为不对其权利义务产生实际影响而否定其权利保护的必要性。

**三、权利保护必要性司法审查标准图解**

本节分析了实践中法院适用权利保护必要性的标准,和适用利害关系与受案范围标准相同,在适用权利保护必要性要素时,法院的标准也可以分为实

---

① 参见江必新主编、最高人民法院行政审判庭编著:《最高人民法院行政诉讼法司法解释理解与适用》(上),人民法院出版社 2018 年版,第 355 页。

② 天津市和平区人民法院行政裁定书,(2019)津 0101 行初 295 号。

③ 北京市高级人民法院行政裁定书,(2020)京行终 4896 号。

体性标准和程序性标准,如图 3－11 所示。

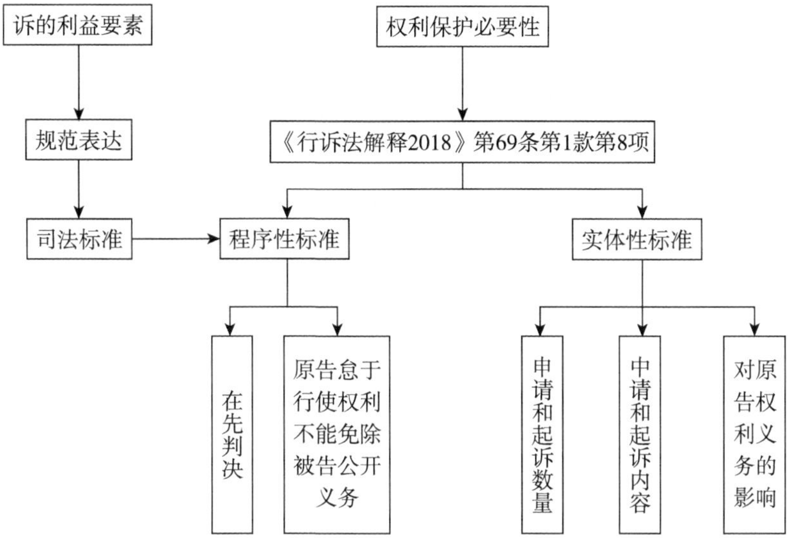


**图 3－11　法院在适用权利保护必要性要素时的实践认定标准流程**

## 第四节　小结:信息公开行政诉讼诉的利益司法判断标准图解

本章通过对裁判文书的阅读,分析了实践中法院对信息公开行政诉讼诉的利益进行判断的标准,综合本章内容,对上述标准进行整合,可以用图 3－12 表示实践中信息公开行政诉讼诉的利益判断的实际情况。

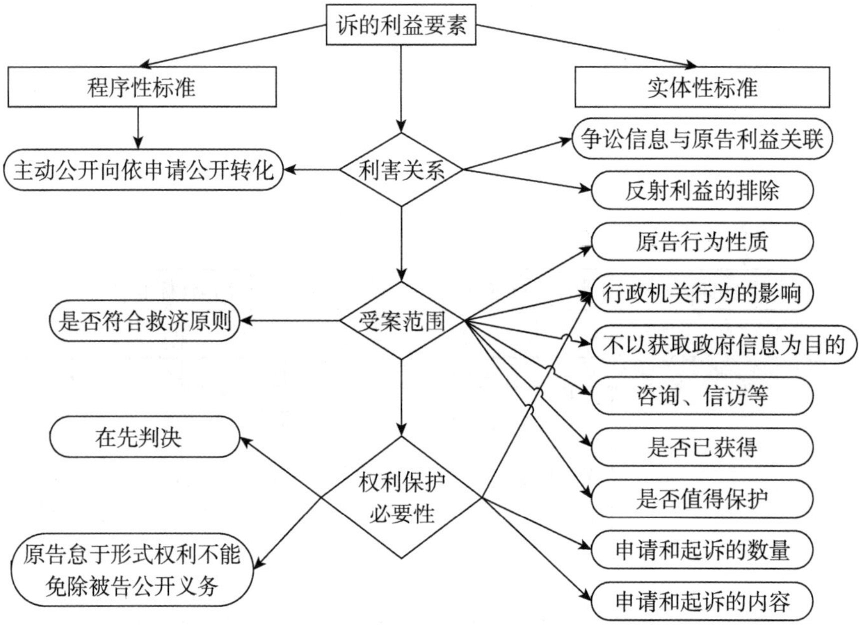


**图 3 – 12　实践中信息公开行政诉讼**

从图 3 – 12 可以看出法院在对诉的利益各要素进行判断的时候,三个要素都存在程序性标准和实体性标准两个方面。在程序性标准方面,法院的判断较为一致,不存在交叉重合,但在实体性要件方面,其中的标准存在交叉,这也可以视为一种混淆,这种现象使得司法判断标准存在一定的问题,特别是在统一性上大打折扣,对此问题将于下一章内容中予以详细阐述。

# 第四章　信息公开行政诉讼诉的利益司法实践标准的探讨

在探讨了信息公开行政诉讼诉的利益在司法实践中的认定情况后，本章将在此基础上，对实践中适用各要素的情况进行进一步的综合分析，同时在此基础上探讨目前司法实践中存在的问题。

## 第一节　诉的利益各要素适用的对比分析

第三章对各要素适用的情况分别做了描述性统计，本章在此基础上，对适用利害关系（原告资格）、受案范围和权利保护必要性三个要素的案件进行对比分析，以期对实践中信息公开行政诉讼诉的利益的认定情况有更为全面的认知。

本部分将运用交叉表，对数据进行更深一步的挖掘，并在此基础上进行对比。

从适用三个要素案件的总数来看，涉及利害关系的案件共计 90 起，涉及受案范围的案件共计 120 起，涉及权利保护必要性的案件共计166起,因而总体来看,法院更倾向于通过否定权利保护必要性否定诉的利益;但继续深入挖掘数据,还可以发现更多内容,本部分内容将上述三个要素的案件合并起来,共计377起案件,剔除重复案件,最终共计325份裁判文书。①

需要说明的是,此处重复的案件是指在一个案件当中使用了两个或者三个诉的利益要素否定案件诉的利益,为了方便统计,分别以字母A、B、C代表利害关系、受案范围和权利保护必要性三个要素,以下统计均在此基础上作出;同时对三个要素采用二分组进行制表,即将三个要素分别列出,对于涉及的要素标注1,未涉及的标注0,以下统计均在该基础上作出。

## 一、各要素适用情况

将各要素出现的频次分别进行统计,得到以下表格。

**表4-1 要素A出现频次统计**

| A | | | |
|---|---|---|---|
| | | 频率 | 百分比(%) |
| 有效 | 0 | 236 | 72.6 |
| | 1 | 89 | 27.4 |
| | 总计 | 325 | 100 |

**表4-2 要素B出现频次统计**

| B | | | |
|---|---|---|---|
| | | 频率 | 百分比(%) |
| 有效 | 0 | 205 | 63.1 |
| | 1 | 120 | 36.9 |
| | 总计 | 325 | 100 |

① 裁判文书具体情况见附录2。

**表 4-3　要素 C 出现频次统计**

| C | | | |
|---|---|---|---|
| | | 频率 | 百分比(%) |
| 有效 | 0 | 157 | 48.3 |
| | 1 | 168 | 51.7 |
| | 总计 | 325 | 100 |

利用透视图,对各要素单独及组合的数量进行分析,得到表 4-4。

**表 4-4　各要素单独及组合数量统计透视图**

| | 要素 | | | | | | | |
|---|---|---|---|---|---|---|---|---|
| | A | AB | ABC | AC | B | BC | C | 总计 |
| 求和项:案件数量 | 60 | 9 | 8 | 13 | 90 | 13 | 132 | 325 |

表中显示了各要素单独及组合适用的情况,为了更加直观反映各要素在实践中所占比例,得到要素—频率交叉表。

**表 4-5　各要素单独及组合数量统计要素—频率交叉统计**

| 要素 | 频率 | |
|---|---|---|
| | 个案数(起) | 百分比(%) |
| A | 89 | 23.6 |
| B | 120 | 31.8 |
| C | 168 | 44.6 |
| 总计 | 377 | 100 |

注:由于部分案件同时涉及两个甚至三个要素,因而对每个要素单独频率进行分析的时候,个案数的总和为剔除重复案件之前的总数 377。

从"要素—频率"交叉表中可以看出,C 要素即权利保护必要性要素在司法实践中适用得最多,其次是 B-受案范围要素,而 A-利害关系要素适用得最少,三个要素重合适用的比例为 16%。

从普遍意义上说,法院更倾向于适用单一的要素否定诉的利益,三个要素单独适用的案件数量最多,在适用两个及两个以上要素的案件中,利害关系与权利保护必要性并用、受案范围与权利保护必要性并用的案件均为13起，另有8起案件是同时适用了三种要素。

## 二、法院层级和各要素之间的关系

从法院层级与适用各要素之间的关联来看，法院层级适用要素情况统计如表4-6所示。

**表4-6 法院层级适用各要素情况统计**

| 法院层级 | 要素 | 求和项:案件数量 |
|---|---|---|
| 基层人民法院 | | 152 |
| | A | 16 |
| | AB | 7 |
| | ABC | 8 |
| | AC | 13 |
| | B | 8 |
| | BC | 13 |
| | C | 87 |
| 中级人民法院 | | 159 |
| | A | 40 |
| | AB | 2 |
| | B | 72 |
| | C | 45 |
| 高级人民法院 | | 13 |
| | A | 4 |
| | B | 9 |
| 最高人民法院 | | 1 |
| | B | 1 |
| 总计 | | 325 |

将表4-6中要素采用二分组制表，得到法院层级—要素交叉表。

**表 4－7　法院层级与诉的利益各要素交叉统计**

<table>
<tr><td colspan="3" rowspan="2"></td><td colspan="3">$ 要素[a]</td><td rowspan="2">总计[b]</td></tr>
<tr><td>A</td><td>B</td><td>C</td></tr>
<tr><td rowspan="4">法院层级</td><td>基层人民法院</td><td>计数</td><td>43</td><td>36</td><td>123</td><td>152</td></tr>
<tr><td>中级人民法院</td><td>计数</td><td>42</td><td>74</td><td>45</td><td>159</td></tr>
<tr><td>高级人民法院</td><td>计数</td><td>4</td><td>9</td><td>0</td><td>13</td></tr>
<tr><td>最高人民法院</td><td>计数</td><td>0</td><td>1</td><td>0</td><td>1</td></tr>
<tr><td colspan="2">总计</td><td>计数</td><td>89</td><td>120</td><td>168</td><td>325</td></tr>
</table>

注：百分比和总计基于响应者。

a. 使用了值 1 对二分组进行制表。

b. 本表中总计一栏为剔除重复案件之后的数量，要素为三个要素分别统计的数量，因而横向之和不相等。

把其中涉及权利保护必要性的要素提取出来，可以得到表 4－8。

**表 4－8　法院层级和权利保护必要性要素交叉统计**

<table>
<tr><td>法院层级</td><td>要素</td><td>求和项：案件数量</td></tr>
<tr><td rowspan="6">基层人民法院</td><td>案件总数</td><td>152[a]</td></tr>
<tr><td>ABC</td><td>8</td></tr>
<tr><td>AC</td><td>13</td></tr>
<tr><td>BC</td><td>13</td></tr>
<tr><td>C</td><td>87</td></tr>
<tr><td>所占比例</td><td>79.61%[b]</td></tr>
<tr><td rowspan="3">中级人民法院</td><td>案件总数</td><td>159</td></tr>
<tr><td>C</td><td>45</td></tr>
<tr><td>所占比例</td><td>28.3%</td></tr>
<tr><td rowspan="3">高级人民法院</td><td>案件总数</td><td>13</td></tr>
<tr><td>C</td><td>0</td></tr>
<tr><td>所占比例</td><td>0</td></tr>
</table>

续表

| 法院层级 | 要素 | 求和项:案件数量 |
|---|---|---|
| 最高人民法院 | 案件总数 | 1 |
| | C | 0 |
| | 所占比例 | 0 |

注:a. 该数字为基层人民法院审理涉及三个要件案件的总数,与表 4－7 中各级人民法院审理案件数量保持一致。本表中其他各级人民法院审理案件数依照同样方法计算。

b. 该数字为基层人民法院单独或者组合适用 C 要素的案件数量总和除以基层人民法院审理案件的总数。本表中其他各级人民法院此项百分比依照同样方法计算。

从表 4－8 中可以更清晰地看出各级法院适用各要素的案件的数量与其中的规律:

第一,法院层级越高,越倾向于适用有成文法规定的诉的利益的要素,即适用利害关系和受案范围,在裁判中表现得越谨慎。在基层人民法院审理的关于诉的利益的案件中,将近 80% 都涉及对权利保护必要性要素的论述,而该比例在中级人民法院是 28.3%,高级人民法院和最高人民法院并未在适用《行诉法解释 2018》第 69 条第 1 款第 8 项的同时与其和诉的利益联系起来,仅是对于规范的适用,没有对规范未明确的"诉的利益"概念的提及。

第二,法院层级越高,越倾向于适用单一要素来论述诉的利益,而法院层级越低,越倾向于适用多个要素组合来论述诉的利益。

### 三、审结年份与各要素之间的关系

将审结年份与各要素相关联,利用透视图可以得到表 4－9,该表反映了历年审结案件各要素适用的分布情况。

**表 4－9　审结年份与诉的利益各要素的适用统计**

| 审结年份 | 要素 | 求和项:案件数量 |
|---|---|---|
| 2016 | | 11 |
| | A | 3 |
| | B | 8 |

续表

| 审结年份 | 要素 | 求和项:案件数量 |
| --- | --- | --- |
| 2017 | | 21 |
| | A | 10 |
| | AB | 1 |
| | B | 10 |
| 2018 | | 141 |
| | A | 31 |
| | AB | 6 |
| | ABC | 4 |
| | AC | 12 |
| | B | 43 |
| | BC | 3 |
| | C | 42 |
| 2019 | 案件总数 | 90 |
| | A | 13 |
| | AB | 1 |
| | ABC | 4 |
| | AC | 1 |
| | B | 12 |
| | C | 59 |
| 2020 | | 62 |
| | A | 3 |
| | AB | 1 |
| | B | 17 |
| | BC | 10 |
| | C | 31 |
| 总计 | | 325 |

将表4－9中要素采用二分组制表，得审结年份—要素交叉表，并以热力图表示案件数量，可以得到表4－10。

**表4－10 审结年份与诉的利益各要素交叉统计**

| | | | $要素a | | | 总计[b] |
|---|---|---|---|---|---|---|
| | | | A | B | C | |
| 审结年份 | 2016 | 计数 | 3 | 8 | 0 | 11 |
| | 2017 | 计数 | 10 | 11 | 1 | 21 |
| | 2018 | 计数 | 53 | 55 | 62 | 141 |
| | 2019 | 计数 | 19 | 18 | 64 | 90 |
| | 2020 | 计数 | 4 | 28 | 41 | 62 |
| 总计 | | 计数 | 89 | 120 | 168 | 325 |

注：百分比和总计基于响应者。

a. 使用了值1对二分组进行制表。

b. 本表中总计一栏为剔除重复案件之后的数量，要素为三个要素分别统计的数量，因而横向之和不相等。

表4－10是历年各要素单独及组合适用的情况，从表4－10中可以看出，在2018年三个要素适用的较多，2019年主要适用权利保护必要性（C）要素。同时，法院最初更倾向于仅适用单一要素否定诉的利益，随着实践的发展，在审判中出现了以各种要素组合的形式否定诉的利益，尤其以2018年和2019年这种情况最为普遍，到2020年，此类案件的数量明显下降，是否由于《政府信息公开条例》调整规则导致的，或者说新的规则对诉的利益的判断产生了实质影响，特别是对适应权利保护必要性的案件数量下降产生了影响，还需要通过相关性分析才能得出结论。用spss对审结年份和C要素适用情况进行线性回归分析，从表4－11可以看出，审结年份与法院适用权利保护必要性之间存在关联，从表中看出t值大于2，可以判定这种相关性是显著的。这也就意味着《政府信息公开条例》对不当行使申请权作出的规定，使得对此类行为的规制由司法程序提前至了行政程序中，因而法院适用权利保护必要性要素的案件大幅下降。

**表4-11　审结年份与法院适用权利保护必要性的关联性分析**

| 系数[a] | | | | | | | | |
|---|---|---|---|---|---|---|---|---|
| 模型 | | 未标准化系数 | | 标准化系数 | t | 显著性 | B的95.0%置信区间 | |
| | | B | 标准错误 | Beta | | | 下限 | 上限 |
| 1 | （常量） | -364.502 | 53.460 | | -6.818 | .000 | -469.675 | -259.328 |
| | 审结年份 | .181 | .026 | .355 | 6.828 | .000 | .129 | .233 |

注：a. 因变量：C。

用同样的方法分析法院层级和适用权利保护必要性之间的关系，可得到表4-12。可以看出，法院层级和适用权利保护必要性之间呈现负相关，即法院层级越高适用权利保护必要性要素越少，同时t值大于2，意味着法院层级和适用权利保护必要性之间也有着较为显著的相关性。

**表4-12　法院层级与法院适用权利保护必要性的关联性分析**

| 系数[a] | | | | | | |
|---|---|---|---|---|---|---|
| 模型 | | 未标准化系数 | | 标准化系数 | t | 显著性 |
| | | B | 标准错误 | Beta | | |
| 1 | （常量） | 1.257 | .067 | | 18.805 | .000 |
| | 法院层级 | -.469 | .040 | -.549 | -11.810 | .000 |

注：a. 因变量：C。

## 四、其他相关内容分析

将裁判形式和诉的利益各要素利用透视图进行分析，得到表4-13。

**表4-13　裁判形式与诉的利益各要素利用的关联性分析**

| | 裁定书 | | | | | | | 裁定书汇总 | 判决书 | | | 判决书汇总 | 总计 |
|---|---|---|---|---|---|---|---|---|---|---|---|---|---|
| | A | AB | ABC | AC | B | BC | C | | A | B | BC | | |
| 求和项：案件数量 | 55 | 9 | 8 | 13 | 86 | 12 | 132 | 315 | 5 | 4 | 1 | 10 | 325 |

从裁判形式和诉的利益各要素的关系来看，由于大多数案件采取的是裁定的方式结案，因而判决书出现的要素就尤其值得关注。在为数不多的判决书中，大部分出现在否定利害关系和受案范围的案件中，而在涉及权利保护必要性的案件中仅有1起涉及了判决。这表明由于权利必要性没有明确规定，故法院更愿意从程序上进行迂回，而非从实体上进行正面判决。

将表4－13加入审理年份选项之后，制作3个选项的交叉表，可以得到表4－14。

**表4－14　审结年份、裁判形式与诉的利益各要素利用交叉统计**

| 审结年份 | 裁判类型 | 要素 | 求和项:案件数量 |
| --- | --- | --- | --- |
| 2016 | | | 11 |
| | 裁定书 | | 11 |
| | | A | 3 |
| | | B | 8 |
| 2017 | | | 21 |
| | 裁定书 | | 19 |
| | | A | 10 |
| | | AB | 1 |
| | | B | 8 |
| | 判决书 | | 2 |
| | | B | 2 |
| 2018 | | | 141 |
| | 裁定书 | | 138 |
| | | A | 29 |
| | | AB | 6 |
| | | ABC | 4 |
| | | AC | 12 |
| | | B | 42 |
| | | BC | 3 |

续表

| 审结年份 | 裁判类型 | 要素 | 求和项:案件数量 |
| --- | --- | --- | --- |
| | | C | 42 |
| | 判决书 | | 3 |
| | | A | 2 |
| | | B | 1 |
| 2019 | | | 90 |
| | 裁定书 | | 87 |
| | | A | 11 |
| | | AB | 1 |
| | | ABC | 4 |
| | | AC | 1 |
| | | B | 11 |
| | | C | 59 |
| | 判决书 | | 3 |
| | | A | 2 |
| | | B | 1 |
| 2020 | | | 62 |
| | 裁定书 | | 60 |
| | | A | 2 |
| | | AB | 1 |
| | | B | 17 |
| | | BC | 9 |
| | | C | 31 |
| | 判决书 | | 2 |
| | | A | 1 |
| | | BC | 1 |
| 总计 | | | 325 |

从表4－14可以看出，裁判形式由2016年最初的仅有裁定书，发展到后来裁定书与判决书并用，且判决书的比例不断加大，这说明法院也在裁判中不断对此类案件的审理进行完善，后文将对裁判形式作专门讨论，此处不再赘述。

在对裁判形式、法院层级和要素进行交叉表分析后，得到裁判形式—法院层级—要素交叉表。

**表4－15　裁判形式、法院层级与诉的利益各要素利用交叉统计**

| $要素 a | | | | 法院层级 | | | | 总计 |
|---|---|---|---|---|---|---|---|---|
| | | | | 基层人民法院 | 中级人民法院 | 高级人民法院 | 最高人民法院 | |
| A | 裁判形式 | 裁定书 | 计数 | 42 | 39 | 3 | | 84 |
| | | 判决书 | 计数 | 1 | 3 | 1 | | 5 |
| | 总计 | | 计数 | 43 | 42 | 4 | | 89 |
| B | 裁判形式 | 裁定书 | 计数 | 35 | 71 | 8 | 1 | 115 |
| | | 判决书 | 计数 | 1 | 3 | 1 | 0 | 5 |
| | 总计 | | 计数 | 36 | 74 | 9 | 1 | 120 |
| C | 裁判形式 | 裁定书 | 计数 | 122 | 45 | | | 167 |
| | | 判决书 | 计数 | 1 | 0 | | | 1 |
| | 总计 | | 计数 | 123 | 45 | | | 168 |

注：百分比和总计基于响应者。

a. 使用了值1对二分组进行制表。

将审结年份、法院层级和各要素进行交叉分析，得到审结年份—法院层级—要素交叉表，并用热力图展示不同数值。

**表4－16　审结年份、法院层级与诉的利益各要素利用交叉统计**

| 审结年份 | 法院层级 | 求和项:A | 求和项:B | 求和项:C |
|---|---|---|---|---|
| 2016 | | 3 | 8 | 0 |
| | 中级人民法院 | 3 | 8 | 0 |
| 2017 | | 10 | 11 | 1 |

续表

| 审结年份 | 法院层级 | 求和项:A | 求和项:B | 求和项:C |
|---|---|---|---|---|
| | 高级人民法院 | 1 | 1 | 0 |
| | 基层人民法院 | 2 | 3 | 1 |
| | 中级人民法院 | 7 | 6 | 0 |
| | 最高人民法院 | 0 | 1 | 0 |
| 2018 | | 53 | 55 | 62 |
| | 高级人民法院 | 1 | 0 | 0 |
| | 基层人民法院 | 34 | 15 | 43 |
| | 中级人民法院 | 18 | 40 | 19 |
| 2019 | | 19 | 18 | 64 |
| | 高级人民法院 | 1 | 5 | 0 |
| | 基层人民法院 | 6 | 5 | 38 |
| | 中级人民法院 | 12 | 8 | 26 |
| 2020 | | 4 | 28 | 41 |
| | 高级人民法院 | 1 | 3 | 0 |
| | 基层人民法院 | 1 | 13 | 41 |
| | 中级人民法院 | 2 | 12 | 0 |
| 总计 | | 89 | 120 | 168 |

上述两个表反映了不同年份、不同层级法院对于各要素适用的情况，从表4－16可以看出，利害关系（A）在2018年基层人民法院适用得最多，受案范围（B）在2018年中级人民法院适用得最多，权利保护必要性在基层人民法院除2017年以外都适用较多。

（五）小结

通过上述对数据的分析可以看出，在法院论述信息公开行政诉讼诉的利益时，对于三个要素的适用呈现不同的特点，总体来说，三个要素的适用呈现明显的地域性和时间性特点。

第一，案件数量在2018年达到峰值，随后出现明显回落，特别是2019年

《政府信息公开条例》实施以后,2020年案件数量明显减少。这表明《政府信息公开条例》的实施对信息公开行政诉讼诉的利益的司法认定产生了较为明显的影响。

第二,在信息公开行政诉讼中对诉的利益进行论述案件的地域分布上,北京和江苏的案件较多。北京是因为行政机关数量较多,所以案件较多;而江苏则可能基于"陆红霞案"的示范效应。

第三,由于权利保护必要性尚无明确的规定,因而法院层级越高,适用该要素的案件越少,即越高层级的法院越倾向于适用已经很有明确规定的受案范围和利害关系这两个要素。

以上是单纯从数据得出的规律和结论,后文将对其中的法理展开深入探讨。

## 第二节　现有司法审查标准存在的实体问题

行政诉讼司法审判对于利害关系适用标准的不统一性,正如著名行政法学者戴维斯在分析了大量美国判例后指出,这些判例态度模糊且反复无常,充满法官主观裁量权的不确定性。[①] 事实上,利害关系判定并非一个简单的司法技术问题,其往往与一国的司法政策密切相关,王名扬先生在介绍美国行政诉讼制度时曾敏锐地指出美国法院会通过此种途径达到自己追求的目的。[②] 聚焦信息公开行政诉讼领域,法院以否定利害关系为途径否定诉的利益,进而达

---

① 参见K. C. Davis, *Administrative Law Treatise*, West Publishing Co, 1958, p. 337 – 348。在Center of Auto Safety v. Thomas案中,法院的判决意见亦可说明美国法院对原告资格的判断并未达成广泛共识,在该案中,10位法官用了长达44页的篇幅讨论原告资格的问题,最后却形成了五比五的无定论的分歧意见。Center For Auto Safety, et al., Petitioners, v. Lee M. Thomas, Administrator, Environmental Protection Agency, et al., Respondents, Automobile Importers of America, Inc., Ford Motor Company, et al., Intervenors., 847 F. 2d 843 (D. C. Cir. 1988). 转引自[美]理查德·J. 皮尔斯:《行政法》(第5版),苏苗罕译,中国人民大学出版社2016年版,第1075页。

② 参见王名扬:《美国行政法》,北京大学出版社2016年版,第461页。

到约束少数人滥用诉权的目的，但现有司法实践标准存在以下问题。

## 一、已有利害关系判断标准虚置

我国行政诉讼法总体上坚持主观诉讼的理念，①当事人倘若要证明与行政行为之间具有利害关系，则应当证明其主观上是为了救济自己的合法权益。但在信息公开行政诉讼中，利益的内涵丰富，范围广泛，这里的利益，既有主观利益也有客观利益，这是政府信息公开制度设置的目的使然，因此在诉讼中的利害关系判断也呈现较为特殊的一面。对利害关系的审查阶段法院明确规定严格遵守《审理政府信息公开案件的规定》第5条第6款规定；对“特殊需要”的审查，应该呈现在案件的实体审理阶段，而不应在之前的程序审查阶段对原告和争讼信息之间的关联进行审查，更不能将其作为认定利害关系的标准。这与立法对信息公开行政诉讼“诉的利益”的期待不符。信息公开行政诉讼中的“利害关系”是指申请人与行政机关信息答复之间的利害关系，而非申请人与争讼信息本身之间的利害关系。前者关系到申请人是否具有请求司法救济的权利，是程序性权利；后者关系到申请人的诉讼请求能否得到司法支持，是实体性权利，二者不可混为一谈。李广宇法官也曾明确指出，利害关系是当事人与被诉行政行为之间的关系，不可以将其偷换为当事人与政府信息之间的关系。②

前文述及目前实践中存在法院以否定利害关系为路径进而否定诉的利益的裁判方式，这使得信息公开行政诉讼已有的利害关系判断标准被虚置。在《政府信息公开条例》修改之前，“三需要”的标准在司法实践中就存在适用的误区，作为申请人获取政府信息的资格限制被误认为是信息公开行政诉讼中利害关系的判定要素。③ 其实，“三需要”设立之初的本意并非用来限制申请资

---

① 参见章剑生：《行政诉讼原告资格中“利害关系”的判断结构》，载《中国法学》2019年第4期。

② 参见李广宇：《政府信息公开司法解释读本》，法律出版社2011年版，第27～28页。

③ 参见郑涛：《政府信息公开申请人之原告适格辨析——兼评“陆红霞案”》，载《北京社会科学》2020年第3期。

格(或者原告资格),①且最高人民法院在2010年给山东法院的答复中也明确了这一问题。在政府信息公开领域,不仅不能将利害关系设定为寻求司法救济的一种资格条件,甚至不能将其设定为实质性审查条件,这是因为信息公开制度本身就具有公益属性。同时由于存在主观权利和客观权利,因而原告与争讼信息之间即使不存在通常意义上那样紧密的利害关系,从客观利益的角度来说,每一起信息公开行政诉讼也都存在《政府信息公开条例》和《行政诉讼法》所追求的客观利益。换言之,在目前的制度设计中,只要是针对依申请行为提起的信息公开行政诉讼,在实体和程序上都很难对利害关系进行否定的判断。此外,信息的流动性和可传播性也意味着信息公开制度的设计更为关心哪些信息是否可以公开,而对公开的对象在所不问,这也是以美国为代表的国家将申请人定义为“任何人”(anyperson)的原因。

2019年《政府信息公开条例》删除了争议较大的“三需要”条款,进一步明确政府信息公开制度的定位,同时起到了正本清源的作用,对信息公开行政诉讼中利害关系的准确识别起到了重要作用。在司法实践中,已经有法院在该问题的判断中有了更为准确的把握,在“余某与庆元县人民政府案”②中,法院对行政机关提出的原告与所申请信息没有利害关系的说法不予采纳,并明确肯定了利害关系。但是《政府信息公开条例》实施后,仍然存在对利害关系的审查和否定的裁判,与目前立法层面的设计不符,这是需要纠正的一个重要问题,毕竟任何概念的适用都不能脱离法律规范进行探讨,法律规定仍然是行政诉讼利害关系判定的前提和基础,这也与保护规范理论的基本要义相契合。

**二、诉的利益要素的混用**

“对合法权益不产生实际影响”“不具有利害关系”“不属于受案范围”三个条款的适用呈现多种形式:有裁判认定原告与争讼信息“没有利害关系”,同

---

① 参见后向东:《政府信息公开申请资格条件上的利害关系问题探讨》,载《中国行政管理》2018年第2期。

② 浙江省丽水市中级人民法院(原浙江省丽水市人民法院)行政判决书,(2020)浙11行初60号。

时又认定行政机关的行为对原告权利义务不产生实际影响，裁定驳回起诉；[①]又有裁判认为争讼信息不属于《政府信息公开条例》调整的范围，进而认定行政行为对原告"不产生实际影响"；还有的裁判中对于同一事实，一审法院认定原告与争讼信息"不产生实际影响"与"不具有利害关系"，而二审法院认定行政行为对原告"不属于受案范围"。[②] 上述三个规范之间有何关联，法院在适用中究竟是形成了并列关系共同用于否定诉的利益，还是出现了混用，法院适用的条件和标准是什么，该条件和标准在学理上是否准确等，上述问题都有进一步探讨的空间。

分析"对合法权益不产生实际影响"条款适用时发现其与"不具有利害关系""不属于受案范围"经常在同一裁判文书中出现，探究三者之间的关系对于明晰法院规则适用标准具有十分重要的意义。

(一)规则适用路径分析

通过整理裁判文书发现法院适用"不产生实际影响""不具有利害关系""不属于受案范围"在并用时有不同的路径：

第一，"对合法权益不产生实际影响"与"不具有利害关系""不属于受案范围"并用。在"忻城县医药有限责任公司等与中华人民共和国公安部信息公开案"[③]中，法院先认定所申请信息与原告没有利害关系，否定了原告资格，认定不符合起诉条件，之后又以行政机关的答复行为对原告"不产生实际影响"为由裁定驳回原告起诉。该裁判分别认定被诉行政行为与原告"不产生实际影响"和"不具有利害关系"，这种适用路径是从两个不同的规则共同指向因缺乏诉的利益裁定驳回起诉这一共同的裁判结果。在"张某国等与中华人民共和国自然资源部信息公开案"[④]中，法院认为行政机关的行为对原告"不产生实际影响"，该案"不属于受案范围"，从而裁定驳回起诉。但是在适用规则时，法院同时引用了《行诉法解释2018》第69条第1款第1项和第8项，即认为该案不

① 北京市高级人民法院行政裁定书，(2018)京行终第3855号；吉林省高级人民法院行政裁定书，(2018)吉行终第390号。

② 北京市高级人民法院行政裁定书，(2018)京行终第6511号。

③ 北京市高级人民法院行政裁定书，(2018)京行终第3358号。

④ 北京市高级人民法院行政裁定书，(2018)京行终第3757号。

符合《行政诉讼法》第49条的起诉条件以及行政行为对原告不产生实际影响。又在“黄某枝、武汉市洪山区人民政府二审案”①中，法院认定行政机关的行为属于对信访事项的答复，不属于行政诉讼的受案范围，同样适用《行诉法解释2018》第69条第1款第1项和第8项裁定驳回起诉。进一步分析上述规则适用，《行政诉讼法》第49条列出的起诉条件包含原告资格、明确被告、具体事实和请求、属于受案范围及管辖正确，具体到上述案件中，法院究竟是同时否定原告资格、受案范围，还是只否定受案范围而承认原告资格，在裁判中并没有明确。从两份裁判中的论述来看，法院明确提及了该案不属于受案范围，对于原告资格及利害关系的判断并未提及，在表述中也很难找到法院对于利害关系明示或暗示的判断，因此，法院未对原告资格进行否定，可以推定肯定了原告资格，由此该案中法院是对“不属于受案范围”和“不产生实际影响”两个规则的并用。

第二，将“不属于受案范围”作为“对合法权益不产生实际影响”的一种情形适用。在此种路径下，法院将“不属于受案范围”作为“对合法权益不产生实际影响”的一种情形进行论证，旨在达到增强裁判论证的目的。

实践中上述三个规则的适用路径不够清晰，且缺乏统一的标准，因此有必要在学理和规范层面上对三者的关系进行进一步分析。

### （二）规范分析：统一于诉的利益之下的不同要素

司法实践中之所以出现上述三个条款的并用，是源于“陆红霞案”中以诉的利益否定原告资格这种裁判方式的引导，但是在现有规范和裁判层面上并未明确诉的利益所包含的要素，因此在司法适用中出现了困难。

诉的利益所包含的要素有不同的说法，广义的诉的利益包含三个要素：诉讼对象（诉讼范围）、原告适格、权利保护必要性；狭义的诉的利益仅指权利保护的必要性。② 若从诉的利益的概念出发，上述三个条款对应正是诉的利益的三个要素。

---

① 湖北省高级人民法院行政裁定书，(2018)鄂行终第956号。

② 参见[日]原田尚彦：《日本公共法译丛：诉的利益》，石龙潭译，中国政法大学出版社2014年版，第225页。

首先,“不具有利害关系”指向的是诉的利益中原告资格要素。《行政诉讼法》第25条第1款将“利害关系”作为提起行政诉讼的条件之一,即与行政行为有利害关系的主体才有资格成为行政诉讼的原告,这是2014年《行政诉讼法》重大修改之一。[①]《行诉法解释2018》第12条对前述条款中的“利害关系”的内容进行了细化,除兜底性条款外,其余都是从原告资格角度进行列举的。该条解释的目的也在于为原告资格设置一个门槛,兼顾权利救济和公共利益,[②]即在公私利益之间寻求一个妥当的平衡点。至于以“利害关系”限制原告资格的目的,梁凤云法官指出:“行诉解释对于行政诉讼原告、被告和第三人的具体标准和情形作了细化规定……防止缺乏诉讼利益的主体进入行政诉讼。”[③]从上述阐述可以看出,“利害关系”条款的设定目的在于保障行政诉讼诉的利益。“陆红霞案”之后,最高人民法院发布〔2017〕25号文件明确,要准确把握利害关系的法律内涵,不得虚化、弱化利害关系的起诉条件;起诉人与行政行为之间确实没有利害关系等明显不符合法定起诉条件的,人民法院依法不予立案;还特别强调对于投诉、举报、检举等事项产生的行政诉讼,要认真审查当事人与上述行为的利害关系。上述意见明确地将“不具有利害关系”条款的价值取向指向了诉的利益。

其次,“对合法权益不产生实际影响条款”,最高人民法院行政庭将该规定的背景解释为考虑在实践中出现了部分权利滥用的情况,滥用诉权问题已经开始成为困扰行政执法和行政审判的现实难题,在信息公开行政诉讼中尤为突出。因此,有必要认真研究诉的利益理论,并以此对实践中滥用诉权的行为进行规制。[④] 可见,这一条款的价值取向亦在于保障行政诉讼诉的利益,特别是聚焦信息公开行政诉讼中对诉的利益的保障。

---

① 参见马怀德主编:《新编〈中华人民共和国行政诉讼法〉释义》,中国法制出版社2014年版,第107页。

② 参见江必新主编、最高人民法院行政审判庭编著:《最高人民法院行政诉讼法司法解释理解与适用》(上),人民法院出版社2018年版,第97页。

③ 参见梁凤云:《〈行诉解释〉重点条文理解与适用》,载《法律适用》2018年第11期。

④ 参见江必新主编、最高人民法院行政审判庭编著:《最高人民法院行政诉讼法司法解释理解与适用》(上),人民法院出版社2018年版,第355页。

最后,“不属于受案范围”条款则非常明确地指向行政诉讼受案范围,这亦是诉的利益中要素之一。① 通过对受案范围的设定,将部分不适合司法审查或者基于各种原因暂时不能进行司法审查的行为排除在外,一方面在现行制度下尽可能地保障行政相对人的权利,另一方面结合实际情况,保障公共利益,其中含有保障诉的利益的价值取向不言自明。

综上,从价值取向上来看,“对合法权益不产生实际影响”“不具有利害关系”“不属于受案范围”均具有相同的价值取向,即对行政诉讼诉的利益的保障,三个条款在立法目的上具有一致性。但是,这并不意味着上述三个条款在适用时可以将其中一个或两个作为适用另一条款的条件,更不能在裁判中随意适用这三个条款。这是因为上述三个条款虽然具有相同的价值取向,但是分别是诉的利益的不同要素,“不属于受案范围”“不具有利害关系”“对合法权益不产生实际影响”分别指向的是诉的利益中受案范围、原告资格、权利保护必要性。进一步分析,“不具有利害关系”即不具有原告资格的案件,或“不属于受案范围”必然不能进入诉讼领域,此时便没有了对是否“产生实际影响”进行讨论的空间和必要。而一起案件进入是否“产生实际影响”的判断程序,必然是默认案件的原告适格且属于受案范围,形式上符合诉的要件,只是需要探讨是否有必要进行实体审理的问题。

可见,上述三个条款应当是诉的利益的三个平行要素,互不为条件,且只有“具有利害关系”“属于受案范围”的案件才有进入探讨“是否产生实际影响”程序的可能性,这是对规范和相关立法释义作文本解读可以得出的结论,是立法目的为三者设定的关系。在规则适用上,可以将三个规范并用共同来否定诉的利益,如在“王某与南京江宁经济技术开发区管委会案”②中,法院从上述三个方面进行分析均得出了否定的结论,最终裁定驳回起诉。但实践中出现的将一个规则作为另一个规则的适用条件,即在论述中论述此规则的内

---

① 诉的利益所包含的要素有不同的说法,广义的诉的利益包含三个要素:诉讼对象(诉讼范围)、原告适格、权利保护必要性;狭义的诉的利益仅指权利保护的必要性。参见[日]原田尚彦:《日本公共法译丛:诉的利益》,石龙潭译,中国政法大学出版社 2014 年版,第 225 页。

② 南京铁路运输法院行政裁定书,(2018)苏 8602 行初 1402 号。

容,而在引用依据时引用彼规则,便是脱离了立法中对于三个规则的定位。

由此可见,理论和实践中对诉的利益要素的不明晰导致了在实践中对“对合法权益不产生实际影响”具体情形认定和规则适用的不准确。

在实践中,常见的混用有以下两种情形。

从利害关系否定诉的利益的裁判方式同时还存在诉的利益各要素之间的混用问题。

第一,利害关系与权利保护必要性的混用。由于利害关系与权利保护必要性这两个要件均与诉讼请求存在密切联系,可谓是判决请求权得以正当化的前提,基于此种相似性,实践中出现一些将二者混用的情形。这表明实践中关于诉的利益的要件区分仍存在操作和认定困难,尚不能对每个要素的标准进行准确识别。在“贾某文诉献县政府行政登记案”①中,最高人民法院就认为,再审申请人无证据证明其对涉案土地享有合法权益,且被诉土地使用权证与其缺乏利害关系,故本诉没有权利保护必要性。这个案件的推理过程无疑是存在诉的利益混用的,将利害关系与权利保护必要性混在一起说明理由,导致阐述理由存在不妥之处。在信息公开行政诉讼领域也存在混用要素的案件说理,在“贾某与中国电信股份有限公司山东分公司案”②中,法院认为行政诉讼作为救济手段,对诉讼权利滥用的制止与对合法权益的保护同样重要;本案原告多次、重复、持续申请信息公开,继而提起行政诉讼的行为是对行政诉讼权利的滥用,其所诉事项明显不具备合法权益,与其诉求明显不具有利害关系,故不应当予以救济。在该案中,利害关系的判断是存在当事人与所申请的信息之间,而将滥用诉权等同于缺乏利害关系的认定并非正当的适用理由。

此外,曾有学者借鉴美国经验,认为不存在与利害关系分立的“诉的利益”概念。但事实上,作为客观诉讼的原告适格取决于法律的授权,不仅可以维护法院的运作效能,还兼有保护诉讼相对方的意旨,即避免被告承受无端诉累。并且,利害关系主要解决“对特定原告有无作出本案判决的必要性及实效

① 最高人民法院行政裁定书,(2017)最高法行申640号。

② 山东省济南高新技术产业开发区人民法院行政判决书,(2017)鲁0191行初51号。

性”,[①]即要求原告主张其主观权利受损,且一般仅在确认满足利害关系上有进一步判断权利保护必要性的需要。

第二,利害关系与受案范围的混淆。行政相对人以外利害关系人具有诉讼请求权,使得利害关系和受案范围的判断变得困难,[②]特别是难以把握标准和界限。在有些案件中,针对行政行为的相对人,还审查其与行政行为的利害关系,[③]有时明明是其他利害关系人却依据受案范围要件审查其原告资格。[④]这些观点或现象本质上涉及我国《行政诉讼法》第2条第1款、第12条与第25条第1款之间关系的法解释问题。修改之前的《行政诉讼法》最初保障的是人身权和财产权,后来根据《行诉法解释2018》的规定,扩充了相邻权与公平竞争权、企业经营自主权,而受教育权和就业权等权利则是在审判实践中被慢慢纳入。[⑤]

在《政府信息公开条例》修改之前并不存在明朗的“知情权”概念,甚至带有立法用语和体系构建中的有意回避,因此势必存在受案范围条款适用时的解释障碍,即原告未能获取信息从而提起诉请的行为究竟属于受案范围条款所列的何种事项、属于何种权利。在“周某琴与台州市路桥区蓬街镇人民政府、台州市路桥区人民政府乡政府案”[⑥]中,法院认为依据最高人民法院《关于审理政府信息公开行政案件若干问题的规定》第2条第1款第4项的规定,当事人与所诉的行政行为不存在利害关系,以此进一步推定原告以政府信息公开名义申请查阅案卷材料的行为,依法不属于政府信息公开案件的受案范围,明显缺乏诉的利益。该裁判分别认定被诉行政行为与原告“不具有利害关系”和“不属于受案范围”,这种适用路径是从两个不同的规则共同指向因缺乏诉的利益裁定驳回起诉这一共同的裁判结果。在现代行政背景下行政法更多关

① 参见[日]新堂幸司:《新民事诉讼法》,林剑锋译,法律出版社2008年版,第187页。

② 参见章剑生:《行政诉讼原告资格“利害关系”的判断结构》,载《中国法学》2019年第4期。

③ 江苏省南京市中级人民法院行政判决书,(2021)苏01行终149号。

④ 广东省高级人民法院行政判决书,(2003)粤高法行终字第14号。

⑤ 修改后的《行政诉讼法》在受案范围条款中,通过将兜底条款增加“等”字的方式,实现了容纳新型权利形态的解释可能性。参见《行政诉讼法》第12条第1款第12项。

⑥ 浙江省台州市黄岩区人民法院行政裁定书,(2019)浙1003行初3号。

注调整的是行政行为与行政相对人之间的关系，在司法审查中，更应注重从构成要件判断该行为是否属于行政行为，这不仅是为了区分受案范围与利害关系，也是斩断循环论证的必然选择。受案范围与原告资格纠缠形成的牵连性阶段体系表明，应当探索在终局行为前阶段构建定分止争制度。[①] 这也就意味着应当在利害关系与受案范围之间建立明确的区分标准。其实，就信息公开行政诉讼的受案范围而言，《政府信息公开条例》明确了诉讼是一种救济途径，因此除明确排除的情形以外，均应当属于受案范围，诸如争讼信息是否属于政府信息等问题的审查，均应在实体审查中予以辨析，将之作为是否支持原告实体诉讼请求等依据，而并非从程序上将其排除在司法审查的范围之外。

（三）问题的延伸：对同一性质的信息适用不同的规则体系

作为本书分析对象中裁判文书，对于咨询、信访等相同性质的信息适用的规则不同。表 4－17 统计了裁判中几类典型信息的规则适用不一致情况，其中咨询类的案件有 104 份裁判文书适用了“不产生实际影响”规则，22 份裁判适用了“不属于受案范围”规则，涉及信访信息适用上述两个规则分别是 6 份和 9 份裁判文书，也是在实践中不一致比例最高的种类。

**表 4－17　几类典型信息规则适用不一致的情况**

| 信息属性 | 适用“对合法权益不产生实际影响”案件数（件） | 适用“不属于受案范围”规则案件数（件） |
|---|---|---|
| 咨询 | 104 | 22 |
| 信访 | 6 | 9 |
| 内部、过程性信息 | 17 | 5 |

在“李某君与中华人民共和国公安部案”[②]中，一审法院认为原告的行为是通过信息公开行为了解信访处理结果，属于信访事项，不属于《政府信息公开条例》的调整范围，亦不属于行政诉讼受案范围。此处，法院通过对原告行为和所申请信息的定性，直接适用“不属于受案范围”，将案件排除在行政诉讼之

---

① 参见黄宇骁：《行政诉讼受案范围与原告资格关系之辨》，载《政治与法律》2021 年第 2 期。

② 北京市高级人民法院行政裁定书，（2019）京行终第 6260 号。

外。然而在“胡某江、天津市和平区人民政府二审行政裁定”①中，二审法院也作出了原告所申请的信息不属于《政府信息公开条例》调整范围的判断，但是适用的是“对合法权益不产生实际影响”条款裁定驳回起诉。这种不一致并非个案，在统计的240份裁判文书中，对相同定性信息适用不同规则的案件分布情况如表4－17所示，另有案件中法院没有对争讼信息进行定性，只是认定其不属于《政府信息公开条例》第2条所规定的在履职过程中产生的信息，②不受《政府信息公开条例》的调整。如在“周某达与国家林业和草原局信息公开案”③中，一审法院认为原告并非申请政府信息公开而是进行咨询，不属于《政府信息公开条例》调整范围，国家林业和草原局的行为对原告的合法权益不产生实际影响，也不属于行政诉讼受案范围。基于此，适用《行诉法解释2018》第69条第1款第1项、第8项裁定驳回起诉。在司法实践中，法院对于信息性质的判断较为统一，裁判的目的也都在于否定案件的诉的利益，但是在规则适用上，或说在裁判路径的选择上却产生了明显的分歧。造成这一现象的原因，一方面是前文提及的2007年《政府信息公开条例》不完善，另一方面就是诉的利益要素不明确。这种情况使得法院在适用规则时较难准确把握规则的含义及其指向的要件，导致实践的不统一和混乱。

## 第三节　现有司法审查存在的程序问题

除实体问题以外，分析实践中认定信息公开行政诉讼诉的利益的标准，发现还有一些程序问题值得进行讨论。

随着法治的发展、公民法律意识的提升，公众对司法裁判的期待也从裁判结果符合朴素的公平正义观发展为不但要求裁判结果合理合法，而且要求裁

---

①　天津市高级人民法院行政裁定书，(2019)津行终22号。

②　《政府信息公开条例》第2条规定：“本条例所称政府信息，是指行政机关在履行行政管理职能过程中制作或者获取的，以一定形式记录、保存的信息。”

③　北京市高级人民法院行政裁定书，(2020)京行终第3458号。

判理由充分,结论具有妥当性,[①]这也是符合"让人民群众在每一起司法案件中感受到公平正义"要求的应有之义。因此,裁判妥当性问题应当是法院特别关注的问题。在本书涉及的裁判中,从裁判方式和裁判妥当性角度出发进行考察,有以下两个问题值得探讨。

## 一、裁判类型的选择

在裁判类型的选择上,由于法院裁判目的在于否定诉的利益,而诉的利益否定一般认为并不属于对案件实体问题的判断,应当用裁定而非判决。因此在绝大多数裁判中将裁判形式选择为裁定,从表面上看似乎没有不妥之处,但是对规则适用进行详细分析,便可以发现其中的问题所在。《行政诉讼法》第69条[②]规定在法院认定行政机关行为合法或者原告申请被告履行职能不成立时,法院应当判决驳回诉讼请求。此条款在修改的时候虽然存在较大争议,但是在经过三次审议之后,基本达成了一致意见,在科以义务诉讼和一般给付诉讼中,都适用驳回诉讼请求判决。[③] 在本书涉及的诸多案例中,原告要求行政机关公开信息,但法院要么认定该信息不属于信息公开的范围,要么认定该信息可以适用不予公开规则,行政机关不予公开的行为合法,则此时应当依据《行政诉讼法》第69条判决驳回原告诉讼请求,从实体上进行判断而非从程序上以否定诉的利益的方式进行迂回。这并非仅仅是学理上的分析,部分二审法院在裁判中也指出了这一问题。

在"李某国、湖南省人民政府案"[④]中,一审法院在裁判中指出李某国集中、大量地提起信息公开申请和诉讼,主观上存在滥用诉权的故意,客观上实施了滥用诉讼程序的行为,破坏正常诉讼程序,严重浪费司法资源,不具备诉的利益,省政府的行为对李某国不产生实际影响。据此,法院适用《行诉法解释2018》第69条第1款第8项、第10项裁定驳回原告起诉。案件上诉后,二审法

---

① 董妍、杨子沄:《裁判妥当性视角下的裁判理由》,载《人民司法》2020年第20期。

② 《行政诉讼法》第69条规定:"行政行为证据确凿,适用法律、法规正确,符合法定程序的,或者原告申请被告履行法定职责或者给付义务理由不成立的,人民法院判决驳回原告的诉讼请求。"

③ 参见江必新主编:《新行政诉讼法专题讲座》,中国法制出版社2014年版,第258页。

④ 湖南省高级人民法院行政裁定书,(2019)湘行终第2176号。

院在裁判中并未对李某国的行为是否过程滥诉进行讨论，只是认为省政府行为并无不当，且认为本案属于申请被告履行法定职责或给付义务理由不成立，应当依据《行政诉讼法》第69条判决驳回诉讼请求，一审法院裁定驳回起诉不当，应予纠正，但由于一审法院的结论不影响当事人的实体权益，二审法院明确为了减少诉累，节约司法资源，不再指令继续审理，裁定驳回上诉，维持原裁定。应当说，二审法院的判断是准确而严谨的，一方面二审法院指出了原审认定及裁判的问题，另一方面出于效率的考量维持原裁定。二审法院没有从诉的利益上否定当事人诉权的判断符合了《行政诉讼法》保障相对人合法权益的价值期待；同时，为了不造成诉累而维持原裁定的做法兼顾了诉讼效率的基本价值取向，在法律适用和裁判结果上更为妥当。

此处值得继续深入探讨的一个问题是，在本书研究的240份裁判文书中，仅有4份裁判选择了判决的形式，其余均为裁定，法院更倾向于采用裁定而非判决的原因，一方面是现行规则中对于否定诉的利益的裁判类型的规定的是裁定（《行诉法解释2018》第69条），这意味着法院如果想通过否定诉的利益的方式结案就必须采用裁定的方式；另一方面恐怕还是“陆红霞案”的示范作用，应当说，该案实际上起到了对权利滥用者的震慑作用。长久以来，信息公开行政诉讼部分原告反复提起诉讼确实给行政机关和司法机关带来了极大的工作压力，法院选择否定诉的利益的方式进行裁判，从程序上否定原告诉权，旨在表明该类型诉讼请求不仅在实体上不能得到支持，而且是不值得动用国家司法资源来进行审查的，以此来“劝退”希望通过此种途径达到其他诉求的当事人。

在上述背景下法院的裁判是基于现实需要的选择，并且在一定程度上达到了目的，但这并不意味着这种裁判方式的选择是完全妥当的。第一，“陆红霞案”的裁判在理论上存在较大的争议，有学者认为，审理法院未对被告行政行为进行审查，在现行的《行政诉讼法》中并没有依据。同时，法院主动向行政机关和其他法院收集原告以往提出申请和起诉的证据是否合适也值得探讨。①

---

① 参见沈岿：《信息公开申请和诉讼滥用的司法应对——评“陆红霞诉南通市发改委案”》，载《法制与社会发展》2016年第5期。

第二,"陆红霞案"中法院是从否定权利保护必要性入手否定诉的利益,直接涉及诉的利益的最核心要素,而本书分析的240份裁判文书中,只有11起案件法院认为缺乏审理的必要,其余的都是通过否定原告资格或者受案范围来实现否定权利保护必要性,这是基于在现行依据层面上,认定权利滥用对行政机关的举证和法院的证据认定都有十分严格的要求的情形下,对此行政机关面临较大的举证压力,法院认定原告滥用权利也需要充分的理由。鉴于此,法院更多的时候在认定原告滥用权利方面比较谨慎,但是为了达到同样的效果,则借助原告资格和受案范围两个要素来进行迂回,以同样达到否定诉的利益的最终目的。而仔细分析裁判理由就会发现有的裁判在这两个要素的判断中存在一定的问题,如在"陈某传、胡某才等诉四川省人民政府案"①中,一审法院认为原告所申请公开的事项涉及国家秘密,依法不予公开,行政机关的行为对原告的权利义务不产生实际影响,因此依据《行诉法解释2018》第69条第1款第8项裁定驳回起诉。该案中法院认定争讼信息为国家秘密,不应当公开,则应当从实体上判决驳回诉讼请求,而非选择裁定驳回起诉,裁判方式选择不当,这一点在前文已经述及。更重要的是,国家秘密是由于国家安全的需要而不能予以公开,不公开涉及国家秘密的信息实质上是利益衡量的体现,这并不意味着该信息公开与否是否对原告的权利义务产生实际影响,其中的逻辑问题显而易见。在"莫某芬等与中华人民共和国工业和信息化部案"②中,法院认定争讼信息涉及第三方商业秘密,不属于政府信息,不属于《政府信息公开条例》的调整范围,行政机关拒绝提供信息的行为对原告权利义务不产生实际影响,原告不符合起诉条件。该案中,争讼信息是否属于商业秘密与对原告权利义务产生实际影响之间没有必然的逻辑关系,同时,法院混淆了"不予公开的信息"、"不属于政府信息"与不属于《政府信息公开条例》调整。这三者之间并不等同,而是存在复杂的交叉关系,"不予公开的信息"中包含着政府信息,也包含着非政府信息,非政府信息不适用《政府信息公开条例》,但并不意味着一定不予公开。此外,并非所有的"政府信息"都适用《政府信息公开条例》,部分信

---

① 四川省高级人民法院行政裁定书,(2020)川行终第1864号。

② 北京市高级人民法院行政裁定书,(2018)京行终第2943号。

息可能按照相关特别法进行处理。① 这种复杂的关系要求法院必须进行精准的判断和适用,并将相关的理由和条款一并列出。

在这里还要附带说明的是,选择裁定驳回起诉比选择判决驳回原告诉讼请求应该更为谨慎,因为前者是从根本上否定了原告起诉的权利,对原告权利产生的影响较大,而判决驳回诉讼请求则仅针对个案的诉求。

**二、认定的准确性与论证的充分性**

前文表3－13中四种对合法权益"不产生实际影响"适用的案件中,均存在论证不充分的情况。法院裁判文书在适用对合法权益"不产生实际影响"规则时缺乏充分论证,同时也存在认定不准确的问题,导致裁判的妥当性有所欠缺。针对这一问题,可以从以下两个方面进行分析。

第一,就形式上而言,上文提及的在案件事实和规则适用之间缺乏必要的逻辑论证,法院对行政机关的行为是否真的对原告合法权益"不产生实际影响"缺乏论证的过程。如前文提及的"陈某传、胡某才等诉四川省人民政府案""莫某芬等与中华人民共和国工业和信息化部案",法院认定争讼信息不属于政府信息或者不属于《政府信息公开条例》调整范围,进而直接适用了对合法权益"不产生实际影响"规则,而对其中的联系没有进行必要的说明,争讼信息的性质并不能直接导致对原告权利义务不产生实际影响,该内容前文已经述及,此处不再赘述。

第二,就实质层面上而言,何为政府信息公开中的"实际影响",《政府信息公开条例》第1条规定的"为了保障公民、法人和其他组织依法获取政府信息……"明确了获取政府信息的权利受《政府信息公开条例》保护,同时《政府信息公开条例》对公民获取政府信息的用途亦没有限制,这是因为政府信息公开制度本身就具有双重属性,一方面需要满足公民个人利益的要求,另一方面信息公开制度也是民主制度的产物,具有满足公共利益的属性,相应的行政诉讼也就具有了主观诉讼和客观诉讼的复合属性。② 由此,信息公开行政诉讼当中不能仅因行政行为对公民个人影响甚微就判定该案不具有诉的利益,不值

---

①　参见胡锦光主编:《2018年中国十大宪法事例评析》,法律出版社2019年版,第81～82页。

②　参见王贵松:《信息公开行政诉讼的诉的利益》,载《比较法研究》2017年第2期。

得国家运用司法资源予以保护，因为每一个信息公开诉讼都是兼具公益和私益两种属性，微弱的私益属性并不能否定公益属性的存在，进而不能贸然否定其诉的利益。如此，判定一个政府信息公开行为“不产生实际影响”是需要十分谨慎的，因为“不产生实际影响”不仅应该包含私益还应该包含公益，这是法院在判断中不能忽视的。在“王某与国家机关事务管理局信息公开案”[①]中，法院认为争讼信息是针对特定的被保障人群而产生的信息，该管理行为并非行政法意义上的行使行政管理职责的行为，也非《政府信息公开条例》调整的范围，与申请人之间无关，故裁定驳回原告起诉。该案件在审理过程中只考虑了信息公开行政诉讼中的主观诉讼属性，而未考虑其客观诉讼的属性，即该信息可能涉及社会公平等公共利益。在“陈某、嘉善县人民政府行政监察案”[②]中，原告要求被告公开聘请律师的费用及来源，并明确提出“用纳税人的钱与纳税人打行政诉讼，让懂法的律师对付不懂法的弱势被征收人……涉及公共财政支出，而对于公共财政支出情况应当接受社会公众的监督。被告系用咨询性提问作挡箭牌不予公开”的观点。原告的论述中直接点明了信息公开行政诉讼的客观诉讼属性，法院在裁判文书中对该问题并没有进行回应，而是直接认定被告的行为既未侵犯原告的人身权、财产权，也未侵犯其知情权，对其权益不产生实质影响。法院此处的论述逻辑显得过于“跳跃”，这使得该裁判的说服力和权威性受到了一定影响。部分原告大量、频繁提出信息公开申请，提起信息公开行政诉讼的行为确实是造成了一定的公共资源浪费，给行政机关和法院造成了一定的工作压力，这一现象也并非我国所独有，而是几乎与信息公开制度相伴而生，这也是建立信息公开制度所要付出的代价之一。正如有学者指出，假使因扩大诉的利益而造成法院和行政机关的工作多少变得繁忙，那也是迫不得已。为了减轻公权力机关负担而忽略对国民生活具有重大意义和关联的利益侵害，无疑是本末倒置的。[③]

① 北京市高级人民法院行政裁定书，(2020)京行终第4128号。

② 浙江省高级人民法院行政裁定书，(2020)浙行终第1093号。

③ 参见[日]原田尚彦：《日本公共法译丛：诉的利益》，石龙潭译，中国政法大学出版社2014年版，第225页。

# 第五章　面向未来：信息公开行政诉讼诉的利益的明确及不当行使权利的规制

在行政诉讼理论中，对诉的利益包含的要素有不同的解读，前文已经述及。日本学者原田尚彦将诉的利益分为广义和狭义两种，广义的诉的利益包含诉讼对象、原告适格以及权利保护必要性；其中权利保护必要性也被称为狭义的诉的利益。有学者在此基础上进一步指出，这三个要素均用以判断是否有必要启动审判权，具有很强的关联性。[①] 我国学者王珂瑾认为诉的利益包含三个层面：客观利益的存在；利益受到行政行为侵害；利益获得司法救济的必要性。[②] 上述观点无论是广义说还是狭义说，对诉的利益要素的阐述都十分明确，但是我国现行规范和司法实践中，对诉的利益要素的表达就显得不那么清晰。

一方面，最高人民法院在实践中多次提到了“诉的利

---

① 参见［日］新堂幸司：《新民事诉讼法》，林剑锋译，法律出版社2008年版，第205页。

② 参见王珂瑾：《行政诉讼中“诉的利益”》，载《法学论坛》2012年第3期。

益”,且在司法解释的部分条文释义中明确表达了规则制定中诉的利益的价值取向;在“冯某梅、江苏省东海县人民政府行政复议案”[①]的裁判要旨中,明确了没有诉的利益的主张不能受到保护,为了攻击对方而进行的诉讼也不应受到保护,因为此类行为背离了行政诉讼的初衷。最高人民法院发布的8起人民法院征收拆迁典型案例(第二批)中“焦某顺诉河南省新乡市卫滨区人民政府行政征收管理案”[②],在案件的典型意义中也有对“诉的利益”的论述,该案件指出人民法院需要在案件中审查行政行为对原告权利义务所造成的影响,不得虚化、弱化利害关系,造成诉累。在“行政审判十大典型案例(第一批)”“杨某全诉山东省人民政府行政复议案”的典型意义中写道,人民法院有义务识别、判断当事人的请求是否具有足以利用行政复议制度和行政诉讼制度加以解决的必要性,避免因缺乏“诉的利益”而不当行使诉权的发生,且明确了法院对于“诉的利益”有识别义务。在本书统计的案例中,亦有不少提及了诉的利益,由此可见,在司法实务中对于“诉的利益”的判断已经成为审判中一个非常重要的环节,这也是由审判的现实需要决定的。

另一方面,被司法裁判,特别是信息公开行政诉讼频繁适用的诉的利益究竟包含哪些要素,无论是在现行规范、司法解释、裁判中,还是最高人民法院出版的对司法解释的阐述中,均无明确界定。如在前文提及的,最高人民法院行政庭认为“并不是具备诉的形式要件就值得动用司法资源予以解决”,这里的诉的利益显然聚焦在权利保护必要性的角度,因为一个没有原告资格和不属于行政诉讼受案范围的案件很难说是符合诉的形式要件的。而在“焦某顺诉河南省新乡市卫滨区人民政府行政征收管理案”中,法院将诉的利益的考察聚焦到了原告与行政行为之间的利害关系,显然是将原告资格的内容纳入了诉的利益范畴中,虽然有学者认为在确认之诉中原告资格与确认利益即为表里一体的关系,[③]但这只是在特定类型的诉讼中的表现形式,特别是信息公开行

---

① 江苏省高级人民法院行政裁定书,(2017)苏行终第1138号。

② 最高人民法院行政裁定书,(2017)最高法行申第8112号。

③ 参见[日]新堂幸司:《新民事诉讼法》,林剑锋译,法律出版社2008年版,第205页。

政诉讼大多数为给付之诉，且兼具主观诉讼和客观诉讼的双重属性，[①]其中客观诉讼的属性使得对此类案件原告资格的判断比一般行政诉讼的标准要宽松很多，因而在信息公开行政诉讼中将原告资格和权利保护必要性混同显然是不适合的。《政府信息公开条例》第27条赋予了公民、法人和其他组织依申请获取政府信息的权利，且对这一权利并未附加任何条件。曾经有观点认为申请人所申请的政府信息应当与自身存在利害关系，但这一观点不仅在理论上没有依据，并且实践中也不具有可操作性。[②] 政府信息公开制度关注的焦点是哪些信息可以公开，而不是对谁公开，这是由信息可传播性的特征决定的。这就意味着能够提起信息公开行政诉讼的原告资格相当宽泛，只要向行政机关提出了信息公开申请，就可以成为信息公开行政诉讼的原告。

由此可见，司法机关虽然在实践中已经开始对案件的诉的利益进行识别和判断，且将诉的利益作为案件能否进行实质审理的重要考察因素，特别是在信息公开行政诉讼中已经成为规制原告权利滥用的重要手段之一，但是诉的利益究竟包含哪些要素尚没有明确依据。虽然有学者指出我国司法实践多数情况下诉的利益指向的是对权利保护必要性的判断，[③]但从本书所梳理的信息公开行政诉讼的情况来看，在司法裁判中也并未形成统一的标准，这直接导致裁判中出现了规则混用、裁判方式不当、论证不充分等问题。

因此，无论是在理论还是在实践中，都需要明确诉的利益所包含的要素，让法院在否定诉的利益的时候能够更有针对性地适用规则。

法学作为一门实践性较强的学科，学术研究与实践发展具有十分密切的联系。一方面，实践从理论研究中吸收具有可操作性的内容加以应用，如保护规范理论在司法裁判中的适用，就是从学理走向实践的典型案例。另一方面，实践中遇到了棘手的问题，率先进行研究做出处理，成为学术研究的热点，带动了学术理论的发展。这一点在我国行政法发展过程中并不鲜见，如在

---

① 参见王贵松：《论行政诉讼的权利保护必要性》，载《法制与社会发展》2018年第1期。

② 参见后向东：《〈中华人民共和国政府信息公开条例〉(2019)理解与适用》，中国法制出版社2019年版，第58页。

③ 参见梁君瑜：《祛魅与返魅：行政诉讼中权利保护必要性之理论解读及其适用》，载《南大法学》2020年第2期。

“田某诉北京科技大学案”[①]中,对行政主体、正当程序、司法审查标准均有所发展。

信息公开行政诉讼诉的利益在理论解读方面尚有进一步深入探讨的空间,在实践认定标准方面也存在一定的问题。但归根结底,诉的利益问题是一个实践导向的问题,要想解决实践中的问题,即便理论研究得再深入,面对纷繁复杂的实践情况时也不免捉襟见肘。因而,在抽象的规范中直接明确信息公开行政诉讼诉的利益的要素及判断标准不失为解决理论争议和现实不确定性的可行途径。就理论研究而言,虽然明确的规范可能将研究的广度固定在某一特定的范围内,特别是基于我国实践的研究必然要考虑现行规范的内容,但是也使得理论研究更有针对性。当然,在此基础之上对于外国法的研究,也对规范的进一步完善和发展具有十分重要的作用。

此外,信息公开行政诉讼诉的利益在我国司法实践中被频繁适用是源于少数申请人不当行使政府信息公开申请权,对于此类行为的评价虽然也并未达成统一意见,甚至连是否存在所谓的“不当行使”都存在一定的争议;但是,不能否认的是,此类行为给行政机关和法院造成了较大的压力,特别是侵占了大量的公共资源。当然,我们不能因此而对公民权利加以不当限制,因为保护权利是所有公法的终极目标,这便是行政法平衡理念的核心体现。2019 年《政府信息公开条例》进行了修订,第 35 条和第 42 条设定了特别程序,把对不当行使权利的规制权力赋予给行政机关,前文已经述及,上述条款对司法中适用诉的利益产生了较大的影响,同时也关乎公民权利的保护,因而有必要对该条款的适用进行考察。

综上,本章在之前的基础上,一方面提出明确信息公开行政诉讼诉的利益的要素与方式,另一方面对与之关系密切的《政府信息公开条例》第 35 条的司法适用情况予以考察。

---

① 北京市海淀区人民法院行政判决书,(1998)海行初字第 142 号。

## 第一节 信息公开行政诉讼诉的利益之明晰

### 一、信息公开行政诉讼诉的利益要素之限定

信息公开行政诉讼诉的利益的要素及判断标准不明确，导致实践中出现了诸多问题。在明确和识别信息公开行政诉讼诉的利益时，应当尽快明确诉的利益要素的内容。

基于理论与现实的需要，在信息公开行政诉讼审查中明确诉的利益的要素是兼顾公私利益，统一司法裁判标准的重要途径。

一方面，从诉的利益包含的要素方面，相较于广义的诉的利益，我国司法实践中宜采用狭义的诉的利益概念，即诉的利益仅包含权利保护必要性。原因有以下几个方面。

第一，原告资格、受案范围在信息公开行政诉讼中是比权利保护必要性(狭义的诉的利益)更受关注且讨论更早的规则体系，相较于尚无统一判断标准的权利保护必要性来说，其有更为成熟和清晰的规则。目前司法实践也已经形成了统一的判断标准，现有理论与实践基础足以支撑清晰判断原告资格、受案范围的需求，而无须借助其他的规则体系来进行判断。2007 年《政府信息公开条例》实施伊始，信息公开行政诉讼对于原告资格判断的争论集中在原告是否满足“三需要”的要求，对此，2010 年“193 号文件”明确指出，公民、法人或者其他组织认为行政机关针对政府信息公开申请作出的答复或逾期不予答复侵犯其合法权益，提起行政诉讼的，人民法院应予受理。申请人申请公开的政府信息是否与本人生产、生活、科研等特殊需要有关，属于实体审理的内容，不宜作为原告主体资格的条件。《政府信息公开条例》中更是将“三需要”条款删除，因此对于原告资格的判断不存在较大争议。至于受案范围，《政府信息公开条例》对咨询、信访等情况作出了明确的规定，法院在处理此类案件时，可以直接适用《政府信息公开条例》驳回诉讼请求，无须再以不属于受案范围的理由裁定驳回起诉。应当说，这一问题随着规则的完善已经得到了较好的解决。

信息公开行政诉讼在实践中的产生先于政府信息公开制度的建立,①从2003年第一起有报道的信息公开行政诉讼算起,已将近20年。这20年间行政机关、司法机关在审理信息公开行政诉讼中不断进行探索,在行政和司法领域逐步确立了相对完善的规则,特别是2019年《政府信息公开条例》的修改更是在规范层面上解决了实践中的部分难题,应当说,信息公开制度从行政程序到司法程序已经完成了制度的基本建构。加之我国行政诉讼制度30多年的探索和实践,在利害关系识别、受案范围判断中已经有了相对明确和成熟的标志。

在信息公开行政诉讼中通过审查利害关系进而否定诉的利益是在规则尚不完善、经验尚不充分的背景下,应对部分申请人不当行使权利的权宜之计。虽然这在一段时间内确实起到了一定的作用,但其在法理上还存在诸多值得商榷之处;司法实践中2018年之后采用该种裁判方式的案件呈现下降趋势也可以从侧面佐证这一点。同时,修改后的《政府信息公开条例》也可以在一定程度上解决行政机关和法院的困扰,上述裁判方式也失去了存在的现实必要性。诚然,《政府信息公开条例》不可能完全解决不当行使权利的问题,但是任何制度都不是完美的,信息公开制度建立带来的积极作用必然超过其弊端,部分申请人不当行使权利也不单是我国独有,而是世界范围内通行的问题,对此我们需要予以足够的宽容和接纳,这不仅是信息公开制度建立和实施必须面对的问题,也是法治政府建设过程中的必经阶段,甚至是民主进程中的必然代价。

实践中将"利害关系"纳入诉的利益范畴,并无法为信息公开行政诉讼诉的利益的判断提供相对清晰的分析框架和确定的推导步骤,不但增加了诉的利益判断的难度,而且使得已经明确的利害关系识别标准变得混乱。造成上述问题的一个重要原因是在我国立法及实践当中均未明确诉的利益的明确范围,因此在实践中出现了混用甚至是误用的情况。正如有学者所言,将行政诉讼所保障的利害关系,更具体地从信息公开行政诉讼的诉的利益中解释和分

---

① 参见赵正群、董妍:《中国大陆首批信息公开诉讼案件论析(2002—2008)》,载《法制与社会发展》2009年第6期。

离出来便成为当务之急。[①] 要实现这种剥离最为简便的途径便是采取狭义的诉的利益概念,将诉的利益严格限定在权利保护必要性的范围内进行讨论,而将利害关系、受案范围从中剥离,按照既有的标准进行判断,避免诉的利益概念在审判实践中泛化而带来混乱。

第二,将原告资格、受案范围纳入诉的利益的概念中,在目前权利保护必要性理论探讨尚不成熟,实践中也尚无统一规则的情形下,导致了前文述及的规则混用,裁判的妥当性受到质疑,此处不再赘述。

第三,将信息公开行政诉讼诉的利益聚焦于权利保护必要性,有利于限制公权力的恣意、保障行政相对人合法权益,契合《行政诉讼法》的根本目的。在第三章第三节补充样本部分梳理的240个案例中,仅有11起案件是从权利保护必要性角度否定诉的利益,所占比例并不高,而其他案件均是从原告资格和受案范围两个角度间接否定诉的利益的。这是因为否定原告资格和受案范围对于证据及论证的要求远低于否定权利保护必要性的要求,被告要想证明原告滥用权利、缺乏权利保护的必要性,需要将其之前的申请、起诉等行为一一列举,同时还要结合原告的行为对其滥用权利的主观意图进行证明,面临较大的举证压力;而法院要认定被告的主张,也必须综合考虑案内、案外因素,进行充分论证,如此才能使得裁判理由具有说服力,裁判的结论具有可接受性,故其也面临着较大的舆论压力。在这种情况下,除非极个别典型、极端的案件,法院在一般情况下不愿意否定原告的诉的利益,更多是采取在个案上不予支持诉讼请求,如此一来除极少数明显权利滥用的案件之外,大部分原告虽然在个案上的诉请得不到法院的支持,但是对其诉讼权利予以了保障,这与行政诉讼法的立法目的相契合,同时也是法治社会的应有之义。

另外,从明确信息公开行政诉讼诉的利益的形式上来说,以最高人民法院发布案例的形式来确定是较为合适的方式。这是因为,首先,最高人民法院的指导性案例在司法审判中的示范作用及其重要性不言而喻,在指导性案例中确立信息公开行政诉讼诉的利益的要素,对统一司法审查标准具有重要作用;

---

① 参见赵宏:《法治政府与行政诉讼中的权利保护》,载《治理研究》2020年第4期。

其次,在指导性案例中确定信息公开行政诉讼诉的利益的要素,可以对法院审查诉的利益提供更为具体和具有针对性的指导;最后,案例形式相较于抽象的规定更容易被公众学习和接受,有利于公众对信息公开行政诉讼中诉的利益认定标准的了解,从而促使公众树立正确的法律意识,正确行使权利,从根本上解决对信息公开申请权利和诉讼权利滥用的问题。

信息公开行政诉讼中法院对于原告滥诉的认定一直受到诸多质疑,甚至有学者对法院可能滥用这项权利表示出担忧,认为同样要防止“滥用诉权”这个概念本身被滥用。[①]《政府信息公开条例》的修改使得一部分申请人大量申请信息公开的行为在一定程度上受到了实体规则的约束,也必然会减少无意义诉讼的数量,在行政机关和法院压力有所缓解的前提下,应当进一步完善和统一信息公开行政诉讼中对于诉的利益的认定,明确诉的利益的要素,使其成为取代“滥用诉权”概念的标准,这是保障行政相对人合法权益、树立司法权威的重要途径之一。

前文分析了信息公开行政诉讼诉的利益的立法期待及司法认定的现实标准,应当说司法认定基本上符合了立法期待,但司法实践层面依然存在否定诉的利益要素路径的不统一,或者对类似案件采用不同的审判进路,导致诉的利益的否定路径呈现了明显的差异;这都会对司法的统一性和确定性产生不利影响,进而影响公众对于法律的预期甚至是司法的公正性。因现行规范中对原告资格和受案范围已经有了较为明确的规定,因此上述两个要素的否定应当严格依照规范进行,而对权利保护必要性的否定需要进行个案审查,并且要进行充分的论证,以增强裁判的说服力。

## 二、对原告资格、受案范围否认采取审慎态度

在否定信息公开行政诉讼诉的利益的三条路径中,对于原告资格的否定应当最为谨慎,这也是理论界和实务界的共识。其一,信息公开行政诉讼具有客观诉讼属性,因而应该具有较为宽泛的原告资格。[②] 其二,“三需要”条款的删除也弱化了申请人与所申请信息之间关联性的审查。其三,《政府信息公开

① 参见王锡锌:《滥用知情权的逻辑及展开》,载《法学研究》2017 年第 6 期。

② 参见王贵松:《论行政诉讼的权利保护必要性》,载《法制与社会发展》2018 年第 1 期。

条例》实施后,对于咨询等信息的处理方式已经非常明确,法院无须再通过适用诉的利益进行迂回。至于受案范围,除法定的不予受理的类型以外,信息公开行政诉讼属于行政诉讼受案范围是不争的事实。

但并不意味着上述问题失去了讨论的空间。《政府信息公开条例》实施以后,虽然法院不能再以“三需要”否定原告资格,但是考察原告与所申请信息之间的相关性,认为其关联性不大,进而否定原告资格或者否定受案范围的裁判依然存在,因此对这一问题仍然有必要进行分析。

从立法目的层面,除非原告不是信息公开申请人,否则信息公开行政诉讼原告资格的否认要达到理论上的自洽是十分困难的。此类诉讼中,只要原告曾经向行政机关提出过政府信息公开申请,无论行政机关的行为如何,原告都与行政机关的政府信息公开行为具有利害关系,便具备了原告资格。[①] 在《政府信息公开条例》修订前,部分法院在考察原告与所申请信息的关联性后以原告所申请信息与其自身生产、生活、科研无关为由,否定原告资格的裁定是对2007年《政府信息公开条例》的误读。而现行《政府信息公开条例》中删除“三需要”条款使得否定原告资格的路径变得更不可能。有学者提出在对信息公开行政诉讼原告资格进行判断的时候应当遵循比例原则,一方面尽量扩大原告资格的范围,另一方面也应着眼于有效防止诉权滥用,[②]就理论上而言,这固然是一种完美的解决方式,但是在实践中,对于“比例”如何准确把握又是一个难题。在近期最高人民法院裁判的案件中,适用了保护规范理论对利害关系进行判断,这可以成为判断信息公开行政诉讼原告资格的一个解决思路。[③]

从程序层面,将申请人与所申请信息的关联性当作对申请人申请资格的限制,以该条款否定原告资格,亦有混淆实体与程序审查对象之嫌:信息公开行政诉讼中的立案阶段受“立案登记制”的影响,只对案件进行形式审查,而不能对实体内容进行审查。信息公开行政诉讼中审查的对象是行政机关的政府

---

① 参见李广宇:《政府信息公开行政诉讼的当事人》,载《电子政务》2009年第4期。

② 参见沈定成、衡永金:《政府信息公开滥用诉权司法审查制度的构建》,载《黑龙江社会科学》2022年第2期。

③ 参见郑涛:《政府信息公开申请人之原告适格辨析——兼评“陆红霞案”》,载《北京社会科学》2020年第3期。

信息公开行为，在立案阶段，只要申请人向行政机关提出过政府信息公开申请，无论行政机关如何答复或者不予答复，申请人都具备“认为”该行政行为侵犯其合法权益的资格，至于申请人与信息的关联性，本质上是在审查行政机关政府信息公开行为的合法性问题，是对案件内容的实体审查，应当在审理阶段进行，而不能将对具体行政行为合法性的审查前移到立案阶段并转移为对原告资格的审查，这是对于公民诉权的不当限制。①

在审查方式层面，信息公开行政诉讼原告资格要件依据抽象性规范予以确认较为妥当，并不适宜完全由法院在个案中进行确定的方式，这是因为原告资格的确认体现了一个主权国家对于相应权利的期待，且涉及对公民诉权的统一把握，个案审查出现不一致在所难免。《政府信息公开条例》对于“三需要”条款的删除明确了原告与所申请信息之间的关联性不得作为原告资格否定的条件，进而统一了实践中长期分歧。

应当说明的是，在“三需要”条款被删除后，法院不能再援引此条款否定原告资格，同时亦不能采取其替换形式，即原告与所申请信息关联性弱否定原告资格。如在前文述及的案件中，有原告多次申请涵盖内容十分广泛的信息，对于此种情况，应当通过否认权利保护必要性的方式否定其诉的利益，这一点亦应当在抽象规范中予以规定，避免实践中法院出现分歧。

总体而言，在目前立法期待和规范的情况下，适用否定原告资格的方式否定信息公开行政诉讼诉的利益的路径应当十分谨慎。这一方面是由于目前没有具体的依据作为否定信息公开行政诉讼原告资格的依据，另一方面也是基于《政府信息公开条例》和《行政诉讼法》所设立的信息公开行政诉讼的立法期待。

**三、厘清利害关系的实体与程序性审查**

信息公开行政诉讼的前提是行政行为具有可诉性，这也是进行衡量利害关系的首要标准，如果行为本身不具有可诉性，不属于人民法院行政审判权限调整范围，相对人即使与该行为有利害关系，也不具备诉讼权利。我国现行行

---

① 参见程琥：《新条例实施后政府信息公开行政诉讼若干问题探讨》，载《行政法学研究》2019 年第 4 期。

政诉讼对公法权利的保障限于《行政诉讼法》和相关司法解释明确列举的思考方式，反映的是将行政实体法和诉讼法分别处理的观念，即某种权益是否可以得到救济不仅需要实体法所确认，更需要依赖于《行政诉讼法》的认可，其本质仍旧是“行政诉权列举主义”的立场，即“实体法上的权利只有在被具体地、例外地赋予诉讼可能时才能获得贯彻”。① 而这一观念和做法不仅会持续加剧实体法与诉讼法之间的区隔与断裂，也会极大限制公法权利的司法保障。

政府信息获取人理应与其所申请的信息之间具有相应的利害关系，我国信息公开行政诉讼在程序审查中，应该仅针对是否在提起诉讼前履行了前置程序的步骤，若在程序审查过程中就对核心要素之利害关系进行审查，判断信息获取人与其所申请的相关信息不具有利益上的关联性，则无疑是在程序审理处于存在阶段时就进行了实体审理。我国目前存在部分法院在判例说理时，为避免信息公开行政诉讼中不当行使权利行为的出现，采取仅因当事人的频繁、大量申请政府信息而否定其之间存在利害关系的方式进行处理，这是对实体审查与程序审查的混淆。

在实体性审查过程中，不应只聚焦在申请人的申请形式上，应着重判断当事人申请的信息是否对其产生利害影响，是否具有实质意义上值得法律保护的利益。外在表现形式的不妥之处在于其也无法从真正意义上阻止信息获取人的原告适格，即只要申请人提起申请，相应行政机关未予以公开，那么就不公开之行为与申请人具有利益关联度而言，应当认定该行为损害了申请人的知情权，应该认定其进入实质审查，而非从程序审查中将其排除在外。

## 四、权利保护必要性否定的司法路径探析

舍弃了原告资格、受案范围否定的路径之后，权利保护必要性的否定成为了否定信息公开行政诉讼诉的利益的唯一路径，对权利保护必要性否定的标准亦成为此类诉讼对诉的利益判断的核心问题。

### （一）个案审查的必要性

权利保护必要性的判断应当主要依靠司法审判中的个案审查而并非抽象

---

① 参见［日］小早川光郎：《行政诉讼的构造分析》，王天华译，中国政法大学出版社 2014 年版，第 47 页。

规则的设定,这是因为对权利保护必要性的判断必须结合案件具体的情况甚至是案外的情况来考虑。案件情况千差万别,很难在抽象的规则中予以穷尽,且实践中不断有新的情况和新的问题出现,抽象规则难以及时跟进,只能依靠个案审查,此时法官的自由心证在判断中就起到了十分重要的作用。有学者在2007年《政府信息公开条例》尚未制定的时候就注意到了这一特点,认为个案审查是信息公开立法要解决的核心问题之一。①

考虑到上述情况,案例指导制度和发布典型案例在统一权利保护必要性司法认定标准方面将起到十分重要的作用。实践中千差万别和层出不穷的情况使得抽象规则的制定存在较大困难,但实践中也存在较为典型、集中的问题,特别是在信息公开行政诉讼中的大量、反复诉讼。实践中存在一定的共性,这就使得案例指导制度和典型案例发布具有一定的指导意义。此外,指导案例和典型案例的灵活性高于司法解释和立法,对于实践中出现的新问题能够较好地进行调整和应对,且具有较强的可操作性,与抽象规则一起共同形成了权利保护必要性认定标准依据体系。此外,对于指导性案例的遴选本身,也可以促进司法对信息公开行政诉讼审理的探索。②

### (二)裁判路径选择的考量

在个案审查中,须从立法期待的角度出发,使得审查的结果和立法目的相符。鉴于此,建议以申请情况和案外情形为基础,以部分行为或言论为佐证,最终指向其不符合信息公开行政诉讼诉的利益的立法期待,进而否定该案的权利保护必要性。

#### 1. 对原告申请、起诉目的不正当的谨慎判断

部分裁判文书中对于原告申请和起诉的正当性进行了论述,以原告申请的政府信息公开数量大、频繁且内容涉及范围广等为依据,认定原告申请、起诉的目的具有不正当性,其是为了给行政机关施压以达到自己的目的。虽然

---

① 参见齐爱民、陈琛:《论政府信息公开立法的核心问题》,载《贵州大学学报(社会科学版)》2005年第4期。

② 参见孙光宁:《指导性案例对完善政府信息公开的探索及其优势》,载《行政论坛》2020年第2期。

在实践中具有不正当意图的信息公开申请和诉讼往往以申请数量大、内容五花八门等作为特征，且实践中的此种认定方式确实给一些不当行使权利的相对人以震慑作用，实质上起到了规范权力的行使的目的；但是实践中的有效性并不意味着可以修饰论证中逻辑链条中的不严谨。申请和诉讼的次数和当事人的主观意图之间并没有必然联系是不争的事实，并非申请次数多就一定具有不正当目的，也并非之前的申请具有不正当目的其后的申请就必然具有不正当目的。因此，无论是当事人提出再多的申请和诉讼都很难直接认定为其不正当行使权利。

鉴于此，对于原告申请目的不正当性的判断应当十分谨慎，如果一定要认定其目的不正当，则应当综合申请数量、频率、内容，申请行为，申请书中的语言以及案外因素等综合考量，不可凭借其中一个或者几个方面就认定为其起诉具有不正当性。更重要的是，对于信息公开行政诉讼诉的利益，立法期待在于保护相对人获取政府信息的权利以及高效利用司法、行政资源，对当事人起诉正当性的否定其实是从第一种立法期待出发，因此从根本上否定其申请和起诉的权利，应当是十分谨慎的。规制滥诉的重要性毋庸置疑，但是保护公民的诉权才是行政诉讼制度更应当关注的问题。[①] 毕竟，相较于公民的草率申请、不当行使权利，司法权的武断和草率才是更令人担忧的。

2. 对原告“权利义务不产生实质影响”应充分论证

还有一种路径是并不否定原告的权利，而是认为诉讼和申请对于原告权利义务并不产生实质影响，因而基于立法期待中的效率价值，案件的诉的利益应当被否定。相较于否定原告目的正当性的路径而言，该路径在理论上更容易论证，在实践中也更为稳妥且具有可行性；因为效率本身就很难有固定的标准，需要平衡、动态考量，在不同的案件中也会有不同的表现，法院亦有相当的裁量权。

但这并不意味着这一路径的适用就较为随意，无论如何，否定诉的利益都是对当事人寻求司法救济途径的关闭，故必须有充分的论证。在论证中，应当

① 参见闫映全：《行政滥诉的构成及规制》，载《行政法学研究》2017 年第 4 期。

充分考虑案件中的事实以及该案件所能产生的后果,以充分证明无论该案结果如何,都对原告权利义务不产生实际影响,进而不符合效率价值。

具体来说,可以从以下几个方面进行论证:(1)原告诉讼、申请数量多、频率高、内容五花八门,占用了大量的司法、行政资源,不符合信息公开行政诉讼诉的利益的立法期待;(2)原告反复申请、对众多机关无差别申请,对于同一信息反复获取,不符合效率价值的需求;(3)申请内容很多已经公开或者不属于政府信息,行政机关已经明确告知,而原告继续申请、起诉,重复占用大量资源;(4)原告申请、起诉的内容已经被在先的裁判所羁束,无论其信息公开申请、诉讼的结果如何,都不会改变在先的裁判,对原告实质关注问题的权利义务没有实质影响;(5)因信息具有流动性和传播性的特点,利益相关人重复、反复提起诉讼、申请,不符合效率价值。

上述论证需要大量的事实作为支撑,法院在对这一问题进行论证时,应当准确、充分考虑相关事实,并以此为基础展开论证。

(三)司法审查中法院中立态度的坚持

在法院对权利保护必要性进行论证的过程中,必然要联系申请人的实际情况进行论述才能对案件诉的利益作出判断,在判断中法院必须坚持中立的态度,不偏不倚,具体来说,应当严格遵守“不告不理”与行政机关对其行为合法性进行举证的证据规则。

“不告不理”原则要求法院严格限制司法审查的范围,即在信息公开行政诉讼中只有当行政机关对案件诉的利益相关要素进行质疑时,法院才能审查诉的利益,而不能在行政机关未主张的情况下对信息公开行政诉讼诉的利益进行审查。

行政机关对其行为合法性进行举证是行政诉讼基本证据规则,在信息公开行政诉讼中也不例外,行政机关所提供的证据必须能够证明其所主张的原告缺乏诉的利益,即使该案件确实存在缺乏诉的利益的情况,但是行政机关所列举的证据未达到这一证明标准,则法院也不能认定该案件缺乏诉的利益。同时,除极特殊涉及国家利益、公共利益的情况以外,法院不应当为否定诉的利益而主动搜集证据。《行政诉讼法》第40条对法院依职权调取证据的目的进行了限制,即“不得为证明行政行为的合法性调取被告作出行政行为时未收集的证据”,这一条应当是法院行使调查取证权的基本原则。就法理上而言,法院为否定原告诉的利益而主动收集证据无异于是对行政机关的优势地位的一种加强,不利于保障相对人合法权益,同时主动搜集证据的行为亦与其中立的地位不符。正因如此,在“陆红霞案”中,法院依职权调取证据的做法也受到了质疑。①

## 第二节 诉的利益判断的延伸:《政府信息公开条例》第35条的适用

对信息公开行政诉讼诉的利益判断最初是为了应对部分申请人不当行使申请权,这一问题在2019年又有了新的发展。2019年《政府信息公开条例》进行了修订,将学术界呼吁已久的“以公开为常态,不公开为例外”写入其中,明确了政府信息公开制度的基本原则。同时,针对在实践中存在问题较多的依申请公开领域,一方面,删除了“三需要”条款,进一步明确了依申请公开中不对申请人资格加以限制;另一方面,在第35条、第42条设置了说明理由、延迟答复、收取信息处理费等特殊制度,针对个别申请人大量占用公共资源的行为进行了限制。应当说上述变化既进一步扩大了公民获取政府信息权利的保障范围,又规制了个别申请人不当行使权利的行为,对政府信息公开制度的实施产生较大影响,甚至有法官称其为对政府信息公开制度环境的重塑。②《政府信息公开条例》实施近一年之后,考察《政府信息公开条例》第35条适用情况和存在的问题,可以在一定程度上反映目前实践中对政府信息公开不当申请规制的现状,同时也是司法对诉的利益判断这一问题的延伸与扩展。由于行

---

① 参见沈岿:《信息公开申请和诉讼滥用的司法应对——评“陆红霞诉南通市发改委案”》,载《法制与社会发展》2016年第5期。

② 参见耿宝建、周觅:《新条例制度环境下政府信息公开诉讼的变化探析》,载《中国行政管理》2020年第2期。

政机关适用该条款的情况不易收集，因此，本书通过对裁判文书的检索，考察该条款在司法裁判中的适用情况，从一个侧面反映在规制不当申请中行政权及司法权的关系以及存在的问题，以期对信息公开行政诉讼诉的利益和对不当申请规制问题作出更为全面的认知。

## 一、《政府信息公开条例》第 35 条司法裁判适用现状及问题

在政府信息公开制度中个别申请人不当行使权利的情况并不鲜见，也并非我国所独有，在日本有学者称其为信息公开制度的伴生性行为，①也有学者将此类行为称为纠缠申请，②许多国家的立法中也作出了相应的规制。我国 2007 年通过的《政府信息公开条例》由于缺乏相关实践经验，并未将此问题纳入规范中，导致不能有效应对实践中的这一问题，给行政机关和法院造成了一定的压力。“陆红霞案”更是将这一问题置于公众视野之下。自此之后，法院以否定“诉的利益”的方式裁定驳回起诉，以此达到对不当行使权利的规制。但此种处理方式也因为缺乏实体法依据以及“诉的利益”标准不明确等原因遭到了诸多质疑。③

2019 年修订的《政府信息公开条例》第 35 条明确了“数量、频次明显超过合理范围”申请的处理方式。相较于“陆红霞案”，此条款意在将对个别申请人不当行使权利的规制由司法阶段提前至行政程序中，尽早解决纠纷，避免大量公共资源被侵占。这一条款的设计并不是一个一般意义上的免于公开规则，而是针对特殊情况进行的特别处理，有学者称其为特别措施，④同时规范了申请人和行政机关双方的行为。

考察和评判一个法律规则除了文本意义上的解读之外，其适用情况也尤

---

① 参见石龙潭：《信息公开与“权利滥用”——日本的现实和应对》，载《财经法学》2018 年第 5 期。

② 参见肖卫兵：《论政府信息公开申请权滥用行为规制》，载《当代法学》2015 年第 5 期。

③ 参见沈岿：《信息公开申请和诉讼滥用的司法应对——评“陆红霞诉南通市发改委案”》，载《法制与社会发展》2016 年第 5 期；梁艺：《“滥诉”之辩：信息公开的制度异化及其矫正》，载《华东政法大学学报》2016 年第 1 期；王锡锌：《滥用知情权的逻辑及展开》，载《法学研究》2017 年第 6 期；王贵松：《信息公开行政诉讼的诉的利益》，载《比较法研究》2017 年第 2 期。

④ 参见后向东：《〈中华人民共和国政府信息公开条例〉(2019) 理解与适用》，中国法制出版社 2019 年版，第 74 页。

为重要。鉴于本书对于实证的考察限于司法裁判，因而在“北大法宝”检索适用《政府信息公开条例》第35条的有效裁判共有126份。通过考察上述裁判对这一条款的适用，发现以下问题值得进一步探讨。

第一，关于《政府信息公开条例》第35条中“明显超过合理范围”。这是该条款适用的“核心要件”，行政机关在制定抽象行政行为时，应当如何把握“明显超过合理范围”的标准，在《政府信息公开条例》实施一年以后，是否可以依据之前的经验制定是本机关或者本领域中可以量化的具体标准，换言之“明显超过合理范围”能否制度化，这是在实施该条款时不能回避的问题。而要对这一问题作出回答，需要结合现有126份文书中的标准进行分析。同时，该标准能否参照国务院办公厅发布的收取信息处理费的标准，二者之间存在何种关联，也是行政机关在将“明显超过合理范围”制度化过程中必须明确的问题。

第二，关于行政机关适用《政府信息公开条例》第35条的程序，特别是该条款首次适用权力应当归属于行政机关还是司法机关。毋庸置疑，行政机关在行政程序中可以适用该条款，但是行政机关在适用该条款时应当遵循的程序尚有进一步完善的空间。此外，当行政主体并未在行政程序中适用该条款，而是在诉讼阶段作为抗辩理由提出，法院是否可以采纳，或者法院能否直接适用该条款对原告的行为作出判断，在实践中法院表现出了不同的态度，有的案件中，行政机关在处理信息公开申请时并未适用该条，而是基于其他原因不予公开信息，法院在审理中认为原告的行为属于“申请公开政府信息的数量、频次明显超过合理范围”，行政机关已经履行了相应职责，因此判决驳回诉讼请求。[①] 该案中法院在诉讼程序中首次适用了《政府信息公开条例》第35条。但在另外一起案件中，法院则认为行政机关在之前的行政程序中不适用该条款，仅在诉讼阶段作为抗辩理由，缺乏事实和法律依据。[②] 究竟上述哪种裁判进路更为妥当，有必要进行进一步探讨。

第三，不当申请规制中法院的角色和地位。在诉讼程序中，行政机关对

① 浙江省丽水市中级人民法院（原浙江省丽水市人民法院）行政判决书，(2020)浙11行终86号。

② 浙江省海宁市人民法院行政判决书，(2019)浙0481行初76号。

“明显超过合理范围”具有证明责任毋庸置疑,然而,在行政机关没有举证的情况下,法院能否基于信息公开行政诉讼具有客观诉讼属性①而依职权调取证据,认定原告的申请“超过合理范围”呢? 若能,则这一行为是否与法院中立和不告不理原则相悖呢? 同时,在此类案件中,法院应当采用何种裁判方式,是“判决”还是“裁定”,这是法院在规制不当申请中是应当采取“主动规制”还是“中立审查”模式的关键,有必要进行详细研究。

本节将从上述三个问题展开讨论。

**二、“明显超过合理范围”标准的确定**

“明显超过合理范围”是《政府信息公开条例》第 35 条适用的核心要素,究竟何为“合理范围”的标准,是行政机关和法院在适用该条款时必须首先确定的问题。对于该标准,从现有的司法裁判来看,有两个亟待解决的问题,一是该标准是否存在制度化的可能,制度化的形式是什么;二是应当有由何机关以何形式,将该标准制度化。

(一)“明显超过合理范围”标准制度化探讨

2019 年《政府信息公开条例》修订之前,对于个别申请人不当申请行为的规制多是在诉讼程序中由法院来进行,这一方面是由于在没有依据的情况下,行政机关不能对申请人的行为进行规制,否则就违反了“法无授权不可为”的公法基本原则;另一方面是司法个案审查的模式更为适合处理此类问题。但是,我国并非判例法国家,在没有依据的情况下认定个案缺乏诉的利益而裁定驳回起诉的进路是值得商榷的。同时,司法判决中直接针对某个公民今后的申请和诉讼加以限制与现行的司法制度不符,加之司法裁判存在标准不统一等问题,②这些共同推动了 2019 年《政府信息公开条例》第 35 条规则的形成。然而,该条款也并未对“合理范围”给出明确标准,这也是《政府信息公开条例》实施后需要解决的新问题之一。有学者认为行政机关需要明确三个方面的内容:一是数量、频次明显超过合理范围的数量标准,并坦言如果并未确定此标

---

① 参见王贵松:《信息公开行政诉讼的诉的利益》,载《比较法研究》2017 年第 2 期。

② 参见于文豪、吕富生:《何为滥用政府信息公开申请权——以既有裁判文书为对象的分析》,载《行政法学研究》2018 年第 5 期。

准而径直适用《政府信息公开条例》第 35 条，则会导致较大的不确定性风险；二是具体的计算方式；三是对行政机关适用该条款的监督和限制。① 然而，自"陆红霞案"至今，从司法程序到行政程序，均未给出判断"合理范围"的具体标准，特别是具体的数量标准。在本书研究的裁判文书的样本中，有 22 份裁判文书中明确提及了原告申请政府信息公开的数量，这些被法院认定为"明显超过合理范围"的申请数量从 12 到 306 不等，经过 spss 描述统计后，再将各数字出现的频率②进行统计，如图 5－1 所示：

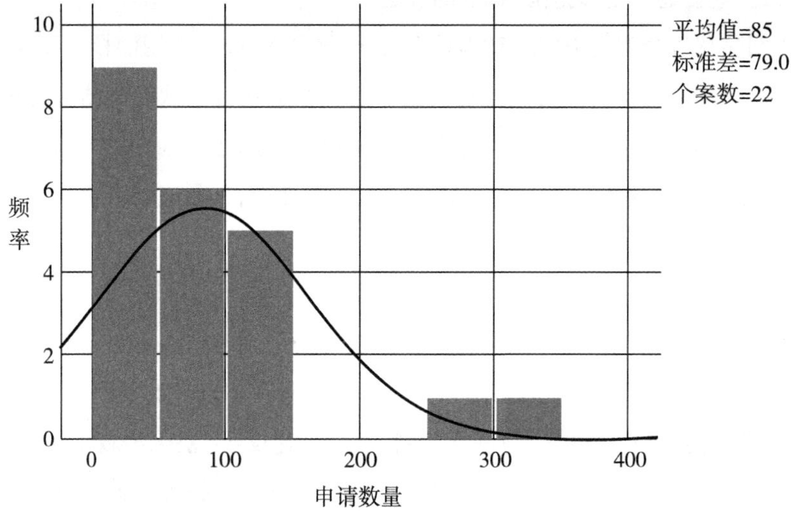


**图 5－1　法院认定"明显超过合理范围"申请数量频率统计**

以上描述统计传递了诸多有价值的信息。研究样本的均值为 85，这一数字在实践中具有十分重要的意义，抽象出了被法院认定为"明显超过合理范围"申请数量均值，从这一数字来看，同一申请人或者其他相关人，向行政机关申请 85 次信息公开后，才可能被法院认定为申请数量、频次"明显超过合理范

① 参见后向东：《〈中华人民共和国政府信息公开条例〉(2019) 理解与适用》，中国法制出版社 2019 年版，第 74 页。

② 出现频率统计，即在所研究的样本中，每个数字出现的频率不同，有的仅出现一次，有的出现多次，统计各数字出现的频率，可以反映出实践中法院认定哪个数字为"明显超过合理范围"的案件更多。

围”,应当说,就一般认知而言,这一标准是公允的。但是,仅考虑平均值的分析是不公允的,还应注意到这组数据的标准偏差为79.01,标准偏差较大,这意味着样本中数据的离散程度较高,即平均值并不能全面反映出实践中的真实情况,这一点在图5-1中也可以得到印证,法院认定“明显超过合理范围”申请数量频率分布并不均匀,在现实中呈现较大的差异,加之没有其他变量可以和该项数据形成相关性分析,因此,从定量研究角度,就目前实践中所获得的样本分析,很难抽象出一个界定“明显超过合理范围”的具体数值标准。当然,这并不意味着定量分析在该领域中一直不可能实现,上述分析思路在实践中样本足够充足之后,可以考虑在不同领域或者不同地区进行定量分析,或者能够抽象出具体的数字标准。

就法理角度而言,抽象出具体的数字标准之所以困难,是因为所谓的“合理范围”“不当申请”并不完全是由申请的数量和频次决定的,基于正常目的而提出的申请,即使申请量巨大,也不构成对申请权的不当行使,而基于给行政机关施压等不正当目的提出的信息公开申请,即使只有一起也足以构成权利的滥用。这个标准之所以迟迟不能予以明确,归根结底是因为仅以客观上可以量化的数字来准确衡量人的主观意图是十分困难的。此种情况下,行政机关面临两难的境地,一方面如前述学者所言,行政机关不制定标准会面临较大的不确定性风险;另一方面,如果行政机关制定的标准的效力层级是规范性文件,该标准有可能在复议和诉讼中面临合法性审查,且一旦进入审查程序中,具体的数量标准很容易受到质疑,因为行政机关要证明自己制定的具体数量标准是合理的、科学的是十分困难的。因而,以定性标准暂时取代定量标准,待时机成熟以后再制定定量标准是当下较为可行的一种途径,在定性标准中,可以从以下几个方面进行考量。

第一,可获得性。有的申请人申请的是明确可从公开途径获取的信息,或者在之前申请中已经获得的信息,行政机关在说明情况后,申请人仍然坚持向行政机关申请,足以证明其并非为了获取信息,而是利用政府信息公开程序达到其他目的。此种情况下,申请的数量和频次即使不多,也可以认定构成了权利滥用。在“曾某宣诉武汉市自然资源和规划局案”[①]中，行政机关已经对申请人申请的信息予以答复，申请人仍然向行政机关申请，据此，法院认定行政机关适用《政府信息公开条例》第35条具有合法性。

第二，重复性。有的申请人因为某个特定的事件向行政机关申请信息公开，反复围绕着一个问题进行申请，本质上是借政府信息公开制度给行政机关施加压力。在“平湖市永发保安设备厂诉平湖市市场监督管理局案”[②]中，申请人围绕行政机关作出的行政处罚反复申请信息公开，以信息公开的形式进行信访，法院认定行政机关适用《政府信息公开条例》第35条不予处理的行为合法。此类申请的一个特点是申请人多次的申请内容具有高度重复性或者相关性，因而较为容易识别。

第三，随意性。有申请人向同一机关或者不同机关提出内容包罗万象的申请，从而达到给行政机关施压的目的。该类申请的特点是申请内容之间没有任何关联，没有任何规律可循，且通常在一定时间内大量、频繁申请。如在“何某青诉南京市规划和自然资源局、江苏省自然资源厅案”[③]中，申请人一次性向行政机关提交了306份信息公开申请。

上述是对于“明显超过合理范围”的正向识别标准，另外有一个反向排除标准，申请人正当救济行为的排除。在“刘某宁诉任丘市住房和城乡建设局案”[④]中，行政机关认为申请人就同一信息多次、反复提出申请，且理由不合理，因此不予处理。但法院认为，申请人申请公开的信息属于行政机关应当主动公开的范围，申请人曾经先后4次申请同样的信息，一是由于行政机关没有履行主动公开义务，二是在4次申请中，行政机关一次也没有提供申请人所提供的信息，因此申请人的行为并无不当，行政机关适用《政府信息公开条例》第35条属于适用法律错误。

(二)“明显超过合理范围”标准确定的主体与形式

行政机关制定“明显超过合理范围”的具体数字标准还面临着一定的法律

---

① 湖北省武汉市中级人民法院行政裁定书，(2021)鄂01行终69号。

② 浙江省嘉兴市中级人民法院行政判决书，(2020)浙04行终94号。

③ 江苏省南京市中级人民法院行政判决书，(2021)苏01行终251号。

④ 河北省任丘市人民法院行政判决书，(2020)冀0982行初27号。

风险。按照《立法法》的相关规定,大部分接受政府信息公开申请的行政机关只有制定规范性文件的权限,而依据《行政诉讼法》第53条[①]和《行政复议法》第7条[②]的规定,相对人可以对此类规范在行政复议和行政诉讼程序中要求附带审查,然而一旦进入附带审查程序,行政机关很难证明自己的标准是科学的、合理的,因为实践中的情况总是千差万别的。这种可以预见的风险使得行政机关怠于行使此项职能,这也是目前鲜有行政机关制定该标准的一个重要原因。

行政机关面临着上述困境,而现实中又必须处理政府信息公开申请,就实施角度而言,其有两种解决的途径。

其一是行政机关内部不制定具体的数量标准,而是按照前述的定性标准进行把握,通过"一事一判断"的方法进行个案处理。

其二是由有规章制定权的地方或者中央机关,制定适用于本地区或者本领域内的具体数量标准,这样既有了可操作性的依据,同时又可以避免行政机关的法律风险。由地方机关制定标准是由于政府信息公开申请呈现较强的地域性特征,东部地区较多,中西部地区较少。而由中央机关制定标准是由于在不同领域中政府信息公开的数量也呈现明显的不同,在涉及土地、住宅、劳动人事等领域中,政府信息公开申请的数量明显高于其他领域。因而,这两类主体制定标准均有一定的现实基础。但是,这种途径也存在一定的问题:一方面,对于规章而言,科学、合理地制定具体标准也是十分困难的,制定标准的难度并不能随着规范效力级别的升高而降低,相反,越是效力级别高的规范,因其影响范围大,越是应当谨慎。如果规章制定的标准不合理,则会损害相对人的合法权益,与政府信息公开制度的初衷相悖。另一方面,可能会出现纵向和

① 《行政诉讼法》第53条规定:"公民、法人或者其他组织认为行政行为所依据的国务院部门和地方人民政府及其部门制定的规范性文件不合法,在对行政行为提起诉讼时,可以一并请求对该规范性文件进行审查。前款规定的规范性文件不含规章。"

② 《行政复议法》第7条规定:"公民、法人或者其他组织认为行政机关的具体行政行为所依据的下列规定不合法,在对具体行政行为申请行政复议时,可以一并向行政复议机关提出对该规定的审查申请:(一)国务院部门的规定;(二)县级以上地方各级人民政府及其工作部门的规定;(三)乡、镇人民政府的规定。前款所列规定不含国务院部、委员会规章和地方人民政府规章。规章的审查依照法律、行政法规办理。"

横向标准不一致的情况，这种冲突会造成行政机关在执行时候的无所适从，因此，规范的协调统一也是这一解决途径中必须考虑的问题。

鉴于此，采取第一种进路，即行政机关按照个案处理的原则，采取定性的标准，虽然不是理论上最优的选择，但这是当下最切合实际的选择。

**三、行政机关适用《政府信息公开条例》第 35 条的程序**

《政府信息公开条例》第 35 条对申请“明显超过合理范围”的处理作了基本的程序规定，但是具体的程序和标准并未予以明确，还需要行政机关进行补充和完善，形成适用于本机关的标准。[①] 但是，对于标准和程序的明确并非易事，单纯经验主义的总结可能背离法治要求，侵害申请人合法权益，同时给行政机关带来法律风险。从司法审查的标准倒推行政行为的标准不失为一种较为稳妥的路径。从既有裁判来看，《政府信息公开条例》第 35 条适用的主体和程序尚有以下问题亟待明确。

（一）行政机关在行政程序中优先适用

法律规则的适用主体是规则适用中应当首先明确的问题，实践中《政府信息公开条例》第 35 条出现了行政机关和法院两个适用主体，这并不意味着二者在适用该条款时具有相同的地位。基于《政府信息公开条例》的适用范围、行政机关对于信息的初次审查义务以及司法和行政权力的分工，可以推定应当由行政机关在行政程序中优先适用《政府信息公开条例》第 35 条，一般情况下，法院在司法程序中仅对行政机关的适用进行合法性审查，即法院一般不初次适用该条款，虽然该原则在现有规范的文本中没有直接规定，但是完全可以从既有的规则和法理中推导出来，具体可以从以下几个方面进行阐述。

第一，《政府信息公开条例》的适用对象是“政府信息”，这就表明《政府信息公开条例》第 35 条由行政机关优先适用。

《政府信息公开条例》第 2 条“政府信息”的定义包含了三个要素：一是行政机关是“政府信息”的持有主体；二是“政府信息”来源于行政机关履行管理

---

① 参见后向东：《〈中华人民共和国政府信息公开条例〉（2019）理解与适用》，中国法制出版社 2019 年版，第 74 页。

职能的过程中;三是需要以一定的介质进行保存。[①] 这表明行政机关是政府信息公开制度实施的主体,除有特别规定以外,该制度的主体均应当是行政机关,从而将立法机关与司法机关排除在外。其实,行政机关实施信息公开制度也是世界通行的惯例,除塞尔维亚、墨西哥、南非等少数国家由于其特殊的法治体系,将立法机关、司法机关与行政机关一起作为信息公开的义务主体之外,大多数国家的政府信息公开制度均是局限在行政体系内。[②] 此外,从文本分析角度,《政府信息公开条例》第35条已经明确规定,“要求申请人说明理由”“不予处理”“确定延迟答复”等行为模式的主体均为行政机关。

第二,行政机关的初次信息分类义务和信息审查义务决定了《政府信息公开条例》第35条优先在行政程序中适用。

《政府信息公开条例》第12条明确了行政机关有编制信息公开指南和目录的义务,指南编制中要求对政府信息进行分类,目录中需要编制政府信息索引,这要求在信息生成后,行政机关需要承担对信息的初次分类和审查义务,这一义务的引申含义是,对于政府信息和政府信息公开事务的初次处理应当由行政机关完成。这种引申并非牵强附会,而是在信息公开制度确立较早国家的实践中发展起来的,与之相关的有两个非常重要的规则:秘密审查(In Camera Review)和沃恩索引(Vaughn Indexes)。暗室审查制度确立于美国的环保局诉明克案(Environmental Protection Agency Etal v. Mink Etal),该案确立了法院对争讼信息有进行实体审查的权力,这看似是对法院权力的扩张,但其实该案更重要的作用在于明确了法院启动该程序的条件,只有当穷尽其他途径无法解决纠纷且有证据表明行政机关具有恶意时,法院才能对争讼信息进行实体审查。[③] 这就要求法院在对行政机关信息公开行为进行审查时,必须遵循司法谦抑原则。沃恩索引制度是通过沃恩诉罗森案(Vaughn v. Rosen)所确立,该制度的核心是要求行政机关在政府信息公开中承担初次分类的义务,而

① 参见后向东:《〈中华人民共和国政府信息公开条例〉(2019)理解与适用》,中国法制出版社2019年版,第8页。

② 参见后向东:《信息公开的世界经验》,中国法制出版社2015年版,第514页。

③ 参见赵正群、宫雁:《美国的信息公开诉讼制度及其对我国的启示》,载《法学评论》2009年第1期。

不能等待诉讼程序中法院通过对信息的实体审查来判断争讼信息的公开属性，即行政机关必须在信息形成时就完成公开属性的标记，不能将这一义务转给法院。① 该制度给各行政机关施加对信息首次分类的义务，同时确保对信息的首次判断权由行政机关来行使。

上述两项制度的核心要义是政府信息公开制度中无论是对信息一般意义上的标识、处理还是对申请人信息公开申请的答复都必须由行政机关在行政程序中首次完成，而法院仅对行政机关的行为进行审查，该条款优先由行政机关适用于行政程序中。由此，《政府信息公开条例》第 35 条是针对特殊情况的特别处置程序，该程序是政府信息公开制度的一部分，自然应当由行政机关在行政程序中优先适用。

第三，司法权不能介入行政权的核心领域是《政府信息公开条例》第 35 条必须由行政机关在行政程序中优先适用的根本原因，其背后隐藏的是信息公开制度中的行政权与司法权的分工。

虽然将政府信息公开制度上升为法律的呼声未曾停歇过，但是，《政府信息公开条例》作为行政法规，依然占有信息公开制度基本法的地位。就对申请人不当行使权利的规制而言，行政立法权和行政执法权的分工形成了《政府信息公开条例》第 35 条的文本，将行政机关在信息公开工作中的具体裁量范围予以确定，构建了规范的基本框架。而该条款最终的实施情况在一定程度上是由司法审查的情况来决定的，这是因为司法审查的标准对行政机关的行为会产生明显的影响，甚至会形成行政主体在适用该条款时的标准，这也是信息公开制度甫一出现便产生的诉讼倒逼效应。② 此外，司法审查还有解决规则适用中疑难问题，统一规范理解的重要作用。因此，司法审查介入的深度就显得尤为重要，完全流于形式的审查使行政行为得不到应有的监督，也与法治精神相悖，但法院频繁越过行政机关在诉讼中适用行政规则，也会破坏与行政权之间的分工与平衡，暗室审查和沃恩索引的核心理念即在于此。《政府信息公开

① 参见董妍：《政府信息公开中行政主体的信息分类义务》，载《行政论坛》2015 年第 2 期。

② 参见杨金志、叶锋：《信息公开迎“大考”，公民屡碰“玻璃门”》，载《新华每日电讯》2008 年 12 月 22 日，第 7 版。

条例》第35条是对不当申请的处理，是政府信息公开制度的一部分，属于行政权的核心领域，由此可以反向推导出该条款应当由行政机关在行政程序中优先适用的结论。在“苏某弓诉辽宁省公安厅机场公安局案”[①]中法院也表达了类似的观点。

(二)行政机关适用《政府信息公开条例》第35条的程序

行政程序在行政行为中的重要作用毋庸置疑，“田某诉北京科技大学案”也明确了对行政行为审查采用正当程序的标准，甚至在当下热烈讨论的行政法典制定中，有学者指出应采取程序主义进路，[②]方能达到兼顾实体与程序的良好效果。[③]《政府信息公开条例》应当视为一部纯粹意义上的程序立法，是程序主义进路发展中的重要成果，不同于《行政处罚法》《行政许可法》等以实体行为为主线构建的规范，因而《政府信息公开条例》实施过程中更加注重程序的正当性。行政机关在适用《政府信息公开条例》第35条时严格依照现有程序的同时，还应当依照正当程序的精神，具体来说，应当遵循以下程序。

第一，申请人存在不当申请的情况。这是启动特殊措施的前提，对于“不当”的解读，《政府信息公开条例》将其定义为“数量、频次明显超过合理范围”，即判断申请人的申请是否存在不当，能且只能从数量、频次两个维度来进行考察，否则便是对申请人权利的限制超出法定范围。至于“合理范围”的标准如何确定，前文已经进行了阐述，此处不再赘述。

第二，行政机关应当要求申请人说明理由并告知依据。要求申请人说明理由是启动特殊措施的必经程序，这是对信息公开申请人的一个初步规制措施，若行政机关在信息公开答复阶段并未要求申请人说明理由，而直接依据该条款不予处理，显然是缺少了必要的程序，与现行规定不符。然而，依据正当程序理念，行政机关在要求申请人说明理由时还应当告知申请人相关的依据，即应当把《政府信息公开条例》第35条作为依据书面通知申请人说明理由。

---

① 辽宁省沈阳市大东区人民法院行政判决书，(2019)辽0104行初286号。

② 参见王万华：《我国行政法法典编纂的程序主义进路选择》，载《中国法学》2021年第4期。

③ 参见叶必丰：《行政法的体系化：“行政程序法”》，载《东方法学》2021年第6期。

一方面,除有特殊规定外,行政行为均应为要式行为,因而行政机关必须采用书面形式通知申请人说明理由。另一方面,行政行为必须有明确的依据,特别是针对申请人增加义务的行为,唯有做到上述两点,才是符合正当程序的告知。

第三,行政机关需要对申请人说明的理由进行审查,并分情况进行处理。若申请理由不合理,则行政机关不予处理,若申请理由合理,才有可能启动延期答复程序,可能与延期答复程序并用的还有《政府信息公开条例》第41条的收取信息处理费制度。

需要说明的是,实践中有的申请人认为不予处理和收取信息处理费是并列的两个选项,均为应对大量申请的处理方式,甚至有行政机关参照信息处理费的收费标准认定"明显超过合理范围",[①]这是对规范的错误理解,因为这两种处理方式适用的前提不同,前者针对的是申请理由不合理的情况,而收取信息处理费仅在行政机关认为申请理由合理的前提下才能适用。

第四,行政机关不予处理之前应当已经履行了相应的义务且不应属于行政机关主动公开的信息范围。这是从司法实践中依据正当程序原则发展出的规则。前文述及的"刘某宁诉任丘市住房和城乡建设局案"即属于此类案件的典型。该案中,由于行政机关未履行法定职责导致申请人反复申请,不应将其认定为"超过合理范围"的申请。换言之,不应让申请人承担行政机关未履行职责的不利后果,也不能因此免除行政机关的公开义务,这是"任何人不应从自己的违法行为中获利"这一法则的体现。

综上所述,可用图5－2来表示行政机关在行政程序中适用《政府信息公开条例》第35条的流程:

① 北京市第二中级人民法院行政判决书,(2021)京02行终393号。

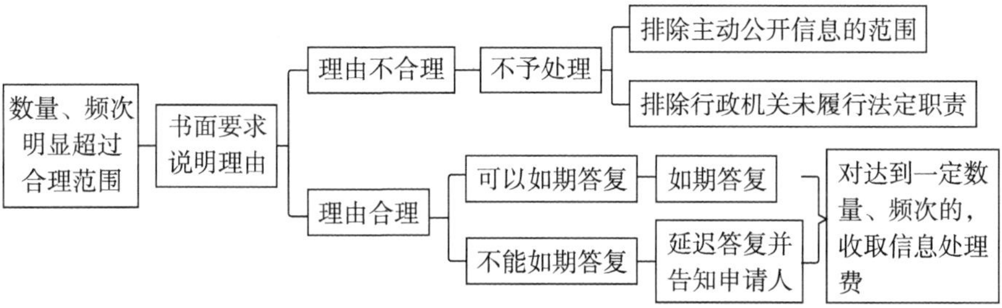


**图5－2　行政机关适用《政府信息公开条例》第35条的程序**

## 四、不当申请规制中的法院

法院在司法程序中对行政机关适用《政府信息公开条例》第35条的审查也有两个值得关注和讨论的问题。

### (一)法院能否依职权取证:客观诉讼与法院中立

《政府信息公开条例》第35条应当在行政程序中优先适用,诉讼程序中行政机关对适用该条款的合法性负有举证责任。现实中,法院在诉讼中是否能够依职权调取证据,证明申请人的行为"明显超过合理范围"是审判实践中面临的一个问题。在"刘某忠、刘某奎等与南通市崇川区观音山街道办事处案"①中,法院通过依职权调取证据,搜集了申请人2018年至2019年信息公开申请和诉讼的情况,并结合"立案登记制度"、"依法行使行政诉权"以及《政府信息公开条例》立法目的等展开说理,认定申请人的行为构成了获取政府信息权利的滥用,裁定驳回起诉。在其他两起相同原告的诉讼中,法院作出了同样的裁判。②

《行政诉讼法》第40条赋予了人民法院调取证据的权力,③目的在于克服仅由当事人提供证据的缺陷和不足,提升案件审理效率。④ 最高人民法院《关

① 江苏省南通市经济技术开发区人民法院行政裁定书,(2020)苏0691行初122号。

② 江苏省南通市中级人民法院行政裁定书,(2020)苏06行终589号;江苏省南通市经济技术开发区人民法院行政裁定书,(2020)苏0691行初167号。

③ 《行政诉讼法》第40条规定:"人民法院有权向有关行政机关以及其他组织、公民调取证据。但是,不得为证明行政行为的合法性调取被告作出行政行为时未收集的证据。"

④ 参见袁杰主编:《〈中华人民共和国行政诉讼法〉解读》,中国法制出版社2014年版,第109页。

于行政诉讼证据若干问题的规定》第22条明确了在涉及国家利益、公共利益和他人合法权益的情况下，法院可以依职权调取证据。这一规定的出发点在于防止当事人由于上述证据与自身利益无关不提交，而造成难以弥补的损失。[①] 上述规定是法院依职权调取证据的基本依据，体现了在我国行政诉讼制度中在当事人主义模式之下辅以职权探知主义的制度设计。[②] 当然，这并不意味着只要有涉及国家利益等情况法院就必须主动调取证据，在这个问题上法院享有充分的自由裁量权，[③]有学者称其为人民法院在证据中的自治权力。[④] 就保证司法中立的角度而言，法院过于积极地进行调查取证，会使当事人出现举证懈怠，从而会打破双方当事人抗衡、法院居中裁判的模式，使法院成为一方当事人，有损其中立性，裁判的公正性和权威性也将受到损害。应当说，除非特殊情况存在，一般不鼓励法院主动调取证据。

基于此，要判断在信息公开行政诉讼中法院能否依职权调取证据证明申请人的行为"明显超过合理范围"，首先需要明确的是，在适用《政府信息公开条例》第35条的诉讼中是否存在国家利益、公共利益和他人合法权益。法国著名学者狄骥在《公法的变迁》中提出了主观诉讼与客观诉讼的观点，[⑤]客观诉讼因其在保护社会公共性权利、监督行政机关依法行政、维护社会公平正义与秩序等方面有着不可替代的作用，因而从产生开始就备受关注。信息公开行政诉讼的提起大多是申请人基于维护自身获取政府信息的权利，其主观诉讼属性不言自明。但是，由于信息具有传播性，同时，信息公开行政诉讼又具有推进行政机关依法行政、促进透明政府建设的重要作用，因此具有客观诉讼属

① 参见袁杰主编：《〈中华人民共和国行政诉讼法〉解读》，中国法制出版社2014年版，第110页。

② 参见刘莘、金成波：《〈行政诉讼法〉修改后的证据规定评析》，载《南京社会科学》2015年第11期。

③ 参见黄学贤：《行政诉讼中法院依职权调查取证制度之完善》，载《苏州大学学报（哲学社会科学版）》2012年第1期。

④ 参见刘巍：《行政诉讼证据制度中人民法院权力解析》，载《法律科学（西北政法学院学报）》2006年第2期。

⑤ 参见[法]狄骥：《公法的变迁》，郑戈译，商务印书馆2013年版，第154～156页。

性;[①]有学者更为直接地指出,信息公开行政诉讼具有一定的公益属性。[②]《政府信息公开条例》第35条的设置,本就是为了防止个别申请人的不当申请行为占用大量公共资源,无疑具有公共利益的属性,因而此类诉讼也必然涉及公共利益。

但是,如果因为信息公开行政诉讼具有公共利益属性就认为法院可以依职权调取证据证明申请人不当行使权利,则未免以偏概全。从法律依据上说,为了防止出现个别法院迁就行政机关而滥用调取证据权力,[③]《行政诉讼法》第40条对法院依职权调取证据的目的进行了限制,即"不得为证明行政行为的合法性调取被告作出行政行为时未收集的证据"。这一条应当是法院行使调查取证权的基本原则,法院行使调查取证权应基于保护公共利益或保护相对人合法权益,不能用搜集来的证据证明行政机关行为的合法性,对行政行为合法性的证明是行政机关应当承担的义务,法院不能代为行使。如果行政机关在行政程序中没有收集申请人不当行使权利的证据,则其适用《政府信息公开条例》第35条便是缺乏事实和证据,不符合合法性标准。在诉讼阶段,依据《行政诉讼法》第40条的规定,[④]法院不应当主动调取证据,支持行政机关适用《政府信息公开条例》第35条;如果行政机关在行政程序中已经完成了相关证据的收集,并记录在案卷中,在诉讼阶段,法院只需要对行政机关提供的证据进行审查、认证即可,无须依职权主动调取证据。因此,无论何种情形之下,法院依职权调取证据证明申请行为不当的行为,一方面与现行法律规定相悖,另一方面也与自身裁判者的角色不符。

### (二)裁定与判决:裁判方式选择中的法院定位

2019年《政府信息公开条例》的实施使规制申请人不当行使权利案件的裁

---

① 参见董妍:《政府信息公开诉讼双重诉讼利益解析》,载《辽宁行政学院学报》2009年第5期。

② 参见王贵松:《信息公开行政诉讼的诉的利益》,载《比较法研究》2017年第2期。

③ 参见后向东:《〈中华人民共和国政府信息公开条例〉(2019)理解与适用》,中国法制出版社2019年版,第261页。

④ 《行政诉讼法》第40条规定:"人民法院有权向有关行政机关以及其他组织、公民调取证据。但是,不得为证明行政行为的合法性调取被告作出行政行为时未收集的证据。"

判方式发生了较为明显的变化。在这之前，由于没有明确的依据，法院多是在裁判中否定案件诉的利益，而诉的利益否定一般认为并不属于案件实体问题，应当用裁定而非判决，所以大多数案件采用裁定的方式。通过在“北大法宝”进行检索，2019 年《政府信息公开条例》实施之前，法院适用“诉的利益”的信息公开行政诉讼裁判共计 1113 份，其中判决书仅有 54 份；而在《政府信息公开条例》实施后，适用该条例第 35 条的 126 份裁判中有 85 份判决。裁判方式看似是一个程序意义上的选择，其实背后蕴含法院对待不当申请行为由主动规制转为中立审查的变化，这也与《政府信息公开条例》第 35 条优先在行政程序中适用的原理相契合。

2019 年《政府信息公开条例》修订之前，法院之所以更多地采用裁定其实是对申请人不当申请行为采用了一种主动规制的态度，这也是基于“陆红霞案”的示范效应。该案将否定诉的利益作为了处理此类案件的一种方式，而我国现行的法律中并没有关于诉的利益的相关规定，法院只能从原告资格、受案范围与权利保护必要性三个要素进行迂回，以达到否定诉的利益的裁判效果。而现行规范中，均是以裁定驳回起诉的方式否定上述三个要素。此外，长久以来，信息公开行政诉讼中，部分原告反复提起诉讼确实给行政机关和司法机关带来了较大的工作压力，法院裁定驳回起诉，从程序上否定原告诉权，旨在表明该类型诉讼请求不仅在实体上不能得到支持，而且是不值得动用国家司法资源来进行审查的，以此来“劝退”希望通过此种途径达到其他诉求的当事人。应当说，这是在缺少法律规定情况下，行政权无法在规制不当申请中起到应有的作用，基于此，法院借助其个案审查的特点，主动承担起了对不当申请规制的任务，也是彼时的权宜之计。这一裁判方式在客观上确实起到了震慑作用，实践中政府信息公开申请和诉讼呈现下降趋势，特别是不当申请有明显下降。但是，法院对不当申请主动规制的行为，也引发了诸多质疑。

《政府信息公开条例》修订后，其理顺了行政机关和法院在规制不当申请中的关系，使规制申请人不当申请权有了明确的规范依据，确定了应当以行政机关在行政程序中对不当申请进行规制为主，促使法院回归了中立的地位。对这一变化最直接的反映就是裁判形式由“裁定”转变为“判决”。以判决的形式裁判此类案件，逻辑上更为顺畅，也更加符合当下的制度安排。因为依据《行政诉讼法》第69条规定，在科以义务的诉讼和一般给付诉讼中，都适用判决驳回诉讼请求。[①] 唯有如此，才能保证法院居中裁判的地位。信息公开行政诉讼是申请人要求行政机关提供信息，应当是一种给付诉讼，按照上述规定，对于原告诉讼请求不支持的，应当从实体上判决驳回诉讼请求而非裁定驳回起诉，法院不应过分主动地规制申请人的行为，因为这本应是由行政机关行使的权力。

此外，就权利保护角度而言，选择裁定驳回起诉应比选择判决驳回原告诉讼请求更为谨慎，因为前者是从根本上否定了原告起诉的权利，特别是以否定诉的利益的方式裁定驳回起诉，意在说明原告的权利是不值得运用国家审判资源予以保护的，这与《政府信息公开条例》中救济途径的制度设计不符，同时也与“司法是保障公民权利最后一道防线”的法治理念相悖。相比之下，判决驳回诉讼请求是仅针对个案诉求作出的判断，意在传达原告在具体案件中的诉讼请求不能得到支持，且是法院在经过实体审查之后作出的判断，体现了对原告权利的充分保护，同时，此案的判决效力不能及于之后的案件，因此对于原告之后的权利也并未作出减损，这在最大程度上保障了原告的诉权，符合《行政诉讼法》的规定与立法目的，也是法治社会、法治政府的必然要求。

实践中，部分法院的裁判文书中明确了上述观点。如在“李某国诉湖南省人民政府案”[②]中，一审法院在裁判中指出李某国集中、大量地提起信息公开申请和诉讼，不具备诉的利益，裁定驳回原告起诉。案件上诉后，二审法院在裁判中并未对李某国的行为是否构成滥诉进行讨论，只是认为省政府行为并无不当，且认为本案属于申请被告履行法定职责或给付义务理由不成立，应当判决驳回诉讼请求，一审法院裁定驳回起诉不当，应予纠正，但由于一审法院的结论不影响当事人的实体权益，二审法院明确为了减少诉累，节约司法资源，不再指令继续审理，裁定驳回上诉，维持原裁定。应当说，二审法院的判断是准确而严谨的，一方面二审法院指出了原审认定及裁判的问题，另一方面出于

---

① 参见江必新主编：《新行政诉讼法专题讲座》，中国法制出版社2014年版，第258页。

② 湖南省高级人民法院行政裁定书，(2019)湘行终第2176号。

效率的考量维持原裁定。二审法院没有从诉的利益上否定当事人诉权的判断符合了《行政诉讼法》保障相对人合法权益的价值期待,同时为了不造成诉累而维持原裁定的做法,兼顾了诉讼效率的基本价值取向,在法律适用和裁判结果上更为妥当,也更符合审判权在此类案件中的定位。

自政府信息公开制度实施起,行政机关与法院就受到不当申请行为的困扰,从"陆红霞案"到《政府信息公开条例》第35条的设置都是为解决这一实践问题做出的应对。在这个过程中,法院的裁判从对此类行为束手无策,到以否定诉的利益方式规制申请人,再到审慎审查行政机关适用《政府信息公开条例》第35条是否合法;从为减轻压力的权宜之计到基于权利保护和权力监督的公正裁判,应当说,《政府信息公开条例》的修改为信息公开制度的实施提供了一个良好的制度环境。从对规范及既有裁判的研究中,可以认为现行规定将对不当申请的规制置于行政程序中,应当主要由行政机关来完成,法院在裁判中应当严格遵守中立者的定位,非必要不主动调取不当申请行为的证据以及选择恰当的裁判方式。

## 第三节 政府信息公开不当申请数字治理的难题及其破解

### 一、数字技术在治理不当申请权中的适用

自2007年《政府信息公开条例》创设了政府信息公开制度以来,一方面,公民遭遇政府信息公开的"玻璃门";[①]另一方面,以"陆红霞案"为代表的少数申请人利用政府信息公开制度,频繁向行政机关申请政府信息公开,甚至提起信息公开行政诉讼,侵占了大量的行政和司法资源。为此,《政府信息公开条例》2019年进行修订,第35条和第42条在行政程序中设置了说明理由、延迟答复、收取信息处理费等方式对频繁、大量提出申请的规制。在此之前,基于"法无授权即禁止"的公法基本原则,在没有明确依据的情况下,对不当行使申

① 参见吕艳滨:《打破政府信息公开的"玻璃门"》,载《领导之友》2011年第7期。

请权的规制大多体现在司法领域中,一时间出现了大量以否定诉的利益裁定驳回起诉的案件,这一做法也因缺乏明确的判断标准而遭到了学术界的诸多质疑。① 2019 年《政府信息公开条例》的修改将对不当申请的规制由司法程序提前至行政程序中,为减少无意义的程序、节约司法资源提供了规范依据。

2021 年 8 月,中共中央、国务院发布的《法治政府建设实施纲要(2021—2025 年)》明确了全面建设数字法治政府的要求,这意味着在法治的轨道内,运用数字技术,实现良好治理是行政机关努力的一个重要目标。有学者将数字法治政府与"良法善治"的理念结合起来,认为这是一种新的治理模式。② 具体到政府信息公开程序中,一方面利用数字技术提供更好的公开服务,进一步保障公众获取政府信息的权利;另一方面也可以利用数字法治政府建设,进一步探寻和完善在行政程序中如何更好地对不当申请权的行使进行规制。

如何运用数字技术实现对政府信息公开申请人不当行使权利的精准治理,依据何种规范建立怎样的程序才能既符合规范要求又能够实现治理目标,这是一个技术层面的问题。但是,就行政机关角度而言,必须以明确的依据作为基础。按照《政府信息公开条例》第 35 条的规定,在"申请人申请公开政府信息的数量、频次明显超过合理范围"的情况下,行政机关可以要求说明理由或者延迟答复,依据该条例第 42 条规定,行政机关还可以收取信息处理费。对于"合理范围"的标准,应当由行政机关制定,当然,标准的制定本身也存在诸多问题,③这一点前文已经述及。

为了充分识别申请权不当行使的申请人,可以依照图 5 - 3 所示路径建立预警及处理机制:

---

① 参见沈岿:《信息公开申请和诉讼滥用的司法应对——评"陆红霞诉南通市发改委案"》,载《法制与社会发展》2016 年第 5 期;梁艺:《"滥诉"之辩:信息公开的制度异化及其矫正》,载《华东政法大学学报》2016 年第 1 期;王锡锌:《滥用知情权的逻辑及展开》,载《法学研究》2017 年第 6 期;王贵松:《信息公开行政诉讼的诉的利益》,载《比较法研究》2017 年第 2 期。

② 参见李桂林、李露雅:《"良法善治"维度下数字法治政府建设的"双化协同"》,载《南昌大学学报(人文社会科学版)》2022 年第 2 期。

③ 参见董妍:《政府信息公开不当申请规制研究——兼论〈政府信息公开条例〉第 35 条的适用》,载《河北法学》2022 年第 9 期。

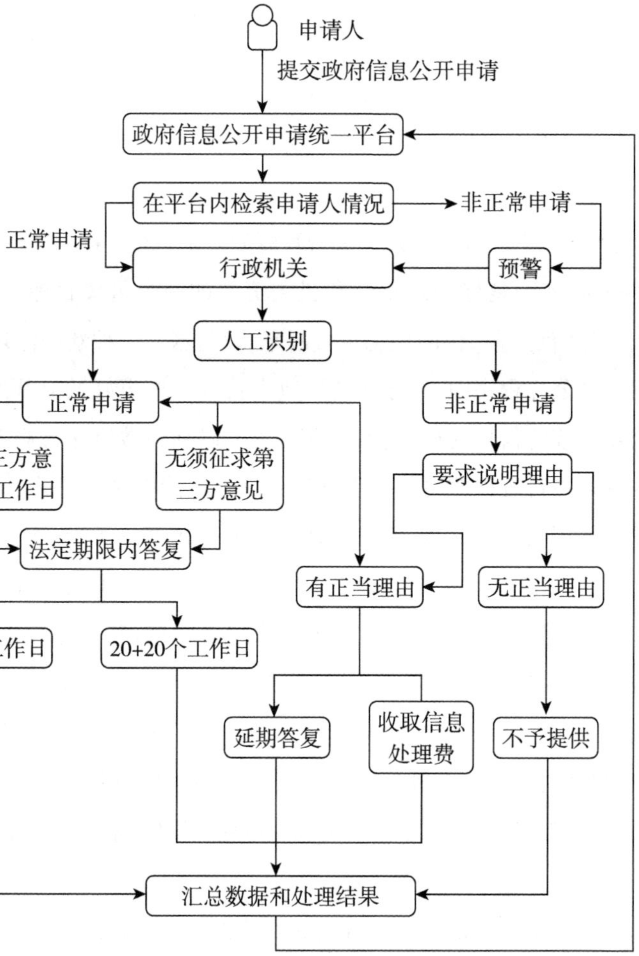


**图 5－3　行政机关识别申请权不当使用的预警及处理路径**

图 5－3 的流程中有以下几个要点。

1. 建立统一的政府信息公开申请平台是实现运用数字技术对申请权不当行使进行规制的前提。只有建立了统一的平台，将所有政府信息公开申请的数据进行汇总，才能准确检索申请人提出政府信息公开申请的情况，也才能准确做出是否正常申请的判断。

2. 平台的预警机制仅作为初步提醒，为保证判断机构的准确性，在预警之后，行政机关需要再次进行人工识别，才能明确依据哪个程序进行处理。

3. 上述数字治理的流程,均有《政府信息公开条例》的明确规定作为依据,符合法定程序。

其实,现实中已经存在了法院和行政机关共同建立信息公开申请权不正当行使名单的现象,上述系统不过是将这一程序数字化,提升了效率和精准度,而且该程序在技术上并不难实现,但是在实践中面临着以下两个问题。

第一,运用数字技术实现对权利不当行使的治理以建立统一的政府信息公开平台为前提,只有统一的平台才能做到识别的高效性和准确性,而建立统一的平台又以各行政机关的信息公开申请情况和数据为基础。现实中,由于行政机关之间存在信息壁垒,数据的横向流动性较差,因此要及时、准确识别不当行使权利的申请人十分困难,这也是引入数字治理手段的必要性所在,同时也是治理过程中应当关注的重点问题,这是目前最需要解决的问题,正如有学者所言,行政法治需要依据数字化转型进行必要的调整。①

第二,政府信息公开制度的目的在于提升政府透明度,同时保障公众获取政府信息的权利,这才是信息公开制度的主旋律。因此,在对信息公开申请权不当行使进行治理的同时,不能忽视了对于申请人权利的保护,否则便是喧宾夺主。在运用数字技术进行治理的过程中,容易出现自动化决策导致的侵犯申请人合法权益。同时,行政机关在处理数据的过程中还面临着新的行政法律风险,如何做好数据合规,避免法律风险,也是在数字治理过程中必须要考虑的问题。

本书将以上述两个问题为逻辑线索,展开讨论。

**二、破解行政机关之间的数据壁垒**

新的数字技术和共享理念并非某种特定的技术手段,而是将数据作为一种资源并在源头上进行横向整合的模式。这种模式充分挖掘数据价值,形成数据红利,为政府决策提供更为全面的依据,有助于治理中的宏观决策、趋势预测以及结果反馈。同时,也可以实现针对具体问题甚至是个案的精准治理,大幅提升治理能力和治理水平。

---

① 参见关保英、汪骏良:《基于合作治理的数字法治政府建设》,载《福建论坛(人文社会科学版)》2022 年第 5 期。

具体到政府信息公开申请权的不当行使领域中，通过数字技术在不同行政机关之间形成数据共享，并且建立相应的预警机制，使行政机关准确应对，但要实现这一目标，不同行政机关之间的数据壁垒则是亟待解决的问题。

（一）数据壁垒的形成

现有行政组织体系不能完全实现数字政府的协同治理和数据共享，数据价值未被充分挖掘。数字政府背景下对行政治理提出了新的要求：一方面，需要实现多主体的协同治理，在不同行政机关之间，乃至行政机关和其他社会主体之间形成紧密协作，多主体共同参与到治理的过程中，实现治理资源的重新配置以达到资源优化，最大限度发挥各自优势。另一方面，在不同领域、不同系统之间互联、互通，从而形成数据共享，共同为治理目标服务。而现有的行政组织体系要实现上述目标存在一定困难。

第一，行政体制垂直架构形成"职能孤岛"。在我国传统的政府组织结构中，纵向的层级制更加受到重视，强调在各自的领域中垂直授权和执行。这种制度有利于防止权力滥用，但紧凑度和弹性不足，在数字化时代运行成本较高、效率较低，难以对治理需求进行有效回应。现有规则和制度把行政机关的职权严格限定在一定的范围内，横向的协作和交流困难较大，难以实现多主体的协同治理。① 诚然，"职能孤岛"是管理精细化的必然结果和要求，但是在数字政府背景下，却成为数字技术发挥更大价值的障碍之一，这导致了"信息孤岛"的产生。

第二，垂直架构形成"信息孤岛"。垂直为主的管理体制割裂了数据之间的联系，各机关持有本领域的数据，形成了"烟囱数据""信息孤岛"。② 此外，行政管理任务繁重以及缺乏技术支持的特点，使得单一部门对本领域数据的利用也仅限于简单的统计分析，并未对数据进行充分挖掘，数据利用效率较低，③无法发挥其应有的价值，更不能实现数据为城市治理赋能。

---

① 参见马颜昕：《数字政府：变革与法治》，载《教学与研究》2021 年第 3 期。

② 参见徐晓林、明承瀚、陈涛：《数字政府环境下政务服务数据共享研究》，载《行政论坛》2018 年第 1 期。

③ 参见马怀德：《落实〈法治政府建设实施纲要〉 深化"放管服"改革》，载《中国行政管理》2021 年第 11 期。

具体到政府信息公开领域中，对《政府信息公开条例》第35条的准确适用，离不开对于申请人之前申请情况的统计。在实践中，滥用申请权的申请人通常会向多个机关同时申请多份政府信息公开，行政机关之间横向的数据沟通对准确判断申请人的申请情况和申请动机十分必要，而数据壁垒的存在，则给上述工作带来了困难。

（二）数据壁垒的打破

提升政府治理能力必须在法治轨道内进行，要实现数据整合与协同治理，必须以法治为基本原则，以人民政府的领导协调为基础，以数字化为重要途径，以一体化信息平台为载体，构建"数字＋法律"双驱动、双赋能体系，实现提升政府治理能力的目标。

在政府信息公开领域，需要将人民政府作为协调机构，建立统一的政府信息公开平台，实现对于数据前端的整合，彻底打破数据壁垒。由人民政府建立统一的协调机构，也与《政府信息公开条例》对地方政府的定位契合。具体来说，应当包含以下几个方面。

第一，将人民政府作为协调中枢，实现职能部门上游整合，破解"职能孤岛"难题。

在政府信息公开领域化解"职能孤岛"必须注意两个问题，一是进行职能整合的主体必须有足够的资源和能力达到有效整合的既定目标，二是要避免因职能整合造成的权责不清等新问题。有观点认为应当对我国行政体制进行大力调整甚至重塑，以符合数字政府建设的要求。但是，我国现行管理制度是经过长期实践积累形成的，在社会管理绝大多数的情境中都发挥了非常重要的积极作用，若因数字政府建设，甚至是政府信息公开统一平台建设便对我国目前行政管理制度进行否定，是对现行法律规范权威性的挑战。况且数字政府建设尚在起步、试错阶段，其效果尚待实践检验，此种情况下贸然对已经相对成熟的行政管理体制进行较大幅度调整，实属舍本逐末之举。在维持现有行政管理体制不作较大调整的前提下，解决"职能孤岛"的问题，应当充分发挥人民政府的综合协调作用，可以考虑人民政府内部机构职能的微调，领导全市数字政府建设，建立全市统一的政府信息公开平台，在各部门的"孤岛"之上进行整合，解决横向沟通不畅、协调成本高的问题。这种做法一方面符合现行法律中对人民政府职能的定位，另一方面又能避免在职能部门末端整合带来的权责不清问题。

第二，推进一体化信息平台建设，实现政务数据共享，破解“信息孤岛”难题。在明确了人民政府的协调功能之后，需要对工作形式进行进一步完善。针对信息整合与协同办公，应当从以下几个方面着手：

一是要建立政府信息公开一体化信息平台。传统的办公模式将数据的收集和使用限定在某个特定的机关中，各机关之间数据不流通，业务流程分散，造成数据重复收集以及利用率不高。在统一平台建立后，全市所有行政机关的政府信息公开申请应当均在统一平台上完成，实现入口和出口的统一。对于申请人不当行使申请权的问题，数据的不流通导致行政机关在面对申请时无法得知申请人之前向其他机关申请的情况，仅凭经验进行处理，不能迅速作出反应，效率较低。而政府信息公开一体化信息平台在源头上对各领域数据进行整合，穿透现有的行政组织架构，实现数据的多向流动，解决“信息孤岛”“条块分割”等问题。由此，行政机关可以通过统一平台了解特定申请人申请政府信息公开的情况，便于作出准确判断和交流，同时，仅联通政府信息公开申请数据，避免本部门其他数据信息泄露，这是打通行政机关横向数据壁垒的基础。政府信息公开一体化平台可以横向整合市级行政机关所有数据资源，并实现纵向各级机构的组织在线办公，充分挖掘数据价值，对申请人申请情况做出准确预判，节约大量的行政资源。同时，基于大数据的一体化信息平台可以利用各种算法对不同申请人的情况进行准确而具体的数据描绘，准确预测风险，对不确定性作出及时、精准的响应。

二是政府信息公开一体化信息平台实现由内部协同转为生态协同。这种转变使得在平台中的任何两个主体直接协作成为可能，省去了不必要的中间环节。一体化信息平台使各行政机关能够直接能进行点对点的充分交流，特别是对个别申请人情况以及处理经验的交流，形成协作，真正发挥各主体优势，实现协同治理，提升对政府信息公开不当申请的治理能力。同时，一体化信息平台还能实现“互联网+”执法监督，提升监督效率。在其他领域，目前已经实现了这种治理和监督模式，如以温州市永嘉县为试点推出基于“浙政钉”的政务督查系统，督办件的下发、签批、催办、反馈等均可在“浙政钉”上完成，县领导在手机上可对办理结果进行查看、关注、再批示等操作，督办件到期办结率达96.8%，大幅提升了效率。政府信息公开统一平台可以借鉴此种思路和程序。

三是利用一体化信息平台实现政府数据开放。政府信息公开制度已经在提升政府透明度方面取得了显著成效，但政府信息公开是对决策和描述性信息的公开，信息被再次利用的价值有限。而政府数据开放要求在合法、安全的前提下，将政府数据作为一种公共资源进行开放，使政府数据在使用与分享中不断增值，这也是政府信息公开和政府数据开放最明显对差别之一。如中国裁判文书网建立后，产生了 iCourt、北大法意等基于海量裁判文书提供法律服务的数字化系统。一体化信息平台作为政府数据开放的载体，可以实现数据的采集、整合、分析、开放共享一体化，在横向与纵向上充分挖掘政府数据的价值。从这个层面来说，建立统一的政府信息公开平台也有助于推动数字法治政府建设的推进。

### 三、申请人正当权利的保护和数据合规

数字化是打破数据壁垒、激活并准确适用《政府信息公开条例》第35条的技术基础。虽然行政机关可以利用数字化技术更好地实施政府信息公开制度，但是数字化也使得行政机关面临更多的法律风险，也需要更加注重对申请人权利的保护，毕竟，这才是政府信息公开制度的目的，也是数字法治政府建设的终极目标。

#### （一）数字化给政府带来的新的风险与问题

数字化和智能化推动高效、透明的行政程序，提升了行政机关处理政府信息公开的效率，同时，在数字化的过程中，利用统一数据平台，行政相对人对行政程序的参与程度也大幅提升，这与建设服务型政府的理念相契合，与此同时也给行政机关带来了诸多挑战。

1. 数据安全面临威胁

基于电子化产生的信息有泄露和被篡改的风险，这种风险可能危及大量

甚至是某个领域中的全部数据,一方面会造成极为严重的危害后果,另一方面,根据《个人信息保护法》《数据安全法》等相关规范,数据保存和处理机关也可能承担相应的法律责任,发生法律风险。政府信息公开统一数据平台存储着一个城市所有的政府信息公开数据,涉及申请人的个人信息、申请记录以及行政机关的处理情况,此类信息遭到泄露会给申请人的生活带来不便,同时也会造成行政机关内部信息的泄露,严重的还会造成国家秘密泄露。

2. 决策歧视和偏差

数据、技术、环境以及"算法黑箱"可能导致利用数字化进行决策出现歧视和偏差。如匹兹堡利用数据预测儿童受父母虐待的可能性,由于对孩子疏于照顾和贫穷两个数据库信息存在重合,导致部分因贫穷而申请过社会救助的父母被系统识别为有虐待儿童风险。这一识别结果不仅存在严重偏差,而且易形成政府决策对贫穷的歧视,造成不良社会影响。在政府信息公开领域,统一平台的启用也容易造成上述现象,设置不当的算法可能简单地将申请数量大和申请权滥用等同起来,从而对申请人作出不当的限制,侵犯申请人获取政府信息的权利,同时给行政机关造成行政法律风险。

3. 相对人程序性权利被压缩与执法缺少温度

首先,数字化执法程序极大地提升了效率,但高度流程化可能导致行政相对人程序性权利被压缩,特别是传统的陈述、抗辩、告知、说明理由等基于面对面执法中的正当程序权利。其次,部分信息弱势群体由于技术和经济上的劣势,难以完全融入数字化进程中,以致权益受到削减,如之前发生的无"健康码"无法乘车事件。在政府信息公开领域中,部分公民可能因为技术或经济原因,不能利用统一平台进行政府信息公开申请,行政机关又没有保留传统的申请方式,或者传统的申请方式极为不便捷,使公民获取政府信息的权利受损。最后,由于数据错误造成的相对人权益受损的救济途径尚未建立。如某些自媒体报道因大数据计算错误,导致相对人行程卡中显示 14 天内到访过菲律宾,行程码变黄,且相对人要求更正遭碰壁。虽然该事件尚未有调查结论,但畅通有效的救济途径,是数字法治政府建设过程中必须予以重点关注的问题。

总之,不能因技术应用而忽视执法中的程序,也不能淡化执法中应有的理性与温情，这不仅有违现行法律规定，会对行政机关造成法律风险，而且与以人民利益为根本出发点、建设服务型政府的宗旨相悖。

（二）权利保护与数据合规

在数字化进程中，针对上述可能产生的问题，需要从以下几个方面着手，避免数字化的引入导致新的问题，侵害公民合法权益。

1. 建立相应数据安全机制

数据安全的实现需要依靠完善的规则体系，而数据领域较为专业，单一的规范体系难以满足现实需要，因此需要建立多元规则体系，特别需要善用软法治理，丰富治理手段。一方面，在程序方面制定相应的规范，明确政府信息公开统一平台中各行政主体的职责，细化处理流程。建立考核标准，压实各机关责任。另一方面，要充分利用协议、标准等软法手段，实现由专业的企业承担数据合规任务。如在开发平台时，可以通过招标的方式由第三方进行开发，在协议中约定平台的数据合规目标和要求，借助第三方的专业性达到数据合规。借助既有效又灵活的治理方式，形成多层级、多效力级别、多种形式的治理模式。

从行政机关角度出发，还应当梳理数据安全规范和数据共享清单，并进行风险识别预警，有效降低政府治理法律风险。目前在中央层面上关于数据和信息安全的法律、行政法规、司法解释、部门规章、部门规范性文件、标准指南已达118部。如此庞杂的规范体系使得在数据采集、利用和开放的过程中容易发生法律风险。加之数据领域的技术性较强，与传统行政事务区别较大的特点，这也加大了法律风险发生的可能性。应当对涉及数据安全的规范进行梳理，编制数据共享清单，利用一体化信息平台对数据规范和共享清单进行重新整合，实现系统将治理行为与清单进行比对，提示相关规范，对行为进行合法性评估，对可能存在的法律风险进行预警。2022年3月1日开始实施的《互联网信息服务算法推荐管理规定》对于算法提供者设定了明确的禁止性规则，行政机关在处理数据时，应当和算法服务提供商明确协议内容，避免出现上述规定中禁止的情况，降低行政法律风险。

除此之外，统一的政府信息公开平台使得大数据技术大有可为，可以以大数据为依托,在全面了解申请人申请政府信息公开的情况之后,作出准确的处理,实现从经验决策向数据决策转型,从事后分析向事前预测转型,从决策信息不对称走向对称,从决策粗放转向决策精细化。

在这个过程中,对于涉及权利滥用的申请人,在系统做出预警之后,必须要有人工进行审核、作出决定,就目前的技术条件而言,数字化决策不适合适用《政府信息公开条例》第35条,因为该条款的适用综合考虑多种情况,并非可以数字化的内容,也不是算法能够完成的;还应当严格适用《政府信息公开条例》第35条的审核机制,避免违法内容侵害申请人合法权益,也给行政机关带来法律风险。

2. 在程序中保护相对人合法权益

在统一的政府信息公开平台中,并非每个参与其中的主体都可以处理相同的信息,简言之,应当建立"内外有别"的数字化流程。行政主体内部之间的协作可以最大限度地利用数字化技术进行简化,同时应当在平台上更为便捷地进行沟通交流。实践中适用《政府信息公开条例》第35条之前,行政机关不但要了解申请人申请政府信息公开的基本情况,而且需要和其他机关充分交流,了解其大量申请政府信息公开背后的真实目的,这样才能做到准确适用规范。政府信息公开统一平台可以为这种交流提供便利,行政机关在处理案件的时候,可以通过提示、备注等方式,将案外的情况记录在系统中,同时令该内容只对行政机关展示,便于高效开展工作。

而在对外与申请人发生互动的程序中,必须严格依照现行法律规定的程序构建数字化流程,保障行政对人的程序性权利,确保和相对人之间利用一体化信息平台进行沟通的行为符合法律规定。

为了确保数字弱势群体的合法权益,行政机关应当为相对人提供多种服务方式的选择,保留传统的办公形式,并由行政机关的工作人员将相关信息录入政府信息公开统一平台中,兼顾申请人权利保护和统一平台建设,在运用数字化治理过程中保留温情,这是以人为本理念在政府治理中的要求和体现。

此外,在政府信息统一平台的建设中,必须完善权利告知、权利救济等程序的设计,在应当告知的程序中,以平台推送、电话、短信等多种方式告知相对人相关权益,特别是要对救济途径进行明确告知,避免因数字化和电子化缺乏和申请人之间的沟通而造成权利告知的效果大打折扣。

政府信息公开制度在数字法治政府建设的今天也应当与时俱进,采取新的数字技术,进一步促进政府信息公开制度的高效实施,建设透明政府。同时,在《政府信息公开条例》第35条适用方面,数字技术能够极大地提升行政机关工作效率。但是,无论如何,都不得以效率为由,侵犯公民的合法权益,特别是剥夺公民在政府信息公开制度中的申请权利。

# 代结语：对“权利滥用”的思考

“权利滥用”乃至“诉权滥用”并非一个新鲜词汇，甚至是随着诉权的产生而一起出现的现象，因而便有了“诉的利益”这一概念对该行为进行限制。在诉讼制度中，“权利滥用”更多地发生在民事诉讼中，我国行政诉讼一直有较为严格的原告资格和受案范围的限制，因而诉权滥用的问题在政府信息公开制度建立以前虽然存在，但是并不多见。政府信息公开制度的特殊性在于申请门槛低，而且纯粹程序意义上的制度设计与《行政诉讼法》第 2 条中对原告资格采取主观上“认为”的标准，导致了部分申请人有了利用程序达到自己诉求的空间。虽然这部分申请人是少数，但是由于我国人口基数大，基层行政机关数量众多，因而此类申请人在绝对数量上显得较为庞大。对此情形，行政机关与法院一时不堪重负，于是便造成法院以“诉权滥用”为由裁定驳回起诉案件的频出。

2019 年《政府信息公开条例》进行修改后，在行政程序中完成了对权利滥用的规制，使得进入司法程序的案件数量明显下降。也正是基于此，法院由对权利滥用的规制角色回归到了对行政机关与申请人之间矛盾的裁判者，规范的修改基本上使行政机关和法院各归各位、各司其职，塑造了良好的制度环境。

但是，从本书前面的分析也可以得知，有法院仍然在之前的角色中没有走出来，从既有的裁判文书中也可以看到少数行政机关对《政府信息公开条例》第35条的适用存在一定问题，造成上述现象的原因恐怕在于对“权利滥用”的态度依然存在偏差。

从“权利滥用”的表述可以看出，实践中对这一行为的判断是否定的。诚然，少数申请人利用程序达到自身不正当目的的做法固然属于不当行为，但是一味想通过制度杜绝这种现象也是不切实际的。

“权利滥用”几乎是与“权利”相伴而生的，所谓的“钻法律的空子”历来也并不鲜见。可见，出现这一现象几乎是不可避免的，更遑论政府信息公开制度的特殊性，这使得“权利滥用”的情况更容易发生。只要杜绝了大规模发生不当行使权利，规范和制度就应当被认为是完备的，至少是合格的，寄希望于一部规范的实施来杜绝从未被杜绝的现象是不可能的，也是对立法者的苛求。当规范实施的效果已经将“权利不当行使”降到了一个较低的水平，再下大力气去思考如何进一步规制这种行为，不但是缘木求鱼，而且是舍本逐末。此时，规范构建与行政程序、司法审判的重心都应当回归到如何保障公民获取政府信息的权利，这才是一切规范与制度的终极目标与初心，同时也是“以人民为中心”法治建设目标的最好诠释。正如为了追求公正不得不对效率进行削减，为了政府透明度的提升，也必须对权利不当行使有一定的宽容，或者说这是政府信息公开制度建立的必然成本与代价。与其追求完全杜绝权利不当行使这一不切实际的目标，不如以包容的心态接纳这种冲突，在制度实施中力求在申请人、行政机关、法院之间达成到一个微妙的平衡，这种接纳与平衡又何尝不是法治的一种追求。

# 后　记

本书是我个人关于信息公开行政诉讼方面的第二本专著，自2007年接触这个领域以来，至今已经16年了。在这期间，我目睹政府信息公开制度从最初的“前沿”到“显学”，再到现在似乎成为一个有点过时的话题。我也曾经多次想要改变我的研究方向，但是又总能发现这个领域中蕴含的新课题。其实，政府数据开放、政府数据授权运营、个人信息保护、数据安全、网络安全这些时下的“当红”话题，大多数都是以政府信息公开制度作为起点和背景的，甚至很多看起来新鲜的话题，在政府信息公开时代已经研究过了，只不过在数字时代需要继续深入探讨而已。所以，我始终认为，对政府信息公开制度的研究，至少在当下来看，是并不过时的，甚至对这个领域的研究可以为数字政府时代提供很多理论支持。

在实践中，政府信息公开领域制度的实施依然是摆在一线工作人员面前的难题，如何把握好政府信息公开制度的尺度，是保障公众知情权的需要，同时也是防范行政法律风险的必要。作为天津市政府法律顾问，我也多次遇到各种各样棘手的问题，这也使我坚信有必要对政府信息公开制度进行持续研究。当然,如何使这一制度的基本理论在当下数字时代发挥更大的作用,这是一个值得深入思考的问题,也将是我未来研究的一个重要方向。

在本书写作过程中,感谢我的博士生张又文同学查找了大量的资料,做了很多的校对工作;感谢天津大学法学院和国家社科基金的支持;感谢法律出版社编辑老师的审核、编排和校对。

最后,感谢我的家人一直以来的支持,上一部专著交稿时,孩子在腹中陪我一起经历写作过程;如今,她坐在我旁边,在灯下陪着我一起写下这些文字。

# 附 1：部门规章中涉及政府信息公开制度的条款梳理

| 序号 | 法律文件名称 | 文件性质 | 发文机关 | 条款 |
| --- | --- | --- | --- | --- |
| 1 | 《事业单位公开招聘违纪违规行为处理规定》 | 部门规章 | 人力资源和社会保障部 | 第 14 条 |
| 2 | 《慈善组织公开募捐管理办法》 | 部门规章 | 民政部 | 第 21 条 |
| 3 | 《安全生产监管监察部门信息公开办法》 | 部门规章 | 国家安全生产监督管理总局(原国家安全生产监督管理局) | |
| 4 | 《高等学校信息公开办法》 | 部门规章 | 教育部 | |
| 5 | 《土地登记公开查询暂行办法(试点试用)》 | 部门规章 | 国土资源部(已撤销) | 第 4 条 |
| 6 | 《医疗保障基金使用监督管理举报处理暂行办法》 | 部门规章 | 国家医疗保障局 | 第 16 条 |
| 7 | 《农作物种子生产经营许可管理办法》(2022 第二次修订) | 部门规章 | 农业农村部 | 第 4 条 |
| 8 | 《特种设备事故报告和调查处理规定》(2022) | 部门规章 | 国家市场监督管理总局 | 第 35 条 |
| 9 | 《事业单位财务规则》(2022) | 部门规章 | 财政部 | 第 62 条 |
| 10 | 《渔业船员管理办法》(2022 修订) | 部门规章 | 农业农村部 | 第 39 条 |

续表

| 序号 | 法律文件名称 | 文件性质 | 发文机关 | 条款 |
| --- | --- | --- | --- | --- |
| 11 | 《农药登记管理办法》(2022 修订) | 部门规章 | 农业农村部 | 第 43 条 |
| 12 | 《农作物种子生产经营许可管理办法》(2022 第二次修订) | 部门规章 | 农业农村部 | 第 4 条 |
| 13 | 《重大税收违法失信主体信息公布管理办法》 | 部门规章 | 国家税务总局 | 第 11 条、第 13 条 |
| 14 | 《税务规范性文件制定管理办法》(2021 修正) | 部门规章 | 国家税务总局 | 第 31 条 |
| 15 | 《食品生产经营监督检查管理办法》 | 部门规章 | 国家市场监督管理总局 | 第 39 条 |
| 16 | 《农业农村部行政许可实施管理办法》 | 部门规章 | 农业农村部 | 第 29 条 |
| 17 | 《国家级自然保护区监督检查办法》(2021 修正) | 部门规章 | 生态环境部 | 第 6 条 |
| 18 | 《环境信访办法》(2021 修正) | 部门规章 | 生态环境部 | 第 4 条 |
| 19 | 《企业环境信息依法披露管理办法》 | 部门规章 | 生态环境部 | 第 27 条 |
| 20 | 《危险废物转移管理办法》 | 部门规章 | 生态环境部；公安部；交通运输部 | 第 22 条 |
| 21 | 《公证执业活动投诉处理办法》 | 部门规章 | 司法部 | 第 30 条 |
| 22 | 《文化和旅游市场信用管理规定》 | 部门规章 | 文化和旅游部 | 第 22 条、第 23 条 |
| 23 | 《拖欠农民工工资失信联合惩戒对象名单管理暂行办法》 | 部门规章 | 人力资源和社会保障部 | 第 9 条 |
| 24 | 《公安机关人民警察内务条令》(2021) | 部门规章 | 公安部 | 第 108 条、第 130 条 |

续表

| 序号 | 法律文件名称 | 文件性质 | 发文机关 | 条款 |
|---|---|---|---|---|
| 25 | 《社会组织登记管理机关行政处罚程序规定》(2021) | 部门规章 | 民政部 | 第 32 条 |
| 26 | 《港口和船舶岸电管理办法》(2021 修正) | 部门规章 | 交通运输部 | 第 13 条 |
| 27 | 《水上交通事故统计办法》(2021 修正) | 部门规章 | 交通运输部 | 第 27 条 |
| 28 | 《公路养护作业单位资质管理办法》 | 部门规章 | 交通运输部 | 第 21 条 |
| 29 | 《国有企业资产与产权变动档案处置办法》 | 部门规章 | 国家档案局 | 第 22 条 |
| 30 | 《体外诊断试剂注册与备案管理办法》 | 部门规章 | 国家市场监督管理总局 | 第 13 条 |
| 31 | 《医疗器械注册与备案管理办法》 | 部门规章 | 国家市场监督管理总局 | 第 12 条 |
| 32 | 《机动车维修管理规定》(2021 修正) | 部门规章 | 交通运输部 | 第 43 条 |
| 33 | 《小微型客车租赁经营服务管理办法》(2021 修正) | 部门规章 | 交通运输部 | 第 23 条 |
| 34 | 《巡游出租汽车经营服务管理规定》(2021 修正) | 部门规章 | 交通运输部 | 第 43 条 |
| 35 | 《超限运输车辆行驶公路管理规定》(2021 修正) | 部门规章 | 交通运输部 | 第 9 条 |
| 36 | 《公路建设监督管理办法》(2021 修正) | 部门规章 | 交通运输部 | 第 31 条 |
| 37 | 《城镇供水价格管理办法》 | 部门规章 | 国家发展和改革委员会(含原国家发展计划委员会、原国家计划委员会);住房和城乡建设部 | 第 28 条、第 30 条 |

续表

| 序号 | 法律文件名称 | 文件性质 | 发文机关 | 条款 |
|---|---|---|---|---|
| 38 | 《中国银行保险监督管理委员会派出机构监管职责规定》 | 部门规章 | 中国银行保险监督管理委员会 | 第14条 |
| 39 | 《家用汽车产品修理更换退货责任规定》 | 部门规章 | 国家市场监督管理总局 | 第6条 |
| 40 | 《证券期货违法行为行政处罚办法》 | 部门规章 | 中国证券监督管理委员会 | 第35条 |
| 41 | 《税务稽查案件办理程序规定》 | 部门规章 | 国家税务总局 | 第44条 |
| 42 | 《邮政行政执法监督办法》(2021修正) | 部门规章 | 交通运输部 | 第12条、第13条 |
| 43 | 《市场监督管理行政处罚听证办法》(2021修正) | 部门规章 | 国家市场监督管理总局 | 第12条、第22条 |
| 44 | 《交通运输行政执法程序规定》(2021修正) | 部门规章 | 交通运输部 | 第79条 |
| 45 | 《中央预算内投资资本金注入项目管理办法》 | 部门规章 | 国家发展和改革委员会(含原国家发展计划委员会、原国家计划委员会) | 第10条、第14条、第39条 |
| 46 | 《海关办理行政处罚案件程序规定》(2021) | 部门规章 | 海关总署 | 第78条 |
| 47 | 《医疗保障行政处罚程序暂行规定》 | 部门规章 | 国家医疗保障局 | 第46条 |
| 48 | 《市场监督管理行政执法责任制规定》 | 部门规章 | 国家市场监督管理总局 | 第5条、第7条 |
| 49 | 《检验检测机构监督管理办法》 | 部门规章 | 国家市场监督管理总局 | 第22条 |
| 50 | 《网络食品安全违法行为查处办法》(2021修改) | 部门规章 | 国家市场监督管理总局 | 第8条、第27条、第47条 |

续表

| 序号 | 法律文件名称 | 文件性质 | 发文机关 | 条款 |
| --- | --- | --- | --- | --- |
| 51 | 《住房和城乡建设部关于修改〈建设工程勘察质量管理办法〉的决定》(2021) | 部门规章 | 住房和城乡建设部 | 第18条 |
| 52 | 《化妆品注册备案管理办法》 | 部门规章 | 国家市场监督管理总局 | 第10条 |
| 53 | 《碳排放权交易管理办法(试行)》 | 部门规章 | 生态环境部 | 第9条、第18条、第25条、第32条 |
| 54 | 《核动力厂管理体系安全规定》 | 部门规章 | 生态环境部 | 第44条、第45条 |
| 55 | 《职业卫生技术服务机构管理办法》(2020) | 部门规章 | 国家卫生健康委员会 | 第35条 |
| 56 | 《零售药店医疗保障定点管理暂行办法》 | 部门规章 | 国家医疗保障局 | 第32条 |
| 57 | 《医疗机构医疗保障定点管理暂行办法》 | 部门规章 | 国家医疗保障局 | 第21条、第34条 |
| 58 | 《口岸艾滋病预防控制管理办法》(2020修正) | 部门规章 | 海关总署 | 第19条 |
| 59 | 《海关统计工作管理规定》(2020修正) | 部门规章 | 海关总署 | 第18条 |
| 60 | 《海关行政许可管理办法》 | 部门规章 | 海关总署 | 第5条、第21条 |
| 61 | 《生态环境标准管理办法》 | 部门规章 | 生态环境部 | 第45条 |
| 62 | 《生物制品批签发管理办法》(2020) | 部门规章 | 国家市场监督管理总局 | 第37条、第38条、第39条 |

续表

| 序号 | 法律文件名称 | 文件性质 | 发文机关 | 条款 |
|---|---|---|---|---|
| 63 | 《志愿服务记录与证明出具办法(试行)》 | 部门规章 | 民政部 | 第21条 |
| 64 | 《气象行政规范性文件管理办法》 | 部门规章 | 中国气象局 | 第20条 |
| 65 | 《升放气球管理办法》 | 部门规章 | 中国气象局 | 第11条 |
| 66 | 《生态环境部建设项目环境影响报告书(表)审批程序规定》 | 部门规章 | 生态环境部 | 第8条、第12条 |
| 67 | 《核动力厂营运单位核安全报告规定》 | 部门规章 | 生态环境部 | 第32条 |
| 68 | 《网络餐饮服务食品安全监督管理办法》(2020修订) | 部门规章 | 国家市场监督管理总局 | 第5条 |
| 69 | 《认证机构管理办法》(2020修订) | 部门规章 | 国家市场监督管理总局 | 第27条 |
| 70 | 《水文监测资料汇交管理办法》 | 部门规章 | 水利部 | 第13条 |
| 71 | 《承装(修、试)电力设施许可证管理办法》(2020) | 部门规章 | 国家发展和改革委员会(含原国家发展计划委员会、原国家计划委员会) | 第17条 |
| 72 | 《养老机构管理办法》(2020) | 部门规章 | 民政部 | 第14条 |
| 73 | 《通用航空经营许可管理规定》(2020) | 部门规章 | 交通运输部 | 第26条 |
| 74 | 《科学技术活动违规行为处理暂行规定》 | 部门规章 | 科学技术部 | 第23条 |
| 75 | 《海船船员适任考试和发证规则》(2022修正) | 部门规章 | 交通运输部 | 第53条 |
| 76 | 《行政处罚办法》 | 部门规章 | 中国银行保险监督管理委员会 | 第93条 |

续表

| 序号 | 法律文件名称 | 文件性质 | 发文机关 | 条款 |
| --- | --- | --- | --- | --- |
| 77 | 《高速铁路安全防护管理办法》 | 部门规章 | 交通运输部;公安部;自然资源部;生态环境部;住房和城乡建设部;水利部;应急管理部 | 第9条 |
| 78 | 《新化学物质环境管理登记办法》 | 部门规章 | 生态环境部 | 第28条 |
| 79 | 《国家国际发展合作署行政处罚实施办法》 | 部门规章 | 国家国际发展合作署 | 第24条 |
| 80 | 《气象信息服务管理办法》(2020修正) | 部门规章 | 中国气象局 | 第13条 |
| 81 | 《证券期货市场诚信监督管理办法》(2020修正) | 部门规章 | 中国证券监督管理委员会 | 第14条、第15条 |
| 82 | 《中国人民银行行政许可实施办法》(2020) | 部门规章 | 中国人民银行 | 第6条、第56条 |
| 83 | 《自然资源执法监督规定》(2020修正) | 部门规章 | 自然资源部 | 第18条、第25条 |
| 84 | 《自然资源行政处罚办法》(2020修正) | 部门规章 | 自然资源部 | 第40条、第41条 |
| 85 | 《船舶安全监督规则》(2022修正) | 部门规章 | 交通运输部 | 第17条 |
| 86 | 《证券期货规章制定程序规定》(2020) | 部门规章 | 中国证券监督管理委员会 | 第28条 |
| 87 | 《国内水路运输管理规定》(2020修正) | 部门规章 | 交通运输部 | 第16条 |
| 88 | 《药品生产监督管理办法》(2020) | 部门规章 | 国家市场监督管理总局 | 第10条、第11条 |
| 89 | 《药品注册管理办法》(2020) | 部门规章 | 国家市场监督管理总局 | 第109条 |

续表

| 序号 | 法律文件名称 | 文件性质 | 发文机关 | 条款 |
| --- | --- | --- | --- | --- |
| 90 | 《体育赛事活动管理办法》(2023) | 部门规章 | 国家体育总局 | 第24条、第38条 |
| 91 | 《强制性国家标准管理办法》 | 部门规章 | 国家市场监督管理总局 | 第37条 |
| 92 | 《政府购买服务管理办法》 | 部门规章 | 财政部 | 第11条、第19条 |
| 93 | 《银行保险违法行为举报处理办法》 | 部门规章 | 中国银行保险监督管理委员会 | 第5条 |
| 94 | 《药品、医疗器械、保健食品、特殊医学用途配方食品广告审查管理暂行办法》 | 部门规章 | 国家市场监督管理总局 | 第17条 |
| 95 | 《伤残抚恤管理办法》(2019修订) | 部门规章 | 退役军人事务部 | 第10条 |
| 96 | 《网络信息内容生态治理规定》 | 部门规章 | 国家互联网信息办公室 | 第30条 |
| 97 | 《航道工程建设管理规定》 | 部门规章 | 交通运输部 | 第71条 |
| 98 | 《市场监督管理投诉举报处理暂行办法》(2022第二次修正) | 部门规章 | 国家市场监督管理总局 | 第34条、第35条 |
| 99 | 《公路水运工程监理企业资质管理规定》(2019修正)(已失效) | 部门规章 | 交通运输部 | 第9条、第15条 |
| 100 | 《航道通航条件影响评价审核管理办法》(2019修正) | 部门规章 | 交通运输部 | 第20条、第25条、第30条 |
| 101 | 《港口危险货物安全管理规定》(2019修正) | 部门规章 | 交通运输部 | 第23条 |
| 102 | 《港口设施保安规则》(2019第二次修正) | 部门规章 | 交通运输部 | 第81条 |

续表

| 序号 | 法律文件名称 | 文件性质 | 发文机关 | 条款 |
|---|---|---|---|---|
| 103 | 《港口工程建设管理规定》(2019修正) | 部门规章 | 交通运输部 | 第64条 |
| 104 | 《政府采购信息发布管理办法》 | 部门规章 | 财政部 | 第10条 |
| 105 | 《产品质量监督抽查管理暂行办法》 | 部门规章 | 国家市场监督管理总局 | 第10条、第12条、第44条 |
| 106 | 《定期国际航空运输管理规定》(2019修正) | 部门规章 | 交通运输部 | 第8条、第23条 |
| 107 | 《建设项目环境影响报告书(表)编制监督管理办法》 | 部门规章 | 生态环境部 | 第7条 |
| 108 | 《农田建设项目管理办法》 | 部门规章 | 农业农村部 | 第31条 |
| 109 | 《核动力厂、研究堆、核燃料循环设施安全许可程序规定》 | 部门规章 | 生态环境部 | 第26条 |
| 110 | 《排污许可管理办法(试行)》(2019修正) | 部门规章 | 生态环境部 | 第10条、第25条 |
| 111 | 《市场监督管理行政许可程序暂行规定》(2022修改) | 部门规章 | 国家市场监督管理总局 | 第24条 |
| 112 | 《食品安全抽样检验管理办法》(2022修正) | 部门规章 | 国家市场监督管理总局 | 第46条 |
| 113 | 《不动产登记资料查询暂行办法》(2019修正) | 部门规章 | 自然资源部 | 第33条 |
| 114 | 《节约集约利用土地规定》(2019修正) | 部门规章 | 自然资源部 | 第34条、第36条 |
| 115 | 《地质环境监测管理办法》(2019修正) | 部门规章 | 自然资源部 | 第23条 |
| 116 | 《地图审核管理规定》(2019修正) | 部门规章 | 自然资源部 | 第20条 |

续表

| 序号 | 法律文件名称 | 文件性质 | 发文机关 | 条款 |
| --- | --- | --- | --- | --- |
| 117 | 《土地复垦条例实施办法》(2019修正) | 部门规章 | 自然资源部 | 第10条、第22条、第45条 |
| 118 | 《自然资源行政应诉规定》 | 部门规章 | 自然资源部 | 第34条 |
| 119 | 《自然资源行政复议规定》 | 部门规章 | 自然资源部 | 第31条 |
| 120 | 《民用核安全设备无损检验人员资格管理规定》(2019) | 部门规章 | 生态环境部 | 第39条 |
| 121 | 《民用核安全设备焊接人员资格管理规定》 | 部门规章 | 生态环境部 | 第28条 |
| 122 | 《进口药材管理办法》 | 部门规章 | 国家市场监督管理总局 | 第31条 |
| 123 | 《交通运输标准化管理办法》 | 部门规章 | 交通运输部 | 第22条、第23条、第25条 |
| 124 | 《专利代理师资格考试办法》 | 部门规章 | 国家市场监督管理总局 | 第50条 |
| 125 | 《司法鉴定执业活动投诉处理办法》(2019) | 部门规章 | 司法部 | 第27条 |
| 126 | 《安全评价检测检验机构管理办法》 | 部门规章 | 应急管理部 | 第11条、第17条、第18条、第23条 |
| 127 | 《医疗机构投诉管理办法》 | 部门规章 | 国家卫生健康委员会 | 第6条 |
| 128 | 《通航建筑物运行管理办法》 | 部门规章 | 交通运输部 | 第13条、第36条 |
| 129 | 《船员培训管理规则》(2019修正) | 部门规章 | 交通运输部 | 第44条 |

续表

| 序号 | 法律文件名称 | 文件性质 | 发文机关 | 条款 |
| --- | --- | --- | --- | --- |
| 130 | 《资产评估行业财政监督管理办法》(2019 修改) | 部门规章 | 财政部 | 第 26 条、第 27 条、第 32 条、第 43 条、第 67 条 |
| 131 | 《会计师事务所执业许可和监督管理办法》(2019 修改) | 部门规章 | 财政部 | 第 49 条 |
| 132 | 《自然资源规范性文件管理规定》 | 部门规章 | 自然资源部 | 第 22 条、第 23 条 |
| 133 | 《自然资源部立法工作程序规定》 | 部门规章 | 自然资源部 | 第 20 条 |
| 134 | 《工伤职工劳动能力鉴定管理办法》(2018 修订) | 部门规章 | 人力资源和社会保障部 | 第 6 条 |
| 135 | 《汽车产业投资管理规定》 | 部门规章 | 国家发展和改革委员会(含原国家发展计划委员会、原国家计划委员会) | 第 36 条 |
| 136 | 《商务部行政处罚实施办法》(2022 修订) | 部门规章 | 商务部 | 第 27 条 |
| 137 | 《道路机动车辆生产企业及产品准入管理办法》 | 部门规章 | 工业和信息化部 | 第 14 条、第 20 条 |
| 138 | 《进出境粮食检验检疫监督管理办法》(2018 第三次修正) | 部门规章 | 海关总署 | 第 38 条 |
| 139 | 《机关档案管理规定》 | 部门规章 | 国家档案局 | 第 47 条 |
| 140 | 《高速铁路基础设施运用状态检测管理办法》 | 部门规章 | 交通运输部 | 第 29 条、第 35 条 |
| 141 | 《环境影响评价公众参与办法》 | 部门规章 | 生态环境部 | 第 8 条、第 22 条、第 23 条 |

续表

| 序号 | 法律文件名称 | 文件性质 | 发文机关 | 条款 |
| --- | --- | --- | --- | --- |
| 142 | 《教育统计管理规定》 | 部门规章 | 教育部 | 第 30 条 |
| 143 | 《出入境检疫处理单位和人员管理办法》(2018 第二次修正) | 部门规章 | 海关总署 | 第 19 条 |
| 144 | 《中华人民共和国海关关于〈中华人民共和国知识产权海关保护条例〉的实施办法》(2018 修正) | 部门规章 | 海关总署 | 第 5 条 |
| 145 | 《工矿用地土壤环境管理办法(试行)》 | 部门规章 | 生态环境部 | 第 19 条 |
| 146 | 《进出口商品抽查检验管理办法》(2018 修正) | 部门规章 | 海关总署 | 第 27 条 |
| 147 | 《商务部规范性文件制定和管理办法》 | 部门规章 | 商务部 | 第 24 条、第 25 条 |
| 148 | 《农村公路建设管理办法》(2018) | 部门规章 | 交通运输部 | 第 9 条、第 10 条 |
| 149 | 《旅游行政许可办法》 | 部门规章 | 国家旅游局(已撤销) | 第 4 条、第 27 条 |
| 150 | 《国家质量监督检验检疫总局规范性文件管理办法》(2018)(已失效) | 部门规章 | 国家质量监督检验检疫总局(已撤销) | 第 19 条 |
| 151 | 《重点用能单位节能管理办法》(2018 修订) | 部门规章 | 国家发展和改革委员会(含原国家发展计划委员会、原国家计划委员会);科学技术部;中国人民银行;国务院国有资产监督管理委员会;国家质量监督检验检疫总局(已撤销);国家统计局;中国证券监督管理委员会 | 第 20 条 |

续表

| 序号 | 法律文件名称 | 文件性质 | 发文机关 | 条款 |
|---|---|---|---|---|
| 152 | 《司法行政机关信访工作办法》(2018 修订) | 部门规章 | 司法部 | 第 14 条 |
| 153 | 《保险公估人监管规定》 | 部门规章 | 中国保险监督管理委员会(已撤销) | 第 103 条 |
| 154 | 《企业投资项目事中事后监管办法》 | 部门规章 | 国家发展和改革委员会(含原国家发展计划委员会、原国家计划委员会) | 第 15 条、第 18 条、第 19 条、第 25 条 |
| 155 | 《政府采购质疑和投诉办法》 | 部门规章 | 财政部 | 第 43 条 |
| 156 | 《海关预裁定管理暂行办法》(2023 修正) | 部门规章 | 海关总署 | 第 17 条 |
| 157 | 《企业境外投资管理办法》 | 部门规章 | 国家发展和改革委员会(含原国家发展计划委员会、原国家计划委员会) | 第 39 条 |
| 158 | 《食品添加剂新品种管理办法》(2017 修正) | 部门规章 | 国家卫生和计划生育委员会(已撤销) | 第 9 条 |
| 159 | 《新食品原料安全性审查管理办法》(2017 修正) | 部门规章 | 国家卫生和计划生育委员会(已撤销) | 第 9 条 |
| 160 | 《卫生行政许可管理办法》(2017 修正) | 部门规章 | 国家卫生和计划生育委员会(已撤销) | 第 25 条 |
| 161 | 《基层法律服务所管理办法》(2017 修订) | 部门规章 | 司法部 | 第 24 条、第 33 条 |
| 162 | 《医疗器械网络销售监督管理办法》 | 部门规章 | 国家食品药品监督管理总局(已撤销) | 第 17 条、第 34 条、第 35 条、第 36 条 |
| 163 | 《民族统计工作管理办法》 | 部门规章 | 国家民族事务委员会 | 第 18 条 |

续表

| 序号 | 法律文件名称 | 文件性质 | 发文机关 | 条款 |
| --- | --- | --- | --- | --- |
| 164 | 《新闻出版许可证管理办法》(2017修正) | 部门规章 | 国家新闻出版广电总局(已撤销) | 第4条 |
| 165 | 《基本建设财务规则》(2017修正) | 部门规章 | 财政部 | 第53条 |
| 166 | 《国家农业综合开发资金和项目管理办法》(2017修正) | 部门规章 | 财政部 | 第42条 |
| 167 | 《招标公告和公示信息发布管理办法》 | 部门规章 | 国家发展和改革委员会(含原国家发展计划委员会、原国家计划委员会) | 第9条 |
| 168 | 《药品经营许可证管理办法》(2017修正) | 部门规章 | 国家食品药品监督管理总局(已撤销) | 第11条 |
| 169 | 《中医医术确有专长人员医师资格考核注册管理暂行办法》 | 部门规章 | 国家卫生和计划生育委员会(已撤销) | 第33条 |
| 170 | 《政府制定价格成本监审办法》(2017) | 部门规章 | 国家发展和改革委员会(含原国家发展计划委员会、原国家计划委员会) | 第12条 |
| 171 | 《国家林业局委托实施林业行政许可事项管理办法》 | 部门规章 | 国家林业局(已撤销) | 第8条 |
| 172 | 《中医诊所备案管理暂行办法》 | 部门规章 | 国家卫生和计划生育委员会(已撤销) | 第13条 |
| 173 | 《政府制定价格行为规则》(2017) | 部门规章 | 国家发展和改革委员会(含原国家发展计划委员会、原国家计划委员会) | 第12条、第29条 |
| 174 | 《公路水运工程质量监督管理规定》 | 部门规章 | 交通运输部 | 第38条 |

续表

| 序号 | 法律文件名称 | 文件性质 | 发文机关 | 条款 |
|---|---|---|---|---|
| 175 | 《公路水运工程安全生产监督管理办法》(2017) | 部门规章 | 交通运输部 | 第7条、第49条 |
| 176 | 《海洋观测资料管理办法》 | 部门规章 | 国土资源部(已撤销) | 第13条、第15条 |
| 177 | 《全国投资项目在线审批监管平台运行管理暂行办法》 | 部门规章 | 国家发展和改革委员会(含原国家发展计划委员会、原国家计划委员会);工业和信息化部;国土资源部(已撤销) | 第8条、第18条 |
| 178 | 《医疗器械标准管理办法》 | 部门规章 | 国家食品药品监督管理总局(已撤销) | 第22条、第30条 |
| 179 | 《民航企业安全保障财务考核办法》 | 部门规章 | 交通运输部 | 第29条 |
| 180 | 《保密事项范围制定、修订和使用办法》 | 部门规章 | 国家保密局 | 第10条 |
| 181 | 《企业投资项目核准和备案管理办法》 | 部门规章 | 国家发展和改革委员会(含原国家发展计划委员会、原国家计划委员会) | 第10条、第14条 |
| 182 | 《医师执业注册管理办法》 | 部门规章 | 国家卫生和计划生育委员会(已撤销) | 第22条 |
| 183 | 《医疗器械召回管理办法》 | 部门规章 | 国家食品药品监督管理总局(已撤销) | 第9条 |
| 184 | 《城市管理执法办法》 | 部门规章 | 住房和城乡建设部 | 第11条、第34条 |
| 185 | 《建筑工程设计招标投标管理办法》(2017) | 部门规章 | 住房和城乡建设部 | 第24条 |

续表

| 序号 | 法律文件名称 | 文件性质 | 发文机关 | 条款 |
|---|---|---|---|---|
| 186 | 《气象行业管理若干规定》(2017) | 部门规章 | 中国气象局 | 第 16 条 |
| 187 | 《气象行政许可实施办法》(2017) | 部门规章 | 中国气象局 | 第 4 条、第 17 条 |
| 188 | 《污染地块土壤环境管理办法(试行)》 | 部门规章 | 环境保护部(已撤销) | 第 14 条、第 32 条 |
| 189 | 《国家知识产权局规范性文件制定和管理办法》 | 部门规章 | 国家知识产权局 | 第 15 条 |
| 190 | 《路政管理规定》(2016 修正) | 部门规章 | 交通运输部 | 第 64 条 |
| 191 | 《水运建设市场监督管理办法》 | 部门规章 | 交通运输部 | 第 26 条、第 29 条、第 30 条、第 34 条 |
| 192 | 《中央预算内投资补助和贴息项目管理办法》(2016) | 部门规章 | 国家发展和改革委员会(含原国家发展计划委员会、原国家计划委员会) | 第 6 条、第 22 条、第 28 条 |
| 193 | 《固定资产投资项目节能审查办法》 | 部门规章 | 国家发展和改革委员会(含原国家发展计划委员会、原国家计划委员会) | 第 12 条、第 14 条 |
| 194 | 《建设项目环境影响登记表备案管理办法》 | 部门规章 | 环境保护部(已撤销) | 第 15 条 |
| 195 | 《国际金融组织和外国政府贷款赠款管理办法》(2016 修订) | 部门规章 | 财政部 | 第 33 条、第 51 条 |
| 196 | 《律师执业管理办法》(2016 修订) | 部门规章 | 司法部 | 第 56 条 |
| 197 | 《民用航空安全检查规则》 | 部门规章 | 交通运输部 | 第 72 条 |
| 198 | 《公路工程造价管理暂行办法》 | 部门规章 | 交通运输部 | 第 26 条 |

续表

| 序号 | 法律文件名称 | 文件性质 | 发文机关 | 条款 |
| --- | --- | --- | --- | --- |
| 199 | 《国有粮油仓储物流设施保护办法》 | 部门规章 | 国家发展和改革委员会(含原国家发展计划委员会、原国家计划委员会) | 第18条 |
| 200 | 《公共资源交易平台管理暂行办法》 | 部门规章 | 国家发展和改革委员会(含原国家发展计划委员会、原国家计划委员会);工业和信息化部;财政部;国土资源部(已撤销);环境保护部(已撤销);住房和城乡建设部 | 第21条、第28条 |
| 201 | 《烟草专卖许可证管理办法》(2016) | 部门规章 | 工业和信息化部 | 第26条 |
| 202 | 《烟草专卖品准运证管理办法》(2016) | 部门规章 | 工业和信息化部 | 第20条 |
| 203 | 《工业节能管理办法》 | 部门规章 | 工业和信息化部 | 第21条、第39条 |
| 204 | 《机动车驾驶员培训管理规定》(2016修正)(已失效) | 部门规章 | 交通运输部 | 第25条 |
| 205 | 《民用航空危险品运输管理规定》(2016) | 部门规章 | 交通运输部 | 第124条 |
| 206 | 《国家企业技术中心认定管理办法》(2016修订) | 部门规章 | 国家发展和改革委员会(含原国家发展计划委员会、原国家计划委员会);科学技术部;财政部;海关总署;国家税务总局 | 第29条 |
| 207 | 《纤维制品质量监督管理办法》 | 部门规章 | 国家质量监督检验检疫总局(已撤销) | 第25条 |

续表

| 序号 | 法律文件名称 | 文件性质 | 发文机关 | 条款 |
|---|---|---|---|---|
| 208 | 《机动车驾驶证申领和使用规定》(2016修改)(已失效) | 部门规章 | 公安部 | 第49条、第53条 |
| 209 | 《进出口商品检验鉴定机构管理办法》(2016) | 部门规章 | 国家质量监督检验检疫总局(已撤销)；商务部；国家工商行政管理总局(已撤销) | 第6条 |
| 210 | 《公安机关实施保安服务管理条例办法》(2016修正) | 部门规章 | 公安部 | 第42条 |
| 211 | 《地质资料管理条例实施办法》(2016修正) | 部门规章 | 国土资源部(已撤销) | 第20条、第22条 |
| 212 | 《建设项目环境影响后评价管理办法(试行)》 | 部门规章 | 环境保护部(已撤销) | 第10条、第11条 |
| 213 | 《公路工程建设项目招标投标管理办法》 | 部门规章 | 交通运输部 | 第5条 |
| 214 | 《国家级风景名胜区规划编制审批办法》 | 部门规章 | 住房和城乡建设部 | 第20条 |
| 215 | 《住房城乡建设行政复议办法》 | 部门规章 | 住房和城乡建设部 | 第42条 |
| 216 | 《电力建设工程施工安全监督管理办法》 | 部门规章 | 国家发展和改革委员会(含原国家发展计划委员会、原国家计划委员会) | 第40条 |
| 217 | 《药品医疗器械飞行检查办法》 | 部门规章 | 国家食品药品监督管理总局(已撤销) | 第6条、第33条 |
| 218 | 《煤矿领导带班下井及安全监督检查规定》(2015修正) | 部门规章 | 国家安全生产监督管理总局(原国家安全生产监督管理局)(已撤销) | 第17条 |

续表

| 序号 | 法律文件名称 | 文件性质 | 发文机关 | 条款 |
| --- | --- | --- | --- | --- |
| 219 | 《新建纯电动乘用车企业管理规定》 | 部门规章 | 国家发展和改革委员会(含原国家发展计划委员会、原国家计划委员会);工业和信息化部 | 第16条 |
| 220 | 《专利行政执法办法》(2015修正) | 部门规章 | 国家知识产权局 | 第46条 |
| 221 | 《金属非金属地下矿山企业领导带班下井及监督检查暂行规定》(2015修正) | 部门规章 | 国家安全生产监督管理总局(原国家安全生产监督管理局)(已撤销) | 第16条 |
| 222 | 《尾矿库安全监督管理规定》(2015修正) | 部门规章 | 国家安全生产监督管理总局(原国家安全生产监督管理局)(已撤销) | 第36条 |
| 223 | 《建设工程质量检测管理办法》(2015修正)(已失效) | 部门规章 | 住房和城乡建设部 | 第25条 |
| 224 | 《市政公用事业特许经营管理办法》(2015修正) | 部门规章 | 住房和城乡建设部 | 第28条 |
| 225 | 《基础设施和公用事业特许经营管理办法》 | 部门规章 | 国家发展和改革委员会(含原国家发展计划委员会、原国家计划委员会);财政部;住房和城乡建设部;交通运输部;水利部;中国人民银行 | 第45条、第54条 |
| 226 | 《突发环境事件应急管理办法》 | 部门规章 | 环境保护部(已撤销) | 第34条、第35条、第36条 |
| 227 | 《林业固定资产投资建设项目管理办法》(已失效) | 部门规章 | 国家林业局(已撤销) | 第29条 |

续表

| 序号 | 法律文件名称 | 文件性质 | 发文机关 | 条款 |
| --- | --- | --- | --- | --- |
| 228 | 《气象预报发布与传播管理办法》 | 部门规章 | 中国气象局 | 第11条 |
| 229 | 《电力安全生产监督管理办法》 | 部门规章 | 国家发展和改革委员会(含原国家发展计划委员会、原国家计划委员会) | 第29条 |
| 230 | 《城镇污水排入排水管网许可管理办法》(2022修正) | 部门规章 | 住房和城乡建设部 | 第23条 |
| 231 | 《外商投资项目核准和备案管理办法》(2014修正) | 部门规章 | 国家发展和改革委员会(含原国家发展计划委员会、原国家计划委员会) | 第26条 |
| 232 | 《网络零售第三方平台交易规则制定程序规定(试行)》 | 部门规章 | 商务部 | 第14条 |
| 233 | 《突发环境事件调查处理办法》 | 部门规章 | 环境保护部(已撤销) | 第17条 |
| 234 | 《环境保护主管部门实施限制生产、停产整治办法》 | 部门规章 | 环境保护部(已撤销) | 第4条 |
| 235 | 《环境保护主管部门实施查封、扣押办法》 | 部门规章 | 环境保护部(已撤销) | 第7条 |
| 236 | 《环境保护主管部门实施按日连续处罚办法》 | 部门规章 | 环境保护部(已撤销) | 第4条 |
| 237 | 《餐饮业经营管理办法(试行)》 | 部门规章 | 商务部;国家发展和改革委员会(含原国家发展计划委员会、原国家计划委员会) | 第17条、第21条 |
| 238 | 《建筑施工企业主要负责人、项目负责人和专职安全生产管理人员安全生产管理规定》 | 部门规章 | 住房和城乡建设部 | 第26条 |

续表

| 序号 | 法律文件名称 | 文件性质 | 发文机关 | 条款 |
| --- | --- | --- | --- | --- |
| 239 | 《通信工程建设项目招标投标管理办法》 | 部门规章 | 工业和信息化部 | 第48条 |
| 240 | 《海关行政复议办法》(2014修改) | 部门规章 | 海关总署 | 第26条 |
| 241 | 《国家秘密定密管理暂行规定》 | 部门规章 | 国家保密局 | 第31条、第36条 |
| 242 | 《中央预算内直接投资项目管理办法》 | 部门规章 | 国家发展和改革委员会(含原国家发展计划委员会、原国家计划委员会) | 第7条 |
| 243 | 《政府采购非招标采购方式管理办法》 | 部门规章 | 财政部 | 第38条 |
| 244 | 《建筑工程施工发包与承包计价管理办法》(2013) | 部门规章 | 住房和城乡建设部 | 第21条 |
| 245 | 《中国保险监督管理委员会规章制定程序规定》(2013修正) | 部门规章 | 中国保险监督管理委员会(已撤销) | 第34条 |
| 246 | 《中国民用航空危险品运输管理规定》(2013) | 部门规章 | 中国民用航空局 | 第124条 |
| 247 | 《旅游行政处罚办法》 | 部门规章 | 国家旅游局(已撤销) | 第7条 |
| 248 | 《电子招标投标办法》 | 部门规章 | 国家发展和改革委员会(含原国家发展计划委员会、原国家计划委员会);工业和信息化部;监察部(已撤销);住房和城乡建设部;交通运输部;铁道部(已撤销);水利部;商务部 | 第42条 |

续表

| 序号 | 法律文件名称 | 文件性质 | 发文机关 | 条款 |
|---|---|---|---|---|
| 249 | 《陆生野生动物疫源疫病监测防控管理办法》 | 部门规章 | 国家林业局（已撤销） | 第27条 |
| 250 | 《拘留所条例实施办法》 | 部门规章 | 公安部 | 第4条 |
| 251 | 《行政单位财务规则》（2012）（已失效） | 部门规章 | 财政部 | 第57条 |
| 252 | 《环境监察办法》 | 部门规章 | 环境保护部（已撤销） | 第23条、第27条 |
| 253 | 《闲置土地处置办法》（2012修订） | 部门规章 | 国土资源部（已撤销） | 第11条 |
| 254 | 《公共租赁住房管理办法》 | 部门规章 | 住房和城乡建设部 | 第9条、第13条、第14条 |
| 255 | 《内河交通事故调查处理规定》（2012修正） | 部门规章 | 交通运输部 | 第30条 |
| 256 | 《财政部门监督办法》 | 部门规章 | 财政部 | 第19条 |
| 257 | 《污染源自动监控设施现场监督检查办法》 | 部门规章 | 环境保护部（已撤销） | 第12条、第22条 |
| 258 | 《公安机关强制隔离戒毒所管理办法》 | 部门规章 | 公安部 | 第4条 |
| 259 | 《公路超限检测站管理办法》 | 部门规章 | 交通运输部 | 第36条 |
| 260 | 《国家级森林公园管理办法》 | 部门规章 | 国家林业局（已撤销） | 第12条 |
| 261 | 《放射性同位素与射线装置安全和防护管理办法》 | 部门规章 | 环境保护部（已撤销） | 第45条 |
| 262 | 《公路巡逻民警队警务工作规范》 | 部门规章 | 公安部 | 第40条 |

续表

| 序号 | 法律文件名称 | 文件性质 | 发文机关 | 条款 |
|---|---|---|---|---|
| 263 | 《工伤认定办法》(2010 修订) | 部门规章 | 人力资源和社会保障部 | 第 3 条 |
| 264 | 《废弃电器电子产品处理资格许可管理办法》 | 部门规章 | 环境保护部(已撤销) | 第 18 条 |
| 265 | 《国家审计准则》 | 部门规章 | 审计署 | 第 10 条 |
| 266 | 《安全生产行政处罚自由裁量适用规则(试行)》 | 部门规章 | 国家安全生产监督管理总局(原国家安全生产监督管理局)(已撤销) | 第 20 条 |
| 267 | 《省域城镇体系规划编制审批办法》 | 部门规章 | 住房和城乡建设部 | 第 7 条 |
| 268 | 《环境行政处罚办法》(2010 修订) | 部门规章 | 环境保护部(已撤销) | 第 72 条 |
| 269 | 《供电监管办法》 | 部门规章 | 国家电力监管委员会(已撤销) | 第 14 条、第 22 条 |
| 270 | 《新闻记者证管理办法》(2009) | 部门规章 | 新闻出版总署(原新闻出版署)(已撤销) | 第 26 条 |
| 271 | 《水生生物增殖放流管理规定》 | 部门规章 | 农业部(已撤销) | 第 5 条、第 12 条 |
| 272 | 《海关立法工作管理规定》(2009) | 部门规章 | 海关总署 | 第 44 条、第 45 条、第 84 条 |
| 273 | 《药品召回管理办法》(已失效) | 部门规章 | 国家食品药品监督管理总局(原国家药品监督管理局)(已撤销) | 第 9 条 |

续表

| 序号 | 法律文件名称 | 文件性质 | 发文机关 | 条款 |
|---|---|---|---|---|
| 274 | 《廉租住房保障办法》 | 部门规章 | 建设部(已撤销)；国家发展和改革委员会(含原国家发展计划委员会、原国家计划委员会)；监察部(已撤销)；民政部；财政部；国土资源部(已撤销)；中国人民银行；国家税务总局 | 第 17 条、第 19 条 |
| 275 | 《招标拍卖挂牌出让国有建设用地使用权规定》(2007 修订) | 部门规章 | 国土资源部(已撤销) | 第 5 条 |
| 276 | 《电力监管报告编制发布规定》 | 部门规章 | 国家电力监管委员会(已撤销) | 第 12 条、第 13 条 |
| 277 | 《律师事务所从事证券法律业务管理办法》 | 部门规章 | 中国证券监督管理委员会；司法部 | 第 29 条 |
| 278 | 《国防科学技术工业委员会行政复议实施办法》(2007 修订) | 部门规章 | 国防科学技术工业委员会(已撤销) | 第 29 条 |
| 279 | 《金融企业财务规则》 | 部门规章 | 财政部 | 第 60 条 |
| 280 | 《突发公共卫生事件与传染病疫情监测信息报告管理办法》(2006 修改) | 部门规章 | 卫生部(已撤销) | 第 14 条 |
| 281 | 《产业损害调查信息查阅与信息披露规定》 | 部门规章 | 商务部 | 第 14 条 |
| 282 | 《电力监管机构现场检查规定》 | 部门规章 | 国家电力监管委员会(已撤销) | 第 13 条 |
| 283 | 《国家高技术产业发展项目管理暂行办法》(2022 修订) | 部门规章 | 国家发展和改革委员会(含原国家发展计划委员会、原国家计划委员会) | 第 37 条 |

续表

| 序号 | 法律文件名称 | 文件性质 | 发文机关 | 条款 |
|---|---|---|---|---|
| 284 | 《国土资源信访规定》(2006 修订)(已失效) | 部门规章 | 国土资源部(已撤销) | 第 12 条 |
| 285 | 《城市规划编制办法》(2005) | 部门规章 | 建设部(已撤销) | 第 17 条 |
| 286 | 《电力企业信息披露规定》 | 部门规章 | 国家电力监管委员会(已撤销) | 第 13 条 |
| 287 | 《电力企业信息报送规定》 | 部门规章 | 国家电力监管委员会(已撤销) | 第 23 条 |
| 288 | 《电力市场监管办法》 | 部门规章 | 国家电力监管委员会(已撤销) | 第 30 条 |
| 289 | 《电力市场运营基本规则》 | 部门规章 | 国家电力监管委员会(已撤销) | 第 11 条 |
| 290 | 《司法鉴定人登记管理办法》 | 部门规章 | 司法部 | 第 27 条 |
| 291 | 《司法鉴定机构登记管理办法》 | 部门规章 | 司法部 | 第 37 条 |
| 292 | 《污染源自动监控管理办法》 | 部门规章 | 国家环境保护总局(含国家环境保护局)(已撤销) | 第 4 条 |
| 293 | 《公安机关行政许可工作规定》 | 部门规章 | 公安部 | 第 36 条 |
| 294 | 《水行政许可实施办法》 | 部门规章 | 水利部 | 第 5 条、第 32 条 |
| 295 | 《剧毒化学品购买和公路运输许可证件管理办法》 | 部门规章 | 公安部 | 第 4 条 |
| 296 | 《实施教育行政许可若干规定》 | 部门规章 | 教育部 | 第 6 条、第 8 条、第 19 条 |
| 297 | 《医疗机构制剂配制监督管理办法(试行)》 | 部门规章 | 国家食品药品监督管理总局(原国家药品监督管理局)(已撤销) | 第 11 条 |

续表

| 序号 | 法律文件名称 | 文件性质 | 发文机关 | 条款 |
|---|---|---|---|---|
| 298 | 《卫生部关于卫生监督体系建设的若干规定》 | 部门规章 | 卫生部(已撤销) | 第17条 |
| 299 | 《交通行政许可监督检查及责任追究规定》 | 部门规章 | 交通部(已撤销) | 第10条 |
| 300 | 《城市商品房预售管理办法》(2004修正) | 部门规章 | 建设部(已撤销) | 第8条 |
| 301 | 《司法行政机关行政许可实施与监督工作规则(试行)》 | 部门规章 | 司法部 | 第14条 |
| 302 | 《国家广播电影电视总局行政许可实施检查监督暂行办法》 | 部门规章 | 国家广播电影电视总局(已撤销) | 第4条 |
| 303 | 《民政部门实施行政许可办法》 | 部门规章 | 民政部 | 第7条、第34条 |
| 304 | 《流动人口计划生育管理和服务工作若干规定》 | 部门规章 | 国家人口和计划生育委员会(含国家计划生育委员会)(已撤销) | 第22条 |
| 305 | 《非常时期落实价格干预措施和紧急措施暂行办法》 | 部门规章 | 国家发展和改革委员会(含原国家发展计划委员会、原国家计划委员会) | 第12条 |
| 306 | 《国家经贸委行政审批管理办法》 | 部门规章 | 国家经济贸易委员会(已变更) | 第27条 |
| 307 | 《国家科技计划项目管理暂行办法》 | 部门规章 | 科学技术部 | 第17条 |
| 308 | 《国家科技计划管理暂行规定》 | 部门规章 | 科学技术部 | 第21条 |
| 309 | 《科学技术部、财政部关于发布〈中央级科研院所科技基础性工作专项资金管理暂行办法〉的通知》 | 部门规章 | 科学技术部;财政部 | 第12条 |

续表

| 序号 | 法律文件名称 | 文件性质 | 发文机关 | 条款 |
|---|---|---|---|---|
| 310 | 《司法部关于起草司法行政法规(草案)和制定部颁规章的规定》 | 部门规章 | 司法部 | 第25条、第38条 |
| 311 | 《财政部关于印发〈财政部对中央财政支出资金实施监督的暂行规定(试行)〉的通知》 | 部门规章 | 财政部 | 第25条 |
| 312 | 《环境保护法规解释管理办法》 | 部门规章 | 国家环境保护总局(已撤销) | 第14条 |
| 313 | 《国家建材局局属单位知识产权保护有关规定》 | 部门规章 | 国家建筑材料工业局 | 第37条 |
| 314 | 《邮电部关于电话号簿业务经营管理的暂行规定》 | 部门规章 | 信息产业部(含邮电部)(已撤销) | 第21条 |
| 315 | 《化工产品质量的评价、考核和统计管理办法》 | 部门规章 | 化学工业部(已变更) | 第19条 |
| 316 | 《建设部关于印发〈城市公用事业行业管理部门、城建监察队伍廉政建设规定〉的通知》 | 部门规章 | 建设部(已撤销) | 第31条、第33条 |
| 317 | 《民政部关于印发〈民政部门实施《中华人民共和国保守国家秘密法》细则〉的通知》 | 部门规章 | 民政部 | 第16条 |
| 318 | 《邮电部门保守国家秘密实施细则》 | 部门规章 | 信息产业部(含邮电部)(已撤销) | 第33条 |
| 319 | 《各级国家档案馆馆藏档案解密和划分控制使用范围的暂行规定》 | 部门规章 | 国家档案局;国家保密局 | 第7条 |
| 320 | 《税务机关监察工作暂行规定(试行)》 | 部门规章 | 国家税务总局 | 第26条 |

## 附 2：本书所涉及的信息公开诉讼一览表（不含第三章第三节补充样本）

| 序号 | 案件字号 | 审结日期 | 审结年份 | 所在地区 | 审理法院 | 法院层级 | 审理程序 | 裁判类型 | 要素 |
|---|---|---|---|---|---|---|---|---|---|
| 1 | （2020）最高法行申 12359 号 | 2020 年 12 月 14 日 | 2020 | 北京市 | 最高人民法院 | 最高人民法院 | 再审 | 裁定书 | B |
| 2 | （2020）辽 02 行终 519 号 | 2020 年 11 月 6 日 | 2020 | 辽宁省 | 辽宁省大连市中级人民法院 | 中级人民法院 | 二审 | 裁定书 | B |
| 3 | （2018）京 02 行初 364 号 | 2018 年 9 月 3 日 | 2018 | 北京市 | 北京市第二中级人民法院 | 中级人民法院 | 一审 | 裁定书 | B |
| 4 | （2018）京 02 行初 365 号 | 2018 年 9 月 3 日 | 2018 | 北京市 | 北京市第二中级人民法院 | 中级人民法院 | 一审 | 裁定书 | B |
| 5 | （2018）京 02 行初 369 号 | 2018 年 9 月 3 日 | 2018 | 北京市 | 北京市第二中级人民法院 | 中级人民法院 | 一审 | 裁定书 | B |
| 6 | （2018）京 02 行初 371 号 | 2018 年 9 月 3 日 | 2018 | 北京市 | 北京市第二中级人民法院 | 中级人民法院 | 一审 | 裁定书 | B |

续表

| 序号 | 案件字号 | 审结日期 | 审结年份 | 所在地区 | 审理法院 | 法院层级 | 审理程序 | 裁判类型 | 要素 |
|---|---|---|---|---|---|---|---|---|---|
| 7 | (2018)京02行初355号 | 2018年9月3日 | 2018 | 北京市 | 北京市第二中级人民法院 | 中级人民法院 | 一审 | 裁定书 | B |
| 8 | (2018)京02行初361号 | 2018年9月3日 | 2018 | 北京市 | 北京市第二中级人民法院 | 中级人民法院 | 一审 | 裁定书 | B |
| 9 | (2018)闽05行终337号 | 2018年8月13日 | 2018 | 福建省 | 福建省泉州市中级人民法院 | 中级人民法院 | 二审 | 裁定书 | B |
| 10 | (2017)豫01行初221号 | 2018年7月23日 | 2018 | 河南省 | 河南省郑州市中级人民法院 | 中级人民法院 | 一审 | 裁定书 | B |
| 11 | (2017)辽02行终492号 | 2017年12月18日 | 2017 | 辽宁省 | 辽宁省大连市中级人民法院 | 中级人民法院 | 二审 | 裁定书 | B |
| 12 | (2017)辽02行终498号 | 2017年12月18日 | 2017 | 辽宁省 | 辽宁省大连市中级人民法院 | 中级人民法院 | 二审 | 判决书 | B |
| 13 | (2020)川18行终57号 | 2020年10月10日 | 2020 | 四川省 | 四川省雅安市中级人民法院 | 中级人民法院 | 二审 | 裁定书 | AB |
| 14 | (2017)辽02行终497号 | 2017年12月12日 | 2017 | 辽宁省 | 辽宁省大连市中级人民法院 | 中级人民法院 | 二审 | 裁定书 | B |
| 15 | (2018)闽0102行初266号 | 2018年12月26日 | 2018 | 福建省 | 福建省福州市鼓楼区人民法院 | 基层人民法院 | 一审 | 裁定书 | AB |

续表

| 序号 | 案件字号 | 审结日期 | 审结年份 | 所在地区 | 审理法院 | 法院层级 | 审理程序 | 裁判类型 | 要素 |
|---|---|---|---|---|---|---|---|---|---|
| 16 | （2018）黑 0109 行初 70 号 | 2018 年 12 月 4 日 | 2018 | 黑龙江省 | 黑龙江省哈尔滨市松北区人民法院 | 基层人民法院 | 一审 | 裁定书 | B |
| 17 | （2018）黑 1282 行初 28 号 | 2018 年 11 月 5 日 | 2018 | 黑龙江省 | 黑龙江省肇东市人民法院 | 基层人民法院 | 一审 | 裁定书 | B |
| 18 | （2018）冀 1127 行初 16 号 | 2018 年 9 月 18 日 | 2018 | 河北省 | 河北省景县人民法院 | 基层人民法院 | 一审 | 裁定书 | BC |
| 19 | （2018）苏 8602 行初 1222 号 | 2018 年 8 月 31 日 | 2018 | 江苏省 | 南京铁路运输法院 | 基层人民法院 | 简易程序 | 裁定书 | AB |
| 20 | （2018）苏 8602 行初 1220 号 | 2018 年 8 月 30 日 | 2018 | 江苏省 | 南京铁路运输法院 | 基层人民法院 | 简易程序 | 裁定书 | AB |
| 21 | （2018）津 0110 行初 61 号 | 2018 年 5 月 14 日 | 2018 | 天津市 | 天津市东丽区人民法院 | 基层人民法院 | 一审 | 裁定书 | BC |
| 22 | （2020）鄂 02 行终 121 号 | 2020 月 7 月 6 日 | 2020 | 湖北省 | 湖北省黄石市中级人民法院 | 中级人民法院 | 二审 | 裁定书 | B |
| 23 | （2018）赣 02 行初 84—103 号 | 2018 年 6 月 27 日 | 2018 | 江西省 | 江西省景德镇市中级人民法院 | 中级人民法院 | 一审 | 裁定书 | B |
| 24 | （2017）辽 02 行初 160 号 | 2018 年 2 月 27 日 | 2018 | 辽宁省 | 辽宁省大连市中级人民法院 | 中级人民法院 | 一审 | 裁定书 | B |

续表

| 序号 | 案件字号 | 审结日期 | 审结年份 | 所在地区 | 审理法院 | 法院层级 | 审理程序 | 裁判类型 | 要素 |
|---|---|---|---|---|---|---|---|---|---|
| 25 | （2017）辽 02 行终 543 号 | 2017 年 12 月 18 日 | 2017 | 辽宁省 | 辽宁省大连市中级人民法院 | 中级人民法院 | 二审 | 裁定书 | B |
| 26 | （2017）辽 02 行终 537 号 | 2017 年 12 月 12 日 | 2017 | 辽宁省 | 辽宁省大连市中级人民法院 | 中级人民法院 | 二审 | 裁定书 | B |
| 27 | （2020）鄂 02 行终 120 号 | 2020 年 7 月 6 日 | 2020 | 湖北省 | 湖北省黄石市中级人民法院 | 中级人民法院 | 二审 | 裁定书 | B |
| 28 | （2020）京行终 2082 号 | 2020 年 6 月 29 日 | 2020 | 北京市 | 北京市高级人民法院 | 高级人民法院 | 二审 | 裁定书 | B |
| 29 | （2020）京行终 2081 号 | 2020 年 6 月 22 日 | 2020 | 北京市 | 北京市高级人民法院 | 高级人民法院 | 二审 | 裁定书 | B |
| 30 | （2020）京 02 行初 69 号 | 2020 年 5 月 22 日 | 2020 | 北京市 | 北京市第二中级人民法院 | 中级人民法院 | 一审 | 裁定书 | B |
| 31 | （2020）京 02 行初 70 号 | 2020 年 5 月 22 日 | 2020 | 北京市 | 北京市第二中级人民法院 | 中级人民法院 | 一审 | 裁定书 | B |
| 32 | （2020）鲁 01 行终 175 号 | 2020 年 4 月 13 日 | 2020 | 山东省 | 山东省济南市中级人民法院 | 中级人民法院 | 二审 | 裁定书 | B |
| 33 | （2020）桂 03 行终 19 号 | 2020 年 3 月 25 日 | 2020 | 广西壮族自治区 | 广西壮族自治区桂林市中级人民法院 | 中级人民法院 | 二审 | 裁定书 | B |

续表

| 序号 | 案件字号 | 审结日期 | 审结年份 | 所在地区 | 审理法院 | 法院层级 | 审理程序 | 裁判类型 | 要素 |
|---|---|---|---|---|---|---|---|---|---|
| 34 | (2020)辽行申504号 | 2020年7月27日 | 2020 | 辽宁省 | 辽宁省高级人民法院 | 高级人民法院 | 再审 | 裁定书 | B |
| 35 | (2020)鲁01行终18号 | 2020年2月25日 | 2020 | 山东省 | 山东省济南市中级人民法院 | 中级人民法院 | 二审 | 裁定书 | B |
| 36 | (2020)鲁01行终19号 | 2020年2月20日 | 2020 | 山东省 | 山东省济南市中级人民法院 | 中级人民法院 | 二审 | 裁定书 | B |
| 37 | (2019)辽02行终621号 | 2019年12月20日 | 2019 | 辽宁省 | 辽宁省大连市中级人民法院 | 中级人民法院 | 二审 | 裁定书 | B |
| 38 | (2019)鄂01行终628号 | 2019年9月12日 | 2019 | 湖北省 | 湖北省武汉市中级人民法院 | 中级人民法院 | 二审 | 裁定书 | B |
| 39 | (2019)陕71行终644号 | 2019年8月29日 | 2019 | 陕西省 | 陕西省西安铁路运输中级法院 | 中级人民法院 | 二审 | 裁定书 | B |
| 40 | (2019)陕71行终638号 | 2019年8月29日 | 2019 | 陕西省 | 陕西省西安铁路运输中级法院 | 中级人民法院 | 二审 | 裁定书 | B |
| 41 | (2019)陕行终495号 | 2019年7月9日 | 2019 | 陕西省 | 陕西省高级人民法院 | 高级人民法院 | 二审 | 裁定书 | B |
| 42 | (2019)陕行终520号 | 2019年7月9日 | 2019 | 陕西省 | 陕西省高级人民法院 | 高级人民法院 | 二审 | 裁定书 | B |

续表

| 序号 | 案件字号 | 审结日期 | 审结年份 | 所在地区 | 审理法院 | 法院层级 | 审理程序 | 裁判类型 | 要素 |
|---|---|---|---|---|---|---|---|---|---|
| 43 | (2019)浙行终574号 | 2019年6月14日 | 2019 | 浙江省 | 浙江省高级人民法院 | 高级人民法院 | 二审 | 裁定书 | B |
| 44 | (2017)湘01行终330号 | 2017年7月17日 | 2017 | 湖南省 | 湖南省长沙市中级人民法院 | 中级人民法院 | 二审 | 裁定书 | B |
| 45 | (2019)粤71行终3540号 | 2019年11月26日 | 2019 | 广东省 | 广州铁路运输中级法院 | 中级人民法院 | 二审 | 判决书 | B |
| 46 | (2016)辽02行终285号 | 2016年9月29日 | 2016 | 辽宁省 | 辽宁省大连市中级人民法院 | 中级人民法院 | 二审 | 裁定书 | B |
| 47 | (2016)辽02行终284号 | 2016年9月29日 | 2016 | 辽宁省 | 辽宁省大连市中级人民法院 | 中级人民法院 | 二审 | 裁定书 | B |
| 48 | (2016)辽02行终281号 | 2016年9月29日 | 2016 | 辽宁省 | 辽宁省大连市中级人民法院 | 中级人民法院 | 二审 | 裁定书 | B |
| 49 | (2016)辽02行终287号 | 2016年9月29日 | 2016 | 辽宁省 | 辽宁省大连市中级人民法院 | 中级人民法院 | 二审 | 裁定书 | B |
| 50 | (2016)辽02行终282号 | 2016年9月29日 | 2016 | 辽宁省 | 辽宁省大连市中级人民法院 | 中级人民法院 | 二审 | 裁定书 | B |
| 51 | (2018)京02行初468号 | 2018年11月30日 | 2018 | 北京市 | 北京市第二中级人民法院 | 中级人民法院 | 一审 | 裁定书 | B |

续表

| 序号 | 案件字号 | 审结日期 | 审结年份 | 所在地区 | 审理法院 | 法院层级 | 审理程序 | 裁判类型 | 要素 |
|---|---|---|---|---|---|---|---|---|---|
| 52 | (2018)京02行初427号 | 2018年10月31日 | 2018 | 北京市 | 北京市第二中级人民法院 | 中级人民法院 | 一审 | 裁定书 | B |
| 53 | (2018)京02行初387号 | 2018年9月11日 | 2018 | 北京市 | 北京市第二中级人民法院 | 中级人民法院 | 一审 | 裁定书 | B |
| 54 | (2018)京02行初373号 | 2018年9月3日 | 2018 | 北京市 | 北京市第二中级人民法院 | 中级人民法院 | 一审 | 裁定书 | B |
| 55 | (2017)最高法行申6861号 | 2018年3月2日 | 2018 | 北京市 | 最高人民法院 | 最高人民法院 | 再审 | 裁定书 | B |
| 56 | (2018)京02行初357号 | 2018年9月3日 | 2018 | 北京市 | 北京市第二中级人民法院 | 中级人民法院 | 一审 | 裁定书 | B |
| 57 | (2018)京02行初362号 | 2018年9月3日 | 2018 | 北京市 | 北京市第二中级人民法院 | 中级人民法院 | 一审 | 裁定书 | B |
| 58 | (2018)京02行初366号 | 2018年9月3日 | 2018 | 北京市 | 北京市第二中级人民法院 | 中级人民法院 | 一审 | 裁定书 | B |
| 59 | (2018)京02行初367号 | 2018年9月3日 | 2018 | 北京市 | 北京市第二中级人民法院 | 中级人民法院 | 一审 | 裁定书 | B |
| 60 | (2016)辽02行终428号 | 2016年12月19日 | 2016 | 辽宁省 | 辽宁省大连市中级人民法院 | 中级人民法院 | 二审 | 裁定书 | B |

续表

| 序号 | 案件字号 | 审结日期 | 审结年份 | 所在地区 | 审理法院 | 法院层级 | 审理程序 | 裁判类型 | 要素 |
|---|---|---|---|---|---|---|---|---|---|
| 61 | (2016)辽 02 行终 289 号 | 2016 年 9 月 29 日 | 2016 | 辽宁省 | 辽宁省大连市中级人民法院 | 中级人民法院 | 二审 | 裁定书 | B |
| 62 | (2016)辽 02 行终 286 号 | 2016 年 9 月 29 日 | 2016 | 辽宁省 | 辽宁省大连市中级人民法院 | 中级人民法院 | 二审 | 裁定书 | B |
| 63 | (2020)浙 0683 行初 84 号 | 2020 年 9 月 29 日 | 2020 | 浙江省 | 浙江省嵊州市人民法院 | 基层人民法院 | 一审 | 裁定书 | B |
| 64 | (2020)沪 0115 行初 724 号 | 2020 年 9 月 28 日 | 2020 | 上海市 | 上海市浦东新区人民法院 | 基层人民法院 | 一审 | 裁定书 | B |
| 65 | (2020)津 0101 行初 159 号 | 2020 年 9 月 21 日 | 2020 | 天津市 | 天津市和平区人民法院 | 基层人民法院 | 一审 | 裁定书 | BC |
| 66 | (2016)最高法行申 4401 号 | 2017 年 12 月 21 日 | 2017 | 北京市 | 最高人民法院 | 最高人民法院 | 再审 | 裁定书 | B |
| 67 | (2020)津 0101 行初 158 号 | 2020 年 9 月 21 日 | 2020 | 天津市 | 天津市和平区人民法院 | 基层人民法院 | 一审 | 裁定书 | BC |
| 68 | (2020)津 0101 行初 31 号 | 2020 年 7 月 17 日 | 2020 | 天津市 | 天津市和平区人民法院 | 基层人民法院 | 一审 | 裁定书 | BC |
| 69 | (2020)津 0101 行初 68 号 | 2020 年 7 月 17 日 | 2020 | 天津市 | 天津市和平区人民法院 | 基层人民法院 | 一审 | 裁定书 | BC |

续表

| 序号 | 案件字号 | 审结日期 | 审结年份 | 所在地区 | 审理法院 | 法院层级 | 审理程序 | 裁判类型 | 要素 |
|---|---|---|---|---|---|---|---|---|---|
| 70 | （2020）津0101行初40号 | 2020年7月17日 | 2020 | 天津市 | 天津市和平区人民法院 | 基层人民法院 | 一审 | 裁定书 | BC |
| 71 | （2020）津0101行初64号 | 2020年7月17日 | 2020 | 天津市 | 天津市和平区人民法院 | 基层人民法院 | 一审 | 裁定书 | BC |
| 72 | （2020）浙0203行初2号 | 2020年6月30日 | 2020 | 浙江省 | 浙江省宁波市海曙区人民法院 | 基层人民法院 | 一审 | 裁定书 | BC |
| 73 | （2020）苏1202行初2号 | 2020年6月16日 | 2020 | 江苏省 | 江苏省泰州市海陵区人民法院 | 基层人民法院 | 一审 | 裁定书 | BC |
| 74 | （2019）苏1182行初59号 | 2020年5月7日 | 2020 | 江苏省 | 江苏省扬中市人民法院 | 基层人民法院 | 一审 | 判决书 | BC |
| 75 | （2019）浙0702行初511号 | 2020年2月3日 | 2020 | 浙江省 | 浙江省金华市婺城区人民法院 | 基层人民法院 | 一审 | 裁定书 | BC |
| 76 | （2019）浙0304行初94号 | 2019年10月18日 | 2019 | 浙江省 | 浙江省温州市瓯海区人民法院 | 基层人民法院 | 一审 | 裁定书 | ABC |
| 77 | （2016）苏行终1513号 | 2017年10月26日 | 2017 | 江苏省 | 江苏省高级人民法院 | 高级人民法院 | 二审 | 判决书 | B |
| 78 | （2019）浙0304行初93号 | 2019年10月16日 | 2019 | 浙江省 | 浙江省温州市瓯海区人民法院 | 基层人民法院 | 一审 | 裁定书 | ABC |

续表

| 序号 | 案件字号 | 审结日期 | 审结年份 | 所在地区 | 审理法院 | 法院层级 | 审理程序 | 裁判类型 | 要素 |
|---|---|---|---|---|---|---|---|---|---|
| 79 | (2019)苏8602行初501号 | 2019年4月4日 | 2019 | 江苏省 | 南京铁路运输法院 | 基层人民法院 | 简易程序 | 裁定书 | ABC |
| 80 | (2019)浙1003行初3号 | 2019年2月19日 | 2019 | 浙江省 | 浙江省台州市黄岩区人民法院 | 基层人民法院 | 简易程序 | 裁定书 | ABC |
| 81 | (2018)浙0702行初284号 | 2018年11月20日 | 2018 | 浙江省 | 浙江省金华市婺城区人民法院 | 基层人民法院 | 一审 | 裁定书 | BC |
| 82 | (2018)苏8602行初1305号 | 2018年9月5日 | 2018 | 江苏省 | 南京铁路运输法院 | 基层人民法院 | 简易程序 | 裁定书 | AB |
| 83 | (2018)苏8602行初1306号 | 2018年9月5日 | 2018 | 江苏省 | 南京铁路运输法院 | 基层人民法院 | 简易程序 | 裁定书 | AB |
| 84 | (2018)苏8602行初1307号 | 2018年9月5日 | 2018 | 江苏省 | 南京铁路运输法院 | 基层人民法院 | 简易程序 | 裁定书 | AB |
| 85 | (2018)苏8602行初1304号 | 2018年9月4日 | 2018 | 江苏省 | 南京铁路运输法院 | 基层人民法院 | 简易程序 | 裁定书 | ABC |
| 86 | (2018)苏8602行初1221号 | 2018年8月31日 | 2018 | 江苏省 | 南京铁路运输法院 | 基层人民法院 | 简易程序 | 裁定书 | ABC |
| 87 | (2018)黑0109行初3号 | 2018年6月15日 | 2018 | 黑龙江省 | 黑龙江省哈尔滨市松北区人民法院 | 基层人民法院 | 一审 | 裁定书 | ABC |

续表

| 序号 | 案件字号 | 审结日期 | 审结年份 | 所在地区 | 审理法院 | 法院层级 | 审理程序 | 裁判类型 | 要素 |
|---|---|---|---|---|---|---|---|---|---|
| 88 | （2017）最高法行申17号 | 2017年2月28日 | 2017 | 北京市 | 最高人民法院第三巡回法庭 | 最高人民法院 | 再审 | 裁定书 | B |
| 89 | （2017）辽0204行初24号 | 2017年9月1日 | 2017 | 辽宁省 | 辽宁省大连市沙河口区人民法院 | 基层人民法院 | 一审 | 裁定书 | B |
| 90 | （2017）粤7101行初1758号 | 2017年7月18日 | 2017 | 广东省 | 广州铁路运输第一法院（原广州铁路运输法院） | 基层人民法院 | 一审 | 裁定书 | AB |
| 91 | （2019）黑01行终211号 | 2019年3月29日 | 2019 | 黑龙江省 | 黑龙江省哈尔滨市中级人民法院 | 中级人民法院 | 二审 | 裁定书 | B |
| 92 | （2019）浙02行终75号 | 2019年2月22日 | 2019 | 浙江省 | 浙江省宁波市中级人民法院 | 中级人民法院 | 二审 | 裁定书 | B |
| 93 | （2018）苏8602行初1402号 | 2018年9月13日 | 2018 | 江苏省 | 南京铁路运输法院 | 基层人民法院 | 一审 | 裁定书 | ABC |
| 94 | （2019）辽02行终630号 | 2019年11月19日 | 2019 | 辽宁省 | 辽宁省大连市中级人民法院 | 中级人民法院 | 二审 | 裁定书 | B |
| 95 | （2018）粤71行初649号 | 2019年4月11日 | 2019 | 广东省 | 广州铁路运输中级法院 | 中级人民法院 | 一审 | 裁定书 | B |
| 96 | （2019）甘09行终2号 | 2019年1月29日 | 2019 | 甘肃省 | 甘肃省酒泉市中级人民法院 | 中级人民法院 | 二审 | 裁定书 | AB |

续表

| 序号 | 案件字号 | 审结日期 | 审结年份 | 所在地区 | 审理法院 | 法院层级 | 审理程序 | 裁判类型 | 要素 |
|---|---|---|---|---|---|---|---|---|---|
| 97 | (2018)湘09行终148号 | 2018年12月11日 | 2018 | 湖南省 | 湖南省益阳市中级人民法院 | 中级人民法院 | 二审 | 判决书 | B |
| 98 | (2018)京02行初464号 | 2018年11月30日 | 2018 | 北京市 | 北京市第二中级人民法院 | 中级人民法院 | 一审 | 裁定书 | B |
| 99 | (2020)鲁02行终678号 | 2020年11月25日 | 2020 | 山东省 | 山东省青岛市中级人民法院 | 中级人民法院 | 二审 | 裁定书 | B |
| 100 | (2018)京02行初310号 | 2018年10月31日 | 2018 | 北京市 | 北京市第二中级人民法院 | 中级人民法院 | 一审 | 裁定书 | B |
| 101 | (2018)京02行初338号 | 2018年9月29日 | 2018 | 北京市 | 北京市第二中级人民法院 | 中级人民法院 | 一审 | 裁定书 | B |
| 102 | (2018)京02行初336号 | 2018年9月29日 | 2018 | 北京市 | 北京市第二中级人民法院 | 中级人民法院 | 一审 | 裁定书 | B |
| 103 | (2018)京02行初339号 | 2018年9月29日 | 2018 | 北京市 | 北京市第二中级人民法院 | 中级人民法院 | 一审 | 裁定书 | B |
| 104 | (2018)京02行初393号 | 2018年9月11日 | 2018 | 北京市 | 北京市第二中级人民法院 | 中级人民法院 | 一审 | 裁定书 | B |
| 105 | (2018)京02行初388号 | 2018年9月11日 | 2018 | 北京市 | 北京市第二中级人民法院 | 中级人民法院 | 一审 | 裁定书 | B |

续表

| 序号 | 案件字号 | 审结日期 | 审结年份 | 所在地区 | 审理法院 | 法院层级 | 审理程序 | 裁判类型 | 要素 |
|---|---|---|---|---|---|---|---|---|---|
| 106 | (2018)京02行初389号 | 2018年9月11日 | 2018 | 北京市 | 北京市第二中级人民法院 | 中级人民法院 | 一审 | 裁定书 | B |
| 107 | (2018)京02行初382号 | 2018年9月4日 | 2018 | 北京市 | 北京市第二中级人民法院 | 中级人民法院 | 一审 | 裁定书 | B |
| 108 | (2018)京02行初372号 | 2018年9月3日 | 2018 | 北京市 | 北京市第二中级人民法院 | 中级人民法院 | 一审 | 裁定书 | B |
| 109 | (2018)京02行初359号 | 2018年9月3日 | 2018 | 北京市 | 北京市第二中级人民法院 | 中级人民法院 | 一审 | 裁定书 | B |
| 110 | (2020)辽02行终460号 | 2020年11月6日 | 2020 | 辽宁省 | 辽宁省大连市中级人民法院 | 中级人民法院 | 二审 | 裁定书 | B |
| 111 | (2018)京02行初352号 | 2018年9月3日 | 2018 | 北京市 | 北京市第二中级人民法院 | 中级人民法院 | 一审 | 裁定书 | B |
| 112 | (2018)京02行初374号 | 2018年9月3日 | 2018 | 北京市 | 北京市第二中级人民法院 | 中级人民法院 | 一审 | 裁定书 | B |
| 113 | (2018)京02行初368号 | 2018年9月3日 | 2018 | 北京市 | 北京市第二中级人民法院 | 中级人民法院 | 一审 | 裁定书 | B |
| 114 | (2018)京02行初360号 | 2018年9月3日 | 2018 | 北京市 | 北京市第二中级人民法院 | 中级人民法院 | 一审 | 裁定书 | B |

续表

| 序号 | 案件字号 | 审结日期 | 审结年份 | 所在地区 | 审理法院 | 法院层级 | 审理程序 | 裁判类型 | 要素 |
|---|---|---|---|---|---|---|---|---|---|
| 115 | (2018)京02行初354号 | 2018年9月3日 | 2018 | 北京市 | 北京市第二中级人民法院 | 中级人民法院 | 一审 | 裁定书 | B |
| 116 | (2018)京02行初358号 | 2018年9月3日 | 2018 | 北京市 | 北京市第二中级人民法院 | 中级人民法院 | 一审 | 裁定书 | B |
| 117 | (2018)京02行初356号 | 2018年9月3日 | 2018 | 北京市 | 北京市第二中级人民法院 | 中级人民法院 | 一审 | 裁定书 | B |
| 118 | (2018)京02行初370号 | 2018年9月3日 | 2018 | 北京市 | 北京市第二中级人民法院 | 中级人民法院 | 一审 | 裁定书 | B |
| 119 | (2018)京02行初353号 | 2018年9月3日 | 2018 | 北京市 | 北京市第二中级人民法院 | 中级人民法院 | 一审 | 裁定书 | B |
| 120 | (2018)京02行初363号 | 2018年9月3日 | 2018 | 北京市 | 北京市第二中级人民法院 | 中级人民法院 | 一审 | 裁定书 | B |
| 121 | (2020)京0102行初190号 | 2020年11月25日 | 2020 | 北京市 | 北京市西城区人民法院 | 基层人民法院 | 一审 | 裁定书 | C |
| 122 | (2020)浙0326行初100号 | 2020年10月30日 | 2020 | 浙江省 | 浙江省平阳县人民法院 | 基层人民法院 | 一审 | 裁定书 | C |
| 123 | (2020)浙0326行初101号 | 2020年10月30日 | 2020 | 浙江省 | 浙江省平阳县人民法院 | 基层人民法院 | 一审 | 裁定书 | C |

续表

| 序号 | 案件字号 | 审结日期 | 审结年份 | 所在地区 | 审理法院 | 法院层级 | 审理程序 | 裁判类型 | 要素 |
|---|---|---|---|---|---|---|---|---|---|
| 124 | （2020）苏 8601 行初 291 号 | 2020 年 9 月 29 日 | 2020 | 江苏省 | 徐州铁路运输法院 | 基层人民法院 | 一审 | 裁定书 | C |
| 125 | （2020）津 0110 行初 176 号 | 2020 年 8 月 20 日 | 2020 | 天津市 | 天津市东丽区人民法院 | 基层人民法院 | 一审 | 裁定书 | C |
| 126 | （2020）川 0108 行初 81 号 | 2020 年 7 月 30 日 | 2020 | 四川省 | 四川省成都市成华区人民法院 | 基层人民法院 | 一审 | 裁定书 | C |
| 127 | （2020）京 0119 行初 7 号 | 2020 年 7 月 10 日 | 2020 | 北京市 | 北京市延庆县人民法院 | 基层人民法院 | 一审 | 裁定书 | C |
| 128 | （2020）浙 0203 行初 62 号 | 2020 年 6 月 30 日 | 2020 | 浙江省 | 浙江省宁波市海曙区人民法院 | 基层人民法院 | 一审 | 裁定书 | C |
| 129 | （2020）辽 0281 行初 4 号 | 2020 年 6 月 23 日 | 2020 | 辽宁省 | 辽宁省瓦房店市人民法院 | 基层人民法院 | 一审 | 裁定书 | C |
| 130 | （2020）辽 0281 行初 2 号 | 2020 年 6 月 23 日 | 2020 | 辽宁省 | 辽宁省瓦房店市人民法院 | 基层人民法院 | 一审 | 裁定书 | C |
| 131 | （2020）辽 0281 行初 18 号 | 2020 年 6 月 23 日 | 2020 | 辽宁省 | 辽宁省瓦房店市人民法院 | 基层人民法院 | 一审 | 裁定书 | C |
| 132 | （2020）辽 0281 行初 19 号 | 2020 年 6 月 23 日 | 2020 | 辽宁省 | 辽宁省瓦房店市人民法院 | 基层人民法院 | 一审 | 裁定书 | C |

续表

| 序号 | 案件字号 | 审结日期 | 审结年份 | 所在地区 | 审理法院 | 法院层级 | 审理程序 | 裁判类型 | 要素 |
|---|---|---|---|---|---|---|---|---|---|
| 133 | （2020）辽0281行初3号 | 2020年6月23日 | 2020 | 辽宁省 | 辽宁省瓦房店市人民法院 | 基层人民法院 | 一审 | 裁定书 | C |
| 134 | （2020）辽0281行初15号 | 2020年6月23日 | 2020 | 辽宁省 | 辽宁省瓦房店市人民法院 | 基层人民法院 | 一审 | 裁定书 | C |
| 135 | （2020）辽0281行初33号 | 2020年6月23日 | 2020 | 辽宁省 | 辽宁省瓦房店市人民法院 | 基层人民法院 | 一审 | 裁定书 | C |
| 136 | （2020）辽0281行初20号 | 2020年6月23日 | 2020 | 辽宁省 | 辽宁省瓦房店市人民法院 | 基层人民法院 | 一审 | 裁定书 | C |
| 137 | （2020）辽0281行初1号 | 2020年6月23日 | 2020 | 辽宁省 | 辽宁省瓦房店市人民法院 | 基层人民法院 | 一审 | 裁定书 | C |
| 138 | （2020）辽0281行初12号 | 2020年6月23日 | 2020 | 辽宁省 | 辽宁省瓦房店市人民法院 | 基层人民法院 | 一审 | 裁定书 | C |
| 139 | （2020）辽0281行初6号 | 2020年6月23日 | 2020 | 辽宁省 | 辽宁省瓦房店市人民法院 | 基层人民法院 | 一审 | 裁定书 | C |
| 140 | （2020）辽0281行初13号 | 2020年6月23日 | 2020 | 辽宁省 | 辽宁省瓦房店市人民法院 | 基层人民法院 | 一审 | 裁定书 | C |
| 141 | （2020）辽0281行初14号 | 2020年6月23日 | 2020 | 辽宁省 | 辽宁省瓦房店市人民法院 | 基层人民法院 | 一审 | 裁定书 | C |

续表

| 序号 | 案件字号 | 审结日期 | 审结年份 | 所在地区 | 审理法院 | 法院层级 | 审理程序 | 裁判类型 | 要素 |
|---|---|---|---|---|---|---|---|---|---|
| 142 | （2020）辽 0281 行初 17 号 | 2020 年 6 月 23 日 | 2020 | 辽宁省 | 辽宁省瓦房店市人民法院 | 基层人民法院 | 一审 | 裁定书 | C |
| 143 | （2020）津 0101 行初 112 号 | 2020 年 6 月 5 日 | 2020 | 天津市 | 天津市和平区人民法院 | 基层人民法院 | 一审 | 裁定书 | C |
| 144 | （2020）川 1603 行初 248 号 | 2020 年 5 月 25 日 | 2020 | 四川省 | 四川省广安市前锋区人民法院 | 基层人民法院 | 简易程序 | 裁定书 | C |
| 145 | （2020）京 0108 行初 118 号 | 2020 年 5 月 21 日 | 2020 | 北京市 | 北京市海淀区人民法院 | 基层人民法院 | 一审 | 裁定书 | C |
| 146 | （2020）京 0108 行初 54 号 | 2020 年 5 月 8 日 | 2020 | 北京市 | 北京市海淀区人民法院 | 基层人民法院 | 一审 | 裁定书 | C |
| 147 | （2020）京 0108 行初 48 号 | 2020 年 4 月 22 日 | 2020 | 北京市 | 北京市海淀区人民法院 | 基层人民法院 | 一审 | 裁定书 | C |
| 148 | （2020）京 0108 行初 127 号 | 2020 年 4 月 22 日 | 2020 | 北京市 | 北京市海淀区人民法院 | 基层人民法院 | 一审 | 裁定书 | C |
| 149 | （2020）京 0108 行初 126 号 | 2020 年 4 月 22 日 | 2020 | 北京市 | 北京市海淀区人民法院 | 基层人民法院 | 一审 | 裁定书 | C |
| 150 | （2019）京 0108 行初 1075 号 | 2020 年 4 月 7 日 | 2020 | 北京市 | 北京市海淀区人民法院 | 基层人民法院 | 一审 | 裁定书 | C |

续表

| 序号 | 案件字号 | 审结日期 | 审结年份 | 所在地区 | 审理法院 | 法院层级 | 审理程序 | 裁判类型 | 要素 |
|---|---|---|---|---|---|---|---|---|---|
| 151 | (2020)浙0106行初15号 | 2020年3月6日 | 2020 | 浙江省 | 浙江省杭州市西湖区人民法院 | 基层人民法院 | 一审 | 裁定书 | C |
| 152 | (2019)京04行初1061号 | 2019年12月20日 | 2019 | 北京市 | 北京市第四中级人民法院 | 中级人民法院 | 一审 | 裁定书 | C |
| 153 | (2019)津0101行初432号 | 2019年12月12日 | 2019 | 天津市 | 天津市和平区人民法院 | 基层人民法院 | 一审 | 裁定书 | C |
| 154 | (2019)京0108行初854号 | 2019年11月28日 | 2019 | 北京市 | 北京市海淀区人民法院 | 基层人民法院 | 一审 | 裁定书 | C |
| 155 | (2019)京0108行初850号 | 2019年11月28日 | 2019 | 北京市 | 北京市海淀区人民法院 | 基层人民法院 | 一审 | 裁定书 | C |
| 156 | (2019)京0108行初851号 | 2019年11月28日 | 2019 | 北京市 | 北京市海淀区人民法院 | 基层人民法院 | 一审 | 裁定书 | C |
| 157 | (2019)京0108行初953号 | 2019年11月21日 | 2019 | 北京市 | 北京市海淀区人民法院 | 基层人民法院 | 一审 | 裁定书 | C |
| 158 | (2019)京0108行初986号 | 2019年11月21日 | 2019 | 北京市 | 北京市海淀区人民法院 | 基层人民法院 | 一审 | 裁定书 | C |
| 159 | (2019)京0108行初987号 | 2019年11月21日 | 2019 | 北京市 | 北京市海淀区人民法院 | 基层人民法院 | 一审 | 裁定书 | C |

续表

| 序号 | 案件字号 | 审结日期 | 审结年份 | 所在地区 | 审理法院 | 法院层级 | 审理程序 | 裁判类型 | 要素 |
|---|---|---|---|---|---|---|---|---|---|
| 160 | (2019)京0108行初973号 | 2019年11月21日 | 2019 | 北京市 | 北京市海淀区人民法院 | 基层人民法院 | 一审 | 裁定书 | C |
| 161 | (2019)京0108行初952号 | 2019年11月21日 | 2019 | 北京市 | 北京市海淀区人民法院 | 基层人民法院 | 一审 | 裁定书 | C |
| 162 | (2019)川0108行初127号 | 2019年10月18日 | 2019 | 四川省 | 四川省成都市成华区人民法院 | 基层人民法院 | 一审 | 裁定书 | C |
| 163 | (2019)京0105行初516号 | 2019年10月18日 | 2019 | 北京市 | 北京市朝阳区人民法院 | 基层人民法院 | 一审 | 裁定书 | C |
| 164 | (2019)京0105行初671号 | 2019年10月18日 | 2019 | 北京市 | 北京市朝阳区人民法院 | 基层人民法院 | 一审 | 裁定书 | C |
| 165 | (2019)京04行初1438号 | 2019年9月30日 | 2019 | 北京市 | 北京市第四中级人民法院 | 中级人民法院 | 一审 | 裁定书 | C |
| 166 | (2019)京04行初1436号 | 2019年9月30日 | 2019 | 北京市 | 北京市第四中级人民法院 | 中级人民法院 | 一审 | 裁定书 | C |
| 167 | (2019)京04行初1141号 | 2019年8月29日 | 2019 | 北京市 | 北京市第四中级人民法院 | 中级人民法院 | 一审 | 裁定书 | C |
| 168 | (2019)京04行初448号 | 2019年8月29日 | 2019 | 北京市 | 北京市第四中级人民法院 | 中级人民法院 | 一审 | 裁定书 | C |

续表

| 序号 | 案件字号 | 审结日期 | 审结年份 | 所在地区 | 审理法院 | 法院层级 | 审理程序 | 裁判类型 | 要素 |
|---|---|---|---|---|---|---|---|---|---|
| 169 | （2019）京 04 行初 1129 号 | 2019 年 8 月 29 日 | 2019 | 北京市 | 北京市第四中级人民法院 | 中级人民法院 | 一审 | 裁定书 | C |
| 170 | （2019）京 04 行初 602 号 | 2019 年 8 月 29 日 | 2019 | 北京市 | 北京市第四中级人民法院 | 中级人民法院 | 一审 | 裁定书 | C |
| 171 | （2019）京 04 行初 604 号 | 2019 年 8 月 29 日 | 2019 | 北京市 | 北京市第四中级人民法院 | 中级人民法院 | 一审 | 裁定书 | C |
| 172 | （2019）京 04 行初 1136 号 | 2019 年 8 月 29 日 | 2019 | 北京市 | 北京市第四中级人民法院 | 中级人民法院 | 一审 | 裁定书 | C |
| 173 | （2019）京 04 行初 603 号 | 2019 年 8 月 29 日 | 2019 | 北京市 | 北京市第四中级人民法院 | 中级人民法院 | 一审 | 裁定书 | C |
| 174 | （2019）京 04 行初 442 号 | 2019 年 8 月 29 日 | 2019 | 北京市 | 北京市第四中级人民法院 | 中级人民法院 | 一审 | 裁定书 | C |
| 175 | （2019）京 04 行初 441 号 | 2019 年 8 月 29 日 | 2019 | 北京市 | 北京市第四中级人民法院 | 中级人民法院 | 一审 | 裁定书 | C |
| 176 | （2019）京 04 行初 454 号 | 2019 年 8 月 29 日 | 2019 | 北京市 | 北京市第四中级人民法院 | 中级人民法院 | 一审 | 裁定书 | C |
| 177 | （2019）京 04 行初 1137 号 | 2019 年 8 月 29 日 | 2019 | 北京市 | 北京市第四中级人民法院 | 中级人民法院 | 一审 | 裁定书 | C |

续表

| 序号 | 案件字号 | 审结日期 | 审结年份 | 所在地区 | 审理法院 | 法院层级 | 审理程序 | 裁判类型 | 要素 |
|---|---|---|---|---|---|---|---|---|---|
| 178 | (2019)京04行初1124号 | 2019年8月29日 | 2019 | 北京市 | 北京市第四中级人民法院 | 中级人民法院 | 一审 | 裁定书 | C |
| 179 | (2019)京04行初440号 | 2019年8月29日 | 2019 | 北京市 | 北京市第四中级人民法院 | 中级人民法院 | 一审 | 裁定书 | C |
| 180 | (2019)京04行初1142号 | 2019年8月29日 | 2019 | 北京市 | 北京市第四中级人民法院 | 中级人民法院 | 一审 | 裁定书 | C |
| 181 | (2019)京04行初1135号 | 2019年8月29日 | 2019 | 北京市 | 北京市第四中级人民法院 | 中级人民法院 | 一审 | 裁定书 | C |
| 182 | (2019)京04行初447号 | 2019年8月29日 | 2019 | 北京市 | 北京市第四中级人民法院 | 中级人民法院 | 一审 | 裁定书 | C |
| 183 | (2019)京04行初452号 | 2019年8月29日 | 2019 | 北京市 | 北京市第四中级人民法院 | 中级人民法院 | 一审 | 裁定书 | C |
| 184 | (2019)京04行初451号 | 2019年8月29日 | 2019 | 北京市 | 北京市第四中级人民法院 | 中级人民法院 | 一审 | 裁定书 | C |
| 185 | (2019)京04行初446号 | 2019年8月29日 | 2019 | 北京市 | 北京市第四中级人民法院 | 中级人民法院 | 一审 | 裁定书 | C |
| 186 | (2019)京04行初1221号 | 2019年8月29日 | 2019 | 北京市 | 北京市第四中级人民法院 | 中级人民法院 | 一审 | 裁定书 | C |

续表

| 序号 | 案件字号 | 审结日期 | 审结年份 | 所在地区 | 审理法院 | 法院层级 | 审理程序 | 裁判类型 | 要素 |
|---|---|---|---|---|---|---|---|---|---|
| 187 | (2019)京04行初1220号 | 2019年8月29日 | 2019 | 北京市 | 北京市第四中级人民法院 | 中级人民法院 | 一审 | 裁定书 | C |
| 188 | (2019)京04行初597号 | 2019年8月28日 | 2019 | 北京市 | 北京市第四中级人民法院 | 中级人民法院 | 一审 | 裁定书 | C |
| 189 | (2019)京04行初596号 | 2019年8月28日 | 2019 | 北京市 | 北京市第四中级人民法院 | 中级人民法院 | 一审 | 裁定书 | C |
| 190 | (2019)陕7102行初2425号 | 2019年8月16日 | 2019 | 陕西省 | 陕西省西安铁路运输法院 | 基层人民法院 | 一审 | 裁定书 | C |
| 191 | (2019)浙0304行初37号 | 2019年8月9日 | 2019 | 浙江省 | 浙江省温州市瓯海区人民法院 | 基层人民法院 | 一审 | 裁定书 | C |
| 192 | (2019)京0108行初209号 | 2019年6月21日 | 2019 | 北京市 | 北京市海淀区人民法院 | 基层人民法院 | 一审 | 裁定书 | C |
| 193 | (2019)京0108行初220号 | 2019年6月21日 | 2019 | 北京市 | 北京市海淀区人民法院 | 基层人民法院 | 一审 | 裁定书 | C |
| 194 | (2019)京0108行初213号 | 2019年6月21日 | 2019 | 北京市 | 北京市海淀区人民法院 | 基层人民法院 | 一审 | 裁定书 | C |
| 195 | (2019)京0108行初214号 | 2019年6月21日 | 2019 | 北京市 | 北京市海淀区人民法院 | 基层人民法院 | 一审 | 裁定书 | C |

续表

| 序号 | 案件字号 | 审结日期 | 审结年份 | 所在地区 | 审理法院 | 法院层级 | 审理程序 | 裁判类型 | 要素 |
|---|---|---|---|---|---|---|---|---|---|
| 196 | （2019）京0108行初246号 | 2019年6月21日 | 2019 | 北京市 | 北京市海淀区人民法院 | 基层人民法院 | 一审 | 裁定书 | C |
| 197 | （2019）京0102行初17号 | 2019年5月13日 | 2019 | 北京市 | 北京市西城区人民法院 | 基层人民法院 | 一审 | 裁定书 | AC |
| 198 | （2019）粤0606行初287号 | 2019年4月25日 | 2019 | 广东省 | 广东省佛山市顺德区人民法院 | 基层人民法院 | 一审 | 裁定书 | C |
| 199 | （2019）湘0111行初24号 | 2019年3月22日 | 2019 | 湖南省 | 湖南省长沙市雨花区人民法院 | 基层人民法院 | 一审 | 裁定书 | C |
| 200 | （2019）湘0111行初32号 | 2019年3月22日 | 2019 | 湖南省 | 湖南省长沙市雨花区人民法院 | 基层人民法院 | 一审 | 裁定书 | C |
| 201 | （2019）湘0111行初39号 | 2019年3月22日 | 2019 | 湖南省 | 湖南省长沙市雨花区人民法院 | 基层人民法院 | 一审 | 裁定书 | C |
| 202 | （2019）湘0111行初41号 | 2019年3月22日 | 2019 | 湖南省 | 湖南省长沙市雨花区人民法院 | 基层人民法院 | 一审 | 裁定书 | C |
| 203 | （2018）豫0102行初252号 | 2018年12月21日 | 2018 | 河南省 | 河南省郑州市中原区人民法院 | 基层人民法院 | 一审 | 裁定书 | C |
| 204 | （2018）晋0110行初306号 | 2018年12月11日 | 2018 | 山西省 | 山西省太原市晋源区人民法院 | 基层人民法院 | 一审 | 裁定书 | AC |

续表

| 序号 | 案件字号 | 审结日期 | 审结年份 | 所在地区 | 审理法院 | 法院层级 | 审理程序 | 裁判类型 | 要素 |
|---|---|---|---|---|---|---|---|---|---|
| 205 | (2018)晋0110行初303号 | 2018年12月11日 | 2018 | 山西省 | 山西省太原市晋源区人民法院 | 基层人民法院 | 一审 | 裁定书 | AC |
| 206 | (2018)粤0606行初1168号 | 2018年12月4日 | 2018 | 广东省 | 广东省佛山市顺德区人民法院 | 基层人民法院 | 一审 | 裁定书 | AC |
| 207 | (2018)粤0606行初1167号 | 2018年12月4日 | 2018 | 广东省 | 广东省佛山市顺德区人民法院 | 基层人民法院 | 一审 | 裁定书 | AC |
| 208 | (2018)粤0606行初1163号 | 2018年12月3日 | 2018 | 广东省 | 广东省佛山市顺德区人民法院 | 基层人民法院 | 一审 | 裁定书 | AC |
| 209 | (2018)粤0606行初1162号 | 2018年11月30日 | 2018 | 广东省 | 广东省佛山市顺德区人民法院 | 基层人民法院 | 一审 | 裁定书 | AC |
| 210 | (2018)粤0606行初1166号 | 2018年11月30日 | 2018 | 广东省 | 广东省佛山市顺德区人民法院 | 基层人民法院 | 一审 | 裁定书 | AC |
| 211 | (2018)豫0882行初32号 | 2018年9月25日 | 2018 | 河南省 | 河南省沁阳市人民法院 | 基层人民法院 | 一审 | 裁定书 | C |
| 212 | (2018)苏8602行初1303号 | 2018年9月4日 | 2018 | 江苏省 | 南京铁路运输法院 | 基层人民法院 | 简易程序 | 裁定书 | C |
| 213 | (2018)粤0308行初179号 | 2018年8月9日 | 2018 | 广东省 | 广东省深圳市盐田区人民法院 | 基层人民法院 | 一审 | 裁定书 | C |

续表

| 序号 | 案件字号 | 审结日期 | 审结年份 | 所在地区 | 审理法院 | 法院层级 | 审理程序 | 裁判类型 | 要素 |
|---|---|---|---|---|---|---|---|---|---|
| 214 | (2018)苏08行初46号 | 2018年6月28日 | 2018 | 江苏省 | 江苏省淮安市中级人民法院(原江苏省淮阴市中级人民法院) | 中级人民法院 | 一审 | 裁定书 | C |
| 215 | (2018)苏08行初32号 | 2018年6月28日 | 2018 | 江苏省 | 江苏省淮安市中级人民法院(原江苏省淮阴市中级人民法院) | 中级人民法院 | 一审 | 裁定书 | C |
| 216 | (2018)苏08行初42号 | 2018年6月28日 | 2018 | 江苏省 | 江苏省淮安市中级人民法院(原江苏省淮阴市中级人民法院) | 中级人民法院 | 一审 | 裁定书 | C |
| 217 | (2018)苏08行初51号 | 2018年6月28日 | 2018 | 江苏省 | 江苏省淮安市中级人民法院(原江苏省淮阴市中级人民法院) | 中级人民法院 | 一审 | 裁定书 | C |
| 218 | (2018)苏08行初35号 | 2018年6月28日 | 2018 | 江苏省 | 江苏省淮安市中级人民法院(原江苏省淮阴市中级人民法院) | 中级人民法院 | 一审 | 裁定书 | C |
| 219 | (2018)苏08行初53号 | 2018年6月28日 | 2018 | 江苏省 | 江苏省淮安市中级人民法院(原江苏省淮阴市中级人民法院) | 中级人民法院 | 一审 | 裁定书 | C |

续表

| 序号 | 案件字号 | 审结日期 | 审结年份 | 所在地区 | 审理法院 | 法院层级 | 审理程序 | 裁判类型 | 要素 |
|---|---|---|---|---|---|---|---|---|---|
| 220 | (2018)苏08行初38号 | 2018年6月28日 | 2018 | 江苏省 | 江苏省淮安市中级人民法院(原江苏省淮阴市中级人民法院) | 中级人民法院 | 一审 | 裁定书 | C |
| 221 | (2018)苏08行初44号 | 2018年6月28日 | 2018 | 江苏省 | 江苏省淮安市中级人民法院(原江苏省淮阴市中级人民法院) | 中级人民法院 | 一审 | 裁定书 | C |
| 222 | (2018)苏08行初47号 | 2018年6月28日 | 2018 | 江苏省 | 江苏省淮安市中级人民法院(原江苏省淮阴市中级人民法院) | 中级人民法院 | 一审 | 裁定书 | C |
| 223 | (2018)苏08行初39号 | 2018年6月28日 | 2018 | 江苏省 | 江苏省淮安市中级人民法院(原江苏省淮阴市中级人民法院) | 中级人民法院 | 一审 | 裁定书 | C |
| 224 | (2018)苏08行初49号 | 2018年6月28日 | 2018 | 江苏省 | 江苏省淮安市中级人民法院(原江苏省淮阴市中级人民法院) | 中级人民法院 | 一审 | 裁定书 | C |
| 225 | (2018)苏08行初48号 | 2018年6月28日 | 2018 | 江苏省 | 江苏省淮安市中级人民法院(原江苏省淮阴市中级人民法院) | 中级人民法院 | 一审 | 裁定书 | C |

续表

| 序号 | 案件字号 | 审结日期 | 审结年份 | 所在地区 | 审理法院 | 法院层级 | 审理程序 | 裁判类型 | 要素 |
|---|---|---|---|---|---|---|---|---|---|
| 226 | (2018)苏08行初54号 | 2018年6月28日 | 2018 | 江苏省 | 江苏省淮安市中级人民法院(原江苏省淮阴市中级人民法院) | 中级人民法院 | 一审 | 裁定书 | C |
| 227 | (2018)苏08行初52号 | 2018年6月28日 | 2018 | 江苏省 | 江苏省淮安市中级人民法院(原江苏省淮阴市中级人民法院) | 中级人民法院 | 一审 | 裁定书 | C |
| 228 | (2018)苏08行初41号 | 2018年6月28日 | 2018 | 江苏省 | 江苏省淮安市中级人民法院(原江苏省淮阴市中级人民法院) | 中级人民法院 | 一审 | 裁定书 | C |
| 229 | (2018)苏08行初36号 | 2018年6月28日 | 2018 | 江苏省 | 江苏省淮安市中级人民法院(原江苏省淮阴市中级人民法院) | 中级人民法院 | 一审 | 裁定书 | C |
| 230 | (2018)苏08行初37号 | 2018年6月28日 | 2018 | 江苏省 | 江苏省淮安市中级人民法院(原江苏省淮阴市中级人民法院) | 中级人民法院 | 一审 | 裁定书 | C |
| 231 | (2017)内09行初39号 | 2018年5月25日 | 2018 | 内蒙古自治区 | 内蒙古自治区乌兰察布市中级人民法院(原乌兰察布盟中级人民法院) | 中级人民法院 | 一审 | 裁定书 | C |

续表

| 序号 | 案件字号 | 审结日期 | 审结年份 | 所在地区 | 审理法院 | 法院层级 | 审理程序 | 裁判类型 | 要素 |
|---|---|---|---|---|---|---|---|---|---|
| 232 | （2017）粤0606行初1295号 | 2018年4月9日 | 2018 | 广东省 | 广东省佛山市顺德区人民法院 | 基层人民法院 | 一审 | 裁定书 | C |
| 233 | （2017）粤0606行初1290号 | 2018年4月9日 | 2018 | 广东省 | 广东省佛山市顺德区人民法院 | 基层人民法院 | 一审 | 裁定书 | C |
| 234 | （2017）粤0606行初1297号 | 2018年4月9日 | 2018 | 广东省 | 广东省佛山市顺德区人民法院 | 基层人民法院 | 一审 | 裁定书 | C |
| 235 | （2017）粤0606行初1296号 | 2018年4月9日 | 2018 | 广东省 | 广东省佛山市顺德区人民法院 | 基层人民法院 | 一审 | 裁定书 | C |
| 236 | （2017）粤0606行初1298号 | 2018年4月9日 | 2018 | 广东省 | 广东省佛山市顺德区人民法院 | 基层人民法院 | 一审 | 裁定书 | C |
| 237 | （2017）粤0606行初1299号 | 2018年4月9日 | 2018 | 广东省 | 广东省佛山市顺德区人民法院 | 基层人民法院 | 一审 | 裁定书 | C |
| 238 | （2017）粤0606行初1294号 | 2018年4月9日 | 2018 | 广东省 | 广东省佛山市顺德区人民法院 | 基层人民法院 | 一审 | 裁定书 | C |
| 239 | （2017）粤0606行初1291号 | 2018年4月9日 | 2018 | 广东省 | 广东省佛山市顺德区人民法院 | 基层人民法院 | 一审 | 裁定书 | C |
| 240 | （2017）粤0606行初1292号 | 2018年4月9日 | 2018 | 广东省 | 广东省佛山市顺德区人民法院 | 基层人民法院 | 一审 | 裁定书 | C |

续表

| 序号 | 案件字号 | 审结日期 | 审结年份 | 所在地区 | 审理法院 | 法院层级 | 审理程序 | 裁判类型 | 要素 |
|---|---|---|---|---|---|---|---|---|---|
| 241 | (2017)粤0606行初1293号 | 2018年4月9日 | 2018 | 广东省 | 广东省佛山市顺德区人民法院 | 基层人民法院 | 一审 | 裁定书 | C |
| 242 | (2017)沪0115行初1254号之一 | 2018年3月27日 | 2018 | 上海市 | 上海市浦东新区人民法院 | 基层人民法院 | 简易程序 | 裁定书 | C |
| 243 | (2019)京0101行初355号 | 2019年7月26日 | 2019 | 北京市 | 北京市东城区人民法院 | 基层人民法院 | 一审 | 裁定书 | C |
| 244 | (2019)京0101行初354号 | 2019年7月26日 | 2019 | 北京市 | 北京市东城区人民法院 | 基层人民法院 | 一审 | 裁定书 | C |
| 245 | (2019)京0101行初395号 | 2019年6月24日 | 2019 | 北京市 | 北京市东城区人民法院 | 基层人民法院 | 一审 | 裁定书 | C |
| 246 | (2019)京0108行初217号 | 2019年6月21日 | 2019 | 北京市 | 北京市海淀区人民法院 | 基层人民法院 | 一审 | 裁定书 | C |
| 247 | (2019)京0108行初215号 | 2019年6月21日 | 2019 | 北京市 | 北京市海淀区人民法院 | 基层人民法院 | 一审 | 裁定书 | C |
| 248 | (2019)京0108行初218号 | 2019年6月21日 | 2019 | 北京市 | 北京市海淀区人民法院 | 基层人民法院 | 一审 | 裁定书 | C |
| 249 | (2019)京0108行初208号 | 2019年6月21日 | 2019 | 北京市 | 北京市海淀区人民法院 | 基层人民法院 | 一审 | 裁定书 | C |

续表

| 序号 | 案件字号 | 审结日期 | 审结年份 | 所在地区 | 审理法院 | 法院层级 | 审理程序 | 裁判类型 | 要素 |
|---|---|---|---|---|---|---|---|---|---|
| 250 | （2019）京 0108 行初 199 号 | 2019 年 6 月 21 日 | 2019 | 北京市 | 北京市海淀区人民法院 | 基层人民法院 | 一审 | 裁定书 | C |
| 251 | （2019）苏 1084 行初 31 号 | 2019 年 4 月 12 日 | 2019 | 江苏省 | 江苏省高邮市人民法院 | 基层人民法院 | 一审 | 裁定书 | C |
| 252 | （2018）晋 0110 行初 308 号 | 2018 年 12 月 11 日 | 2018 | 山西省 | 山西省太原市晋源区人民法院 | 基层人民法院 | 一审 | 裁定书 | AC |
| 253 | （2018）晋 0110 行初 304 号 | 2018 年 12 月 11 日 | 2018 | 山西省 | 山西省太原市晋源区人民法院 | 基层人民法院 | 一审 | 裁定书 | AC |
| 254 | （2018）晋 0110 行初 309 号 | 2018 年 12 月 11 日 | 2018 | 山西省 | 山西省太原市晋源区人民法院 | 基层人民法院 | 一审 | 裁定书 | AC |
| 255 | （2018）晋 0110 行初 305 号 | 2018 年 12 月 11 日 | 2018 | 山西省 | 山西省太原市晋源区人民法院 | 基层人民法院 | 一审 | 裁定书 | AC |
| 256 | （2018）晋 0110 行初 307 号 | 2018 年 12 月 11 日 | 2018 | 山西省 | 山西省太原市晋源区人民法院 | 基层人民法院 | 一审 | 裁定书 | AC |
| 257 | （2018）豫 0882 行初 31 号 | 2018 年 9 月 25 日 | 2018 | 河南省 | 河南省沁阳市人民法院 | 基层人民法院 | 一审 | 裁定书 | C |
| 258 | （2017）苏 0211 行初 234 号 | 2018 年 9 月 21 日 | 2018 | 江苏省 | 江苏省无锡市滨湖区人民法院 | 基层人民法院 | 简易程序 | 裁定书 | C |

续表

| 序号 | 案件字号 | 审结日期 | 审结年份 | 所在地区 | 审理法院 | 法院层级 | 审理程序 | 裁判类型 | 要素 |
|---|---|---|---|---|---|---|---|---|---|
| 259 | (2017)苏0211行初233号 | 2018年9月10日 | 2018 | 江苏省 | 江苏省无锡市滨湖区人民法院 | 基层人民法院 | 简易程序 | 裁定书 | C |
| 260 | (2018)豫0882行初26号 | 2018年8月31日 | 2018 | 河南省 | 河南省沁阳市人民法院 | 基层人民法院 | 一审 | 裁定书 | C |
| 261 | (2018)苏08行初109号 | 2018年6月28日 | 2018 | 江苏省 | 江苏省淮安市中级人民法院(原江苏省淮阴市中级人民法院) | 中级人民法院 | 一审 | 裁定书 | C |
| 262 | (2018)黑0109行初27号 | 2018年6月8日 | 2018 | 黑龙江省 | 黑龙江省哈尔滨市松北区人民法院 | 基层人民法院 | 一审 | 裁定书 | C |
| 263 | (2018)苏0684行初121号 | 2018年5月31日 | 2018 | 江苏省 | 江苏省海门市人民法院 | 基层人民法院 | 简易程序 | 裁定书 | C |
| 264 | (2018)渝0106行初81号 | 2018年5月22日 | 2018 | 重庆市 | 重庆市沙坪坝区人民法院 | 基层人民法院 | 一审 | 裁定书 | C |
| 265 | (2018)渝0102行初58号 | 2018年5月7日 | 2018 | 重庆市 | 重庆市涪陵区人民法院 | 基层人民法院 | 一审 | 裁定书 | C |
| 266 | (2018)皖01行终473号 | 2018年10月26日 | 2018 | 安徽省 | 安徽省合肥市中级人民法院 | 中级人民法院 | 二审 | 裁定书 | A |

续表

| 序号 | 案件字号 | 审结日期 | 审结年份 | 所在地区 | 审理法院 | 法院层级 | 审理程序 | 裁判类型 | 要素 |
|---|---|---|---|---|---|---|---|---|---|
| 267 | (2018)皖13行终242号 | 2018年12月19日 | 2018 | 安徽省 | 安徽省宿州市中级人民法院 | 中级人民法院 | 二审 | 裁定书 | A |
| 268 | (2019)皖18行初57号 | 2019年9月5日 | 2019 | 安徽省 | 安徽省宣城市中级人民法院 | 中级人民法院 | 一审 | 裁定书 | A |
| 269 | (2020)皖03行终133号 | 2020年12月9日 | 2020 | 安徽省 | 安徽省蚌埠市中级人民法院 | 中级人民法院 | 二审 | 裁定书 | A |
| 270 | (2018)京03行初66号 | 2018年9月25日 | 2018 | 北京市 | 北京市第三中级人民法院 | 中级人民法院 | 一审 | 裁定书 | A |
| 271 | (2018)京03行初65号 | 2018年9月25日 | 2018 | 北京市 | 北京市第三中级人民法院 | 中级人民法院 | 一审 | 裁定书 | A |
| 272 | (2018)京03行初64号 | 2018年9月25日 | 2018 | 北京市 | 北京市第三中级人民法院 | 中级人民法院 | 一审 | 裁定书 | A |
| 273 | (2018)粤05行终29号 | 2018年7月30日 | 2018 | 广东省 | 广东省汕头市中级人民法院 | 中级人民法院 | 二审 | 裁定书 | A |
| 274 | (2018)粤14行终36号 | 2018年8月13日 | 2018 | 广东省 | 广东省梅州市中级人民法院 | 中级人民法院 | 二审 | 裁定书 | A |
| 275 | (2018)粤05行终46号 | 2018年11月22日 | 2018 | 广东省 | 广东省汕头市中级人民法院 | 中级人民法院 | 二审 | 裁定书 | A |

续表

| 序号 | 案件字号 | 审结日期 | 审结年份 | 所在地区 | 审理法院 | 法院层级 | 审理程序 | 裁判类型 | 要素 |
|---|---|---|---|---|---|---|---|---|---|
| 276 | (2018)粤05行终45号 | 2018年11月22日 | 2018 | 广东省 | 广东省汕头市中级人民法院 | 中级人民法院 | 二审 | 裁定书 | A |
| 277 | (2018)粤05行终44号 | 2018年11月22日 | 2018 | 广东省 | 广东省汕头市中级人民法院 | 中级人民法院 | 二审 | 裁定书 | A |
| 278 | (2018)粤05行终47号 | 2018年11月22日 | 2018 | 广东省 | 广东省汕头市中级人民法院 | 中级人民法院 | 二审 | 裁定书 | A |
| 279 | (2018)粤05行终48号 | 2018年11月22日 | 2018 | 广东省 | 广东省汕头市中级人民法院 | 中级人民法院 | 二审 | 裁定书 | A |
| 280 | (2018)粤05行终50号 | 2018年11月22日 | 2018 | 广东省 | 广东省汕头市中级人民法院 | 中级人民法院 | 二审 | 裁定书 | A |
| 281 | (2018)粤05行终49号 | 2018年11月22日 | 2018 | 广东省 | 广东省汕头市中级人民法院 | 中级人民法院 | 二审 | 裁定书 | A |
| 282 | (2018)粤05行终43号 | 2018年12月7日 | 2018 | 广东省 | 广东省汕头市中级人民法院 | 中级人民法院 | 二审 | 裁定书 | A |
| 283 | (2017)桂02行终202号 | 2019年1月9日 | 2019 | 广西壮族自治区 | 广西壮族自治区柳州市中级人民法院 | 中级人民法院 | 二审 | 判决书 | A |
| 284 | (2018)琼行终216号 | 2018年5月3日 | 2018 | 海南省 | 海南省高级人民法院 | 高级人民法院 | 二审 | 判决书 | A |

续表

| 序号 | 案件字号 | 审结日期 | 审结年份 | 所在地区 | 审理法院 | 法院层级 | 审理程序 | 裁判类型 | 要素 |
|---|---|---|---|---|---|---|---|---|---|
| 285 | (2018)冀0581行初53号 | 2018年8月21日 | 2018 | 河北省 | 河北省南宫市人民法院 | 基层人民法院 | 一审 | 裁定书 | A |
| 286 | (2019)豫10行终130号 | 2019年10月22日 | 2019 | 河南省 | 河南省许昌市中级人民法院 | 中级人民法院 | 二审 | 判决书 | A |
| 287 | (2019)鄂09行终113号 | 2019年12月5日 | 2019 | 湖北省 | 湖北省孝感市中级人民法院 | 中级人民法院 | 二审 | 裁定书 | A |
| 288 | (2016)吉01行初110号 | 2016年7月11日 | 2016 | 吉林省 | 吉林省长春市中级人民法院 | 中级人民法院 | 一审 | 裁定书 | A |
| 289 | (2017)吉行终96号 | 2017年12月25日 | 2017 | 吉林省 | 吉林省高级人民法院 | 高级人民法院 | 二审 | 裁定书 | A |
| 290 | (2016)苏06行终136号 | 2016年5月17日 | 2016 | 江苏省 | 江苏省南通市中级人民法院 | 中级人民法院 | 二审 | 裁定书 | A |
| 291 | (2016)苏12行终75号 | 2016年6月14日 | 2016 | 江苏省 | 江苏省泰州市中级人民法院 | 中级人民法院 | 二审 | 裁定书 | A |
| 292 | (2017)苏07行终95号 | 2017年12月21日 | 2017 | 江苏省 | 江苏省连云港市中级人民法院 | 中级人民法院 | 二审 | 裁定书 | A |
| 293 | (2017)苏07行终91号 | 2017年12月21日 | 2017 | 江苏省 | 江苏省连云港市中级人民法院 | 中级人民法院 | 二审 | 裁定书 | A |

续表

| 序号 | 案件字号 | 审结日期 | 审结年份 | 所在地区 | 审理法院 | 法院层级 | 审理程序 | 裁判类型 | 要素 |
|---|---|---|---|---|---|---|---|---|---|
| 294 | （2018）苏10行终37号 | 2018年4月23日 | 2018 | 江苏省 | 江苏省扬州市中级人民法院 | 中级人民法院 | 二审 | 判决书 | A |
| 295 | （2018）苏01行终960号 | 2019年2月1日 | 2019 | 江苏省 | 江苏省南京市中级人民法院 | 中级人民法院 | 二审 | 裁定书 | A |
| 296 | （2018）苏01行终961号 | 2019年2月13日 | 2019 | 江苏省 | 江苏省南京市中级人民法院 | 中级人民法院 | 二审 | 裁定书 | A |
| 297 | （2018）苏01行终956号 | 2019年2月13日 | 2019 | 江苏省 | 江苏省南京市中级人民法院 | 中级人民法院 | 二审 | 裁定书 | A |
| 298 | （2019）苏01行终64号 | 2019年3月25日 | 2019 | 江苏省 | 江苏省南京市中级人民法院 | 中级人民法院 | 二审 | 裁定书 | A |
| 299 | （2019）苏01行终60号 | 2019年3月25日 | 2019 | 江苏省 | 江苏省南京市中级人民法院 | 中级人民法院 | 二审 | 裁定书 | A |
| 300 | （2017）苏行申1840号 | 2019年7月31日 | 2019 | 江苏省 | 江苏省高级人民法院 | 高级人民法院 | 再审 | 裁定书 | A |
| 301 | （2020）苏行终653号 | 2020年9月7日 | 2020 | 江苏省 | 江苏省高级人民法院 | 高级人民法院 | 二审 | 裁定书 | A |
| 302 | （2018）苏8602行初1856号 | 2018年10月31日 | 2018 | 江苏省 | 南京铁路运输法院 | 基层人民法院 | 一审 | 裁定书 | A |

续表

| 序号 | 案件字号 | 审结日期 | 审结年份 | 所在地区 | 审理法院 | 法院层级 | 审理程序 | 裁判类型 | 要素 |
|---|---|---|---|---|---|---|---|---|---|
| 303 | (2018)苏8602行初1889号 | 2018年11月5日 | 2018 | 江苏省 | 南京铁路运输法院 | 基层人民法院 | 一审 | 裁定书 | A |
| 304 | (2018)苏8602行初1888号 | 2018年11月5日 | 2018 | 江苏省 | 南京铁路运输法院 | 基层人民法院 | 一审 | 裁定书 | A |
| 305 | (2018)苏8602行初2058号 | 2018年12月13日 | 2018 | 江苏省 | 南京铁路运输法院 | 基层人民法院 | 一审 | 裁定书 | A |
| 306 | (2019)苏8602行初31号 | 2019年1月3日 | 2019 | 江苏省 | 南京铁路运输法院 | 基层人民法院 | 一审 | 裁定书 | A |
| 307 | (2018)赣0826行初10号 | 2018年4月9日 | 2018 | 江西省 | 江西省泰和县人民法院 | 基层人民法院 | 一审 | 裁定书 | A |
| 308 | (2018)辽05行终84号 | 2018年8月17日 | 2018 | 辽宁省 | 辽宁省本溪市中级人民法院 | 中级人民法院 | 二审 | 裁定书 | A |
| 309 | (2018)辽05行初104号 | 2018年11月27日 | 2018 | 辽宁省 | 辽宁省本溪市中级人民法院 | 中级人民法院 | 一审 | 裁定书 | A |
| 310 | (2019)辽05行初5号 | 2019年3月4日 | 2019 | 辽宁省 | 辽宁省本溪市中级人民法院 | 中级人民法院 | 一审 | 裁定书 | A |
| 311 | (2017)鲁0191行初50号 | 2017年11月6日 | 2017 | 山东省 | 济南高新技术产业开发区人民法院 | 基层人民法院 | 一审 | 裁定书 | A |

续表

| 序号 | 案件字号 | 审结日期 | 审结年份 | 所在地区 | 审理法院 | 法院层级 | 审理程序 | 裁判类型 | 要素 |
|---|---|---|---|---|---|---|---|---|---|
| 312 | (2017)鲁01行终312号 | 2017年5月24日 | 2017 | 山东省 | 山东省济南市中级人民法院 | 中级人民法院 | 二审 | 裁定书 | A |
| 313 | (2017)鲁0191行初51号 | 2017年10月27日 | 2017 | 山东省 | 山东省济南高新技术产业开发区人民法院 | 基层人民法院 | 一审 | 裁定书 | A |
| 314 | (2018)鲁0103行初73号 | 2018年3月19日 | 2018 | 山东省 | 山东省济南市市中区人民法院 | 基层人民法院 | 一审 | 裁定书 | A |
| 315 | (2018)鲁0103行初81号 | 2018年3月19日 | 2018 | 山东省 | 山东省济南市市中区人民法院 | 基层人民法院 | 一审 | 裁定书 | A |
| 316 | (2018)鲁0103行初72号 | 2018年3月19日 | 2018 | 山东省 | 山东省济南市市中区人民法院 | 基层人民法院 | 一审 | 裁定书 | A |
| 317 | (2018)鲁0103行初80号 | 2018年3月19日 | 2018 | 山东省 | 山东省济南市市中区人民法院 | 基层人民法院 | 一审 | 裁定书 | A |
| 318 | (2018)鲁0103行初74号 | 2018年3月19日 | 2018 | 山东省 | 山东省济南市市中区人民法院 | 基层人民法院 | 一审 | 裁定书 | A |
| 319 | (2018)鲁0103行初79号 | 2018年3月19日 | 2018 | 山东省 | 山东省济南市市中区人民法院 | 基层人民法院 | 一审 | 裁定书 | A |
| 320 | (2019)云71行终41号 | 2019年10月14日 | 2019 | 云南省 | 昆明铁路运输中级法院 | 中级人民法院 | 二审 | 裁定书 | A |

续表

| 序号 | 案件字号 | 审结日期 | 审结年份 | 所在地区 | 审理法院 | 法院层级 | 审理程序 | 裁判类型 | 要素 |
|---|---|---|---|---|---|---|---|---|---|
| 321 | (2017)浙04行终16号 | 2017年3月2日 | 2017 | 浙江省 | 浙江省嘉兴市中级人民法院 | 中级人民法院 | 二审 | 裁定书 | A |
| 322 | (2017)浙04行终17号 | 2017年3月2日 | 2017 | 浙江省 | 浙江省嘉兴市中级人民法院 | 中级人民法院 | 二审 | 裁定书 | A |
| 323 | (2017)浙04行终13号 | 2017年3月2日 | 2017 | 浙江省 | 浙江省嘉兴市中级人民法院 | 中级人民法院 | 二审 | 裁定书 | A |
| 324 | (2017)浙04行终15号 | 2017年3月2日 | 2017 | 浙江省 | 浙江省嘉兴市中级人民法院 | 中级人民法院 | 二审 | 裁定书 | A |
| 325 | (2020)浙11行初60号 | 2020年7月27日 | 2020 | 浙江省 | 浙江省丽水市中级人民法院(原浙江省丽水市人民法院) | 基层人民法院 | 一审 | 判决书 | A |